上海外国语大学国际关系与公共事务学院
School of International Relations and Public Affairs,
Shanghai International Studies University

战略与国际关系研究丛书

Strategic and International Studies Series (SISS)

略与国际关系研究丛书

编　郭树勇

Research on the Coopetition of China-U.S. Energy and Climate: Experience and Enlightenment

中美能源气候竞合研究：经验与启示

王联合 著

上海人民出版社

目 录

序　　言

一、选题背景

自20世纪70年代初中美两国开启双边交流的大门以来，历经50年的发展演变，中美关系取得长足的进展，两国在各领域的联系和互动日趋密切。同时，双方又始终存在许多摩擦和分歧。其结果，中美关系如今形成一种既合作又竞争的复杂格局——两国在政治、安全等“高政治”领域的关系模式似已固化、结构化的情况下，却在诸如能源和气候变化等“低政治”领域的互动不断取得令人瞩目的突破性进展。

在全球化快速发展、跨国联系空前紧密的今天，气候变化，或称全球变暖，已成为影响人类生存和发展的最严峻的全球性问题之一。气候变化主要起因于二氧化碳等温室气体的人为排放。由于中国和美国是世界上两个最大的二氧化碳排放国，这一问题亦已成为两国关系中的一个新的重要议题。奥巴马当选总统后，特别是在其第二任期，美国将应对气候变化提升到前所未有的高度。与此同时，中国也将建设生态文明置于经济社会可持续发展的核心地位。正是在新的环境现实和决策背景的影响下，近年来中美两国围绕应对气候变化的双边合作不断深化，成效显著，并愈益明显地塑造着中美新型大国关系内涵和全球气候治理格局，引起了学者和决策者的密切关注和广泛探讨。尤其是在当下中美关系的动荡时期，对中美多层级政府之间能源和气候议题互动态势的考察和推动，或可产生溢出效应，从而为在整体上稳定、改善和促进中美关系健康发展提供助益。

二、研究问题及意义

紧扣研究主题,本书确定的研究对象主要包括能源(以石油为主)和气候变化议题在中美双边关系议程中的政治意涵,中美能源关系格局,中美气候变化政策立场,两国应对气候变化合作的现状、新领域和溢出效应,美国次国家政府在中美气候治理合作中的角色和作用,两国多维度气候合作的障碍,美国国内政治对其气候战略的影响,以及其中包含的重大问题和具体事例。

建设生态文明,加快发展方式绿色转型,始终是中国政府的一项大政方针。党的二十大报告明确指出,要积极参与应对气候变化全球治理;推动绿色发展,促进人与自然和谐共生。当前,能源和气候变化不仅已成为一项非常紧迫的全球性议题,也是中国国内面临的重大生态环境挑战。从这个意义上说,本书的研究凸显应有的学术价值和政策意义。

学术价值。本书首次提出多层级治理理论框架,用以解读各类次国家行为体(次国家政府)参与气候治理的实践经验。本书将评估这一理论对次国家行为体参与气候治理行为方式的适用性,并在此基础上尝试对该理论模式的内涵与外延予以完善,使之成为气候治理研究领域的中观理论。此外,本书通过对各类次国家行为体参与气候治理进行案例分析,试图寻求是否存在更为科学高效的治理模式,从而为现有气候治理模式的变革提供新的启示。

政策意义主要体现在单元、双边和体系三个层次上。(1)单元层次。美国在减缓气候变暖的技术如清洁能源方面占据优势,中国则具有庞大的长期市场。中美应对气候变化的合作有助于中国经济增长方式向可持续的方向转变,以及推动"低碳循环、绿色发展"的社会目标的实现。(2)双边层次。中美气候变化合作近年来取得令人瞩目的新进展。两国在此议题上的合作可望为中美双边关系培育新的增长点,并为双方全方位的积极互动提供经验和启示,进而为建设中美新型大国关系奠定更稳固和更具建设性的基础。(3)体系层次。中美两国的相关政策和行动是全球应对气候变化努力的风向标。中美双边合作能够树立典范,由此产生的实践和技术可为全球努力——包括建立后京都国际气候协议的努力——提供新的动力,从而为全球治理理论创新和国际气候良治作出贡献。总之,本书通过大量案例详尽分析中美能源和气候治理互动合作,总结抽取其经验启示,有助于在动荡时期为中美关系寻求新的增长点，提升中国在全球(气候)治理中的话语权和影响力。

三、国内外研究现状

气候变化主要源于温室气体排放，而温室气体排放主要由石油、煤炭等化石燃料消耗所致。由于世界范围内的化石能源消耗并未显著下降，气候变化已成为当今世界最紧迫的全球性环境问题，且随着国际社会对其重视程度的不断提高，它已从科学问题逐渐演变成政治问题。鉴于中美两国是位居世界前两位的最大温室气体排放国，这一问题亦已成为中美双边关系中的一个新的重要议题，引起两国政学两界的高度关注。有关中美围绕气候变化议题的博弈与互动，国内外的相关研究主要聚焦于以下几个方面。

一是中美开展气候变化合作的意义和动因。王缉思认为，在当前国际形势下，中美气候合作势在必行。中国应积极参与国际气候合作，发挥主观能动性和牵头作用。若处置得当，气候变化问题对中美关系来说就是一个新的增长点。①肖炼通过考察中美能源合作的国际背景，发现两国在应对全球变暖上具有共同利益，这使得双方能够建立卓有成效的合作机制。②李侃如(Kenneth Lieberthal)指出，气候变化将成为影响未来中美关系的重要议题，双方可以在这个领域实现双赢合作，而此种合作有助于培育两国在长远关切上的共识和互信。③詹妮弗·奥赫(Jennifer S. Oh)认为，中美两国国内的商业利益对中美气候变化关系产生巨大且分层的影响，使得两国在双边层次上能够开展积极合作，在多边气候谈判中却相互抵触。④罗斯玛丽·富特(Rosemary Foot)提出，近年来中美气候变化政策立场日益显示出灵活性，两国有关气候变化和能源利用的双边对话取得了积极的成果。⑤美国进

① 《气候变化与中国的国家战略——王缉思教授访谈》，《国际政治研究》2009 年第 4 期。

② 肖炼：《中美能源合作前景及对策：改善能源安全和保护环境》，北京：世界知识出版社 2008 年版。

③ Kenneth Lieberthal and David Sandalow, *Overcoming Obstacles to U.S.-China Cooperation on Climate Change*, Washington D.C.: The Brookings Institution, 2009.

④ Jennifer S. Oh, "Business Interests and US-China Relations on Climate Change", *Pacific Focus*, Vol.XXVII, No.1, 2012.

⑤ Rosemary Foot, "China and the United States: Between Cold and Warm Peace", *Survival*, Vol.51, No.6, December 2009—January 2010.

步中心、美国亚洲协会美中关系研究中心与皮尤全球气候变化中心认为,中美在减缓气候变暖方面开展全面合作既是必要的也是可能的,美国应当在气候变化和能源安全问题上与中国建立建设性的伙伴关系,并应利用迎接气候变化挑战这个契机使中美双边关系发展到新的高度。①与学界的看法相呼应,奥巴马政府主张积极应对气候变化。奥巴马相信,中美两国在遏止气候变暖方面都肩负着重大责任,双方的合作不仅将为全球构建后京都气候体制的努力提供动力,而且有望推动美国经济的转型,巩固中美关系。②

二是中国在气候变化问题上的政策立场及国际作用。《中国应对气候变化的政策与行动》系列政策文件(2007—2014)系统阐述了中国应对气候变化的政策和行动,以及参与国际合作的"共同但有区别的责任"原则立场。王伟光、郑国光分析了中国应对气候变化的政策、行动、长期战略及面临的挑战,指出中国将对国际社会作出的自主减排行动转换为国内目标全力推进,在减排和适应方面的努力与绩效为世人所认同。③胡鞍钢强调,中国对全球气候变化的态度和战略选择将对中国国民经济发展、国家地位以及世界远景产生重大影响。中国在打破国际气候变化谈判僵局、推动全球气候良治方面扮演着重要角色。本着公平与效率的原则,中国应积极应对气候变化,通过转变经济增长方式,实现绿色发展。④张胜军探讨了中国面临的难题,从"内政协调"的理论视角概括了全球气候治理可能取得的进展,为中国应对气候变化战略调整提出了前瞻性的看法和建议。⑤克塞尼亚·楚穆蒂纳(Ksenia Chmutina)认为,尽管中国气候决策过程极为复杂,但中国能够制定强有力的政策,并在多边、地区和双边气候合作中发挥了积极作用。⑥理查德·巴姆(Richard Balme)提出,中国应对气

---

① Asia Society Center on U.S.-China Relations and Pew Center on Global Climate Change, *A Roadmap for U.S.-China Cooperation on Energy and Climate Change*, January 2009.

② The Whitehouse, *The President's Climate Action Plan*, Washington, D. C.: Executive Office of the President, June 2013.

③ 王伟光、郑国光主编:《气候变化绿皮书:应对气候变化报告(2011)——德班的困境与中国的战略选择》,北京:社会科学文献出版社2011年版。

④ 胡鞍钢、管清友:《应对全球气候变化:中国的贡献》,《当代亚太》2008年第4期;胡鞍钢:《绿色现代化:中国未来的选择》,《学术月刊》2009年第10期。

⑤ 张胜军:《全球气候政治的变革与中国面临的三角难题》,《世界经济与政治》2010年第10期。

⑥ Ksenia Chmutina, Jie Zhu and Saffa Riffat, "An analysis of climate change policy-making and implementation in China", *International Journal of Climate Change Strategies and Management*, Vol.4, No.2, 2012.

候变化的政策并不与全球层面的总体价值和目标相冲突，相反中国实际上已取得完全可以媲美发达国家的进展。①江忆恩（Alastair I. Johnston）声称，作为一个地区和世界性的大国，中国希望以负责任和建设性的形象出现在全球应对气候变化合作的进程中。通过全球谈判、教育培训等，中国日益认识到其作为负责任的发展中大国在应对全球气候变化合作中的地位和作用。②

三是美国气候变化政策与中美气候互动。杨洁勉分析了当前国际应对气候变化的必要性、机遇和挑战，讨论了奥巴马政府的气候外交及其对中美气候合作的影响。③李海东认为，气候变化问题在美国政策议程中经历了从边缘到中心的转变，至奥巴马政府时期已成为具有战略意义的核心安全议题之一，美国气候变化政策由此展现出主动性与合作性。④于宏源则断言，美国将“发展中国家承诺”作为参与全球气候集体行动的前提，导致全球气候治理失效。⑤高翔从美国国内气候立法的角度进行推论，美国温室气体减排的根本目的是从本国发展战略考虑，为本国经济的可持续增长和巩固美国在全球的地位服务，而不仅仅是为了应对气候变化和国际压力。⑥马丁·因迪克（Martin Indyk）认为，奥巴马政府将气候变化视为一种主要的国家安全威胁加以应对，在国内寻求总量控制与排放交易立法，在国际上谋求达成有约束力的气候协议。⑦凯利·加拉格尔（Kelly Gallagher）提出，作为最大的两个排放国，中美必须立即削减排放。而由于其历史排放，美国有义务帮助中国加大应对气候变化的努力。⑧

---

① Richard Balme, “China's Climate Change Policy: Governing at the Core of Globalization”, *Carbon and Climate Law Review*, Vol.5, No.1, 2011.

② Alastair I. Johnston, “China and International Environmental Institutions: A Decision Rule Analysis”, in Michael B. McElroy, Chris P. Nielsen, and Peter Lydon, eds., *Energizing China: Reconciling Environmental Protection with Energy Demands of a Growing Economy*, Cambridge, MA: Harvard University Press, 1998.

③ 杨洁勉主编：《世界气候外交和中国的应对》，北京：时事出版社2009年版。

④ 李海东：《从边缘到中心：美国气候变化政策的演变》，《美国研究》2009年第2期。

⑤ Yu Hongyuan, *Global Warming and China's Environmental Diplomacy*, New York: Nova Science Publishers, 2008.

⑥ 高翔、牛晨：《美国气候变化立法进展及启示》，《美国研究》2010年第3期。

⑦ Martin S. Indyk, Kenneth G. Lieberthal, and Michael E. O'Hanlon, *Bending History: Barack Obama's Foreign Policy*, Washington, D.C.: The Brookings Institution Press, 2012.

⑧ Kelly S. Gallagher, *The Globalization of Clean Energy Technology: Lessons from China*, Cambridge, MA: The MIT Press, 2014.

四是中美在全球气候谈判及国际气候制度建设中的角色。张海滨认为,国际气候合作的实质就是要对全球自然资源和环境容量进行重新分配,这必将触动发达国家的政治经济优势地位,因而发达国家不愿与发展中国家进行深入的国际环境合作。①而只有在全球范围实施共同的环境和气候政策,才能从根本上解决全球环境危机。庄贵阳和崔大鹏探讨了国际气候治理中的公平与效率问题,强调气候变化问题的解决有赖于建立一个公平而有效的国际气候制度。②安东尼·吉登斯(Anthony Giddens)宣称,气候变化可能成为未来20年地区或全球政治的主要议题,以美国为首的西方国家正试图借助"气候变化新政"走出当前经济衰退,并以此制衡中国等发展中国家。③丹尼尔·博丹斯基(Daniel Bodansky)认为,以哥本哈根会议为标志,全球气候谈判的中轴已转移至发达国家对发展中国家,特别是中美之间,两国的博弈决定了国际气候协议的进程。④阿尔·戈尔(Al Gore)主张,未来的国际气候制度必须将美国和中国同时纳入减排行列,否则任何协议都不可能得到美国国内的政治支持。⑤

上述研究主要聚焦于中美两国国家政府之间的能源和气候互动。其实,本研究课题还对次国家行为体在全球气候治理中的作用及其溢出效应进行探讨,着重分析美国次国家行为体在美国联邦政府气候政策制定实施以及在中美气候治理合作中的角色、功能和意义。近年来,美国次国家行为体在气候治理中的地位和作用不断上升,反衬出联邦层面应对气候变化政策的起落反复甚至倒退。鉴于美国联邦政府在应对气候变化中的相对缺位,美国次国家行为体如州政府、市政府等在气候治理中的角色和作用日益受到关注。学界越来越聚焦于次国家政府对美国气候变化政策制定的影响。巴里·拉贝(Barry G. Rabe)发现,美国的地方举措有助于以"自下而上"的方式推动美国联邦气候政策的发展。⑥亨里克·塞林(Henrik Selin)

---

① 张海滨:《气候变化与中国国家安全》,北京:时事出版社2010年版。

② 庄贵阳等:《全球环境与气候治理》,杭州:浙江人民出版社2009年版。

③ Anthony Giddens, *The politics of climate change*, Cambridge, U.K.: Polity Press, 2009.

④ Daniel Bodansky, "The Copenhagen Climate Change Conference: A Postmortem", *The American Journal of International Law*, Vol.104, No.2, 2010.

⑤ The U.S. Senate, "Vice President Al Gore's Perspective on Global Warming", Hearing before the Committee on Environment and Public Works of the United States Senate, March 21, 2007.

⑥ Barry G. Rabe, "Beyond Kyoto: Climate Change Policy in Multilevel Governance Systems", *Governance*, Vol.20, No.3, 2007.

和斯泰西·范德维尔(Stacy D. Van Deveer)预测,美国未来的联邦气候政策将从主要的州和地区气候政策中发展而来。①尼古拉斯·卢西(Nicholas Lutsey)和丹尼尔·斯珀林(Daniel Sperling)认为,现阶段州政府及市政府的影响力辐射在不断增强,如果未来的联邦政策能够采纳收效良好的温室气体减排政策,政府都将受益匪浅。②塞西尔·古贝(Cécile Goubet)通过实证分析支持了学界关于次国家行为体作用的预测和判断,认为加州实施的关于减少汽车及其他排放源温室气体排放的政策,显示了州政府在政治和法律上有撇开联邦政府独自行动的能力。加州的成功实践往往具有示范效应,可以推动联邦立法。③如果说上述研究侧重于从宏观层面探讨次国家行为体与美国联邦气候政策规划的关系,那么塞韦林·波伦斯坦(Severin Borenstein)和卢卡斯·戴维斯(Lucas W. Davis)则从中微观层面勾画次国家行为体发挥作用的具体方式。他们提出,美国各州可以在优先考虑清洁能源投资和部署并将可再生能源纳入电网、提高燃油效率和标准、规范建筑法规和土地使用、创造绿色就业机会、为碳定价并实施贸易计划以减少温室气体排放等方面发挥领导作用,并在某些情况下超越国家行动。④

次国家行为体在影响和塑造美国联邦气候政策的同时,推动甚至代替美国参与国际气候治理合作的作用也在不断增强。古里·班(Guri Bang)和卡米拉·弗罗恩(Camilla B. Froyn)等认为,国内次国家政府气候行动的推动可能为美国参与国际气候治理提供了一种新模式。⑤潘亚玲提出,美国地方政府在全球气候外交中的参与是一种有益的"补位",这使得美国联邦政府可以在不参与或不认真参与全球气候治理努力的同时,及时、有效地掌握甚至引领该进程的相关理念、技术和机制发展。⑥托马斯·黑尔(Thomas

---

① Henrik Selin and Stacy D. Van Deveer, eds., *Changing Climates in North American Politics: Institutions, Policymaking and Multilevel Governance*, Cambridge, MA: The MIT Press, 2009.

② Nicholas Lutsey and Daniel Sperling, "America's bottom-up climate change mitigation policy", *Energy Policy*, Vol.36, No.2, 2008.

③ Cécile Goubet, "The Future Californian Carbon Market Revealed", *Climate Brief*, December 2011.

④ Severin Borenstein and Lucas W. Davis, "The distributional Effects of U.S. Clean Energy Tax Credits", *Tax Policy and the Economy*, Vol.30, No.1, 2016.

⑤ Guri Bang, Camilla Bretteville Froyn, Jon Hovi, and Fredric C. Menz, "The United States and international climate cooperation: International 'pull' versus domestic 'push'", *Energy Policy*, Vol.35, No.2, 2007.

⑥ 潘亚玲:《美国气候外交中的地方参与》,《美国研究》2015 年第 5 期。

Hale）认为，地方政府、城市、公司和非政府组织等次国家行为体和非国家行为体的气候行动具有非常大的潜力，可以通过制定新政策和商业模式促进气候治理，加强国家遏制碳排放的努力，并通过知识交流和能力建设在国际传播方面发挥作用。①吉尔·达根（Jill Duggan）提出，次国家行为体虽然缺乏《联合国气候变化框架公约》谈判方的正式地位，但在通知和帮助形成国际气候行动方面扮演着至关重要的角色，因为它们往往是实地政策的关键交付伙伴。②薄燕认为，次国家行为体联合起来建立跨国气候行动网络并自愿合作来执行低碳战略，以凸显在全球气候治理中的地位和作用，而这一作用在《巴黎协定》的通过和生效过程中得到证实。③马克·库珀（Mark Cooper）指出，美国退出《巴黎协定》的行为不能阻止次国家行为体参与该协定。作为美国联邦制的一部分，各州具有捍卫其独立行动的权利，因而协定缔约方可以寻求与美国次国家行为体的合作。④

中美两国是位居世界前两位的温室气体排放大国，双方气候治理合作对全球气候治理具有引领性意义。现有研究集中探讨政府层面的中美双边气候合作，而对美国次国家行为体的角色着墨相对较少。崔顺姬（Shunji Cui）提到，特朗普政府退出《巴黎协定》并切断一切对有关环境项目的投资，不代表中美在气候领域的合作就此消失，在次国家政府层面有关绿色能源的合作已经形成。⑤本杰明·莱弗尔（Benjamin Leffel）证实，加州政府与中国开展的气候治理合作表明，哪怕缺乏国家最高层之间的国际政治协商接触，次国家行为体仍具有有效的自我能动性。⑥冯帅认为，在国家行为体面临气候外交困境时，次国家行为体和非国家行为体可以通过中美两国间非

---

① Thomas Hale，*The Role of Sub-state and Non-state Actors in International Climate Processes*，Research Paper，Chatham House，2018.

② Jill Duggan，*The Role of Sub-state and Non-state Actors in International Climate Processes*：*Subnational Governments*，Background Paper，Chatham House，January 2019.

③ 薄燕：《全球气候治理中的中美欧三边关系：新变化与连续性》，《区域与全球发展》2018 年第 2 期。

④ Mark Cooper，“Governing the global climate commons：The political economy of state and local action，after the U.S. flip-flop on the Paris Agreement”，*Energy Policy*，Vol.118，No.1，2018.

⑤ Shunji Cui，“China-US Climate Cooperation：Creating a New Model of Major-Country Relations?” *Asian Perspective*，Vol.42，No.2，April-June 2018.

⑥ Benjamin Leffel，*Subnational Diplomacy*，*Climate Governance & Californian Global Leadership*，USC Center on Public Diplomacy，March 2018.

国家层面的“环绕”式气候交流合作，丰富并倒逼国家层面的气候合作，并以“自下而上”的方式推动国家层面的气候立法，从而加强中美双边气候合作。①

次国家行为体何以能在气候治理领域发挥作用，以及此种作用的限度如何，是建立在相关理论基础上的。关于次国家行为体参与全球治理的框架理论主要有平行外交理论、地方实验和多层级治理理论。其中，平行外交理论过度夸大了次国家政府的作用，将其视为具有与国家平等的地位。地方实验则更多集中于对城市的研究。而美国是联邦制国家，不同层级的政府在气候领域的作用是各不相同的。因此，本书认为，多层级治理理论更适于阐释美国次国家政府在气候治理及与中国的气候合作中所发挥的具体作用。

多层级治理(Multilateral Level Governance)的概念起源于欧盟研究，最早由加里·马克斯(Gary Marks)基于欧盟国家政府的作用减小、新的治理体系正在形成的背景下提出，用以对欧盟结构政策进行分析。②这一理论自提出后不断被阐发及扩展。利贝斯特·霍格(Lisbet Hooghe)和马克斯发展了两种不同的多级治理方式，即一是构想将权限分散到有限级别的非重叠司法管辖区(类型一)，二是描述了涉及国家和非国家行为体众多的重叠的、功能特定的司法管辖区(类型二)。③对于气候变化这个没有地理边界和体制结构的领域的治理，哈丽雅特·巴尔克利(Harriet Bulkeley)和米歇尔·贝茨(Michele M. Betsill)在延用马克斯等人的多层级治理理论框架的同时，认为只有通过多层次的方法来捕捉社会、经济和政治动态，才能更好地理解城市与全球气候变化多层级治理之间的关系，并指出跨国网络是多层级治理理论类型二发展的缩影。④拉贝则强调，实际上多层级治理任一方式的要旨在于，地方政府行动者必须发挥作用，国际行动者必须从国内学习

① 冯帅:《特朗普时期美国气候政策转变与中美气候外交出路》,《东北亚论坛》2018 年第 5 期。

② Gary Marks, “Structural Policy and Multilevel Governance in the EC”, in Alan W. Cafruny and Glenda G. Rosenthal, eds., *The State of the European Community*, Vol.2, Boulder, USA: Lynne Rienner Publishers, 1993.

③ Liesbet Hooghe and Gary Marks, “Unraveling the Central State, But How? Types of Multi-level Governance”, *American Political Science Review*, Vol.97, No.2, 2003.

④ Michele M. Betsill and Harriet Bulkeley, “Cities and the Multilevel Governance of Global Climate Change”, *Global Governance*, Vol.12, No.2, April-June 2006.

经验。盖伊·彼得斯(B. Guy Peters)和容·皮埃尔(Jon Pierre)表明,像从国际、国家、区域到地方这种垂直的等级关系,也可以越过治理的层级界限,直接在两者之间发生联系。比如,地方可以绕过国家层面,直接和国际层面进行合作。①伊娃·古斯塔夫松(Eva Gustavsson)和英厄马尔·伊兰德(Ingemar Elander)以不同城市作为案例,进一步分析在地方一级启动和维持减缓气候变化政策的必要条件,认为多层级治理理论类型二发挥的作用更大,水平方向的交流及跨国网络中的互动更重要。②克里斯汀·克恩(Kristine Kern)和巴尔克利发现,跨国市政网络(如波罗的海城市联盟)的治理方式为多层级的欧洲治理,该网络制定了一系列应对欧盟多层级治理环境的策略,在气候治理中发挥着至关重要的作用。③

随着全球治理问题的兴起,多层级治理理论得到更实质的应用和发展。李泰东(Taedong Lee)和克里斯·科斯基(Chris Koski)通过大量定量研究发现,美国城市和州气候行动是相辅相成的,在地方促进气候行动方面,水平影响通常大于垂直影响。④换言之,多层级治理理论类型二在美国发挥的作用更大。而朱莉娅·哈克(Julia Harker)和普吕埃·泰勒(Prue Taylor)等用新西兰作为案例,验证多层级治理理论的第一个类型,指出中央政府会制定强制措施或颁布法律来限制地方政府的作用,影响整个国家包括地方的气候政策及减排行动。⑤哈拉尔德·富尔(Harald Fuhr)和托马斯·希克曼(Thomas Hickmann)等在肯定欧盟地方政府在多层级气候治理体系中的重要作用的同时,将多层级治理理论的两个类型发展为水平、垂直和等级三

① B. Guy Peters and Jon Pierre, "Developments in intergovernmental relations: towards multi-level governance", *Policy & Politics*, Vol.29, No.2, 2001.

② Eva Gustavsson, Ingemar Elander, and Mats Lundmark, "Multilevel governance, networking cities, and the geography of climate-change mitigation: two Swedish examples", *Environment and Planning C: Government and Policy*, Vol.27, No.1, 2009.

③ Kristine Kern and Harriet Bulkeley, "Cities, Europeanization and multi-level governance: governing climate change through transnational municipal networks", *Journal of Common Market Studies*, Vol.47, No.2, 2009.

④ Taedong Lee, *Global Cities and Climate Change: The Translocal Relations of Environmental Governance*, New York, NY: Routledge, 2015; Taedong Lee and Chris Koski, "Multilevel governance and urban climate change mitigation", *Environment and Planning C: Government and Policy*, Vol.33, No.6, 2015.

⑤ Julia Harker, Prue Taylor, and Stephen Knight-Lenihan, "Multi-level governance and climate change mitigation in New Zealand: lost opportunities", *Climate Policy*, Vol.17, No.4, 2017.

种治理方式。[①]克恩进而将这种新的治理模式应用于欧盟多层级治理，探讨城市作为领导者的作用，认为新提出的垂直治理方式，很好地解释了在缺乏国家政策及计划时，城市可以跨过国家直接向欧盟寻求资助。[②]

综上所述，国内外既有文献对中美应对气候变化合作的现状和意义、中美两国气候变化战略和政策框架以及某些具体的问题进行了富有创见的探讨，并注意到未来拓展和促进中美气候治理合作的途径及重点合作领域，为本书的研究提供了有益的启示。但是，由于较多侧重于宏观叙事，现有成果对中美应对气候变化合作的新领域、溢出效应、国内制约及合作障碍等却着墨不多，对中美能源气候互动的多维行为主体，如美国次国家行为体和亲气候政治力量民主党，究竟能在与中国气候合作方面发挥什么作用、具体合作方式及合作成效如何，也未予以透彻阐释。从有形的研究成果角度来看，这体现为分析美国次国家政府与中国气候合作以及民主党气候治理的文献仍很欠缺。在理论框架运用方面，多层级治理理论更多用于分析欧盟治理经验，即便是经过发展完善后，也未被用于全面深入探讨美国次国家政府在气候政治中所扮演的角色，而后者在全球气候治理进程中却发挥着日益重要的作用。针对这些缺失和不足，本书尝试进行拾遗补缺和重点突破，并推出相应学术成果。

四、框架结构

本书除序言和结语外，主体部分由九个章节组成。书稿遵循“问题—演变—解决—启示”的研究路径编排框架结构，各部分核心要义如下：

序言为本书总纲。这一部分对本书研究提出为什么、怎么做、相关研究进展怎样和全书结构如何安排的问题，简要说明选题意义、理论框架、国内外相关研究现状以及全书的基本结构。

第一章　中国能源安全中的美国因素。随着中国能源需求的急剧增

① Harald Fuhr, et al., “The role of cities in multi-level climate governance: local climate policies and the 1.5 ℃ target”, *Current Opinion in Environmental Sustainability*, Vol.30, February 2018.

② Kristine Kern, “Cities as Leaders in EU Multilevel Climate Governance: Embedded Upscaling of Local Experiments in Europe”, *Environmental Politics*, Vol.28, No.1, 2019.

长，中美能源关系暨中国能源安全中的美国角色已成为中美双边关系的一项重要内容，引起两国政学界的高度关注。本章对中美学术界对两国在能源（石油）上游、中游和下游三个领域互动关系的研究进行概述，指出国内学术界的研究在理论和方法上均有待改进和加强，以期为破解中国能源（石油）安全问题提供建言与对策。

第二章　中美能源竞争与合作。在日益相互依赖的当今世界，中国能源供应的外部环境无法脱离美国因素的影响，美国也无法忽略中国能源需求激增衍生出的外交、安全、环境等各方面的问题。本章概括中美能源关系的竞争与合作的特性，主张两国合作应对，共谋双边关系大局。

第三章　中美气候治理合作的发展演变。本章在回溯中美气候合作缘起的基础上，勾画此种合作取得的进展，考察合作中存在的问题，并对双方气候合作的发展前景进行展望。

第四章　中美双边气候合作。作为世界上最大的两个能源消费国和最大的温室气体排放国，中国和美国一直处于全球气候治理的焦点和中心。近年来中美两国积极协调政策立场，强化既有合作基础，在能源和应对气候变化领域进行了卓有成效的合作。本章指出，中美双边合作既有助于减少两国的温室气体排放，也蕴含着明显的全球意义。与此同时，中美之间的合作也时有困难和障碍。这要求双方创新观念，进一步寻求利益共同点，推动合作向纵深发展。

第五章　中美次国家行为体气候治理合作。本章从水平、垂直、等级三个维度全面概括美国次国家行为体参与全球/中美气候治理合作的内涵和经验。在水平维度上，气候行动领先的州和城市向其他次国家行为体横向扩展，彼此直接进行经验交流和知识转移。在垂直维度上，先锋州和城市自下而上地纵向发挥影响力，并在联邦政府缺位时代参与国际气候合作。在等级维度上，次国家行为体受到联邦政府法规和政策取向的约束，既可能采取积极的气候行动，也可能因遭遇阻碍而消极无为。

第六章　中美在 G20 机制下的气候合作。气候议题的全球发散性，推动中美在诸如二十国集团（G20）之类的多边机制中展开合作。本章指出，在 G20 杭州峰会与汉堡峰会上，美国充分展示了其参与该机制的行为特征，中美两国共同在 G20 议程协商与设置方面发挥典范作用，并在不少具体议题上特别是气候变化领域与 G20 其他成员国达成一致，从而为全球应对气候变化作出贡献。

第七章　中国与国际能源署关系论析(经验启示一)。随着中国经济持续快速增长,能源外交已成为当前中国外交的一项重要内容。中国参与国际多边能源合作是满足日益扩大的能源需求的必由之路。国际能源署作为发达国家能源政策协调机制,在应对世界能源危机中发挥了不容忽视的作用。中国深化与国际能源署的合作,甚至在条件成熟时考虑加入该组织,可为保障国家能源安全和实现经济社会的可持续发展提供一种可行的选择。

第八章　跨国城市网络与美国气候治理合作(经验启示二)。全球气候治理的复杂性以及国家政府角色的可能缺位,凸显了城市特别是跨国城市网络在气候治理中的地位和作用。C40 城市气候领导联盟作为最活跃的跨国城市网络之一,通过信息共享、能力建设实施和制定规则三种方式,积极参与了美国气候治理进程。作为一种启示和借鉴,可以将 C40 网络纳入中美气候合作,以创新合作思维和实践,全方位推动全球气候治理的发展。

第九章　政治极化背景下美国民主党的气候治理(经验启示三)。进入 21 世纪以来,美国气候灾害频发,人身财产损失不断增加,美国社会各界却始终无法就解决方案达成共识,民主、共和两党尖锐对立,致使气候问题迅速政治化,并成为撕裂美国社会的重要议题之一。近年来,美国民主党在立法、行政等层面持续推动气候治理,试图以此摆脱体制和能力的双重束缚。在这一目标的引导下,拜登政府正式签署了美国历史上最重要的气候立法——《通胀削减法》,着力在国内和国际两个维度深化气候进程。在当前中美关系紧张气氛居高不下的情形下,针对民主党政府的气候情结,中国不妨顺势而为,在相关能源气候领域与美开展合作,以点带面,为中美关系的稳定和良性发展注入新机遇新动力。

结语　这一部分对本书的研究进行总结提炼,并在此基础上对中美能源和气候合作的前景予以前瞻性的思考和研判。

第一章　中国能源安全中的美国因素[1]

整个20世纪充斥着对能源尤其是石油资源的争夺，21世纪的人类社会可能仍将伴随着各种矛盾和冲突，其中主要原因之一在于对石油需求的不断增长、可能出现的可开采原油储量的下降以及各国对石油资源争夺的加剧。石油是世界经济发展中最不可或缺的自然资源，它已成为政治和经济力量的硬通货，是国家之间力量等级体系的决定因素之一，是国家繁荣与物质进步的一个分量十足的砝码。获得持续稳定且价格合理的石油供应已成为各国政府地缘政治的指针，是各国能源工业乃至现代工业有效运转的重要保障，对于经济稳步增长、能源需求急剧扩大的中国而言更是如此。

美国自尼克松政府以来，逐步降低对海外能源尤其是中东石油的依赖，实现能源独立，便成为美国政府致力追求的能源政策目标。随着国内"页岩气革命"的迅猛发展，美国能源独立计划有望从政策构想变成现实。美国能源自给能力的增强使其能以更为强硬的姿态应对中东局势，"从容"地将战略重心转向亚太，从而对亚太地区安全以及中国海上能源航道的畅通构成越来越大的威胁和压力。[2]鉴于此，能源安全尤其是石油安全已经成为诸如中美这样的大国国家安全的重要组成部分，并由此在国际学术界形成一个研究热点。

本章以国际关系学界的研究成果为主要考察对象，对近年来中美两国学者关于两国能源关系研究的成果进行梳理和分析。第一部分简要论述研究问题的由来及研究领域的划分；第二部分对中美两国学者的研究议程、主要观点做一比较；第三部分就中美学界在能源安全研究领域所呈现的国别

---

① 本章原文为《中美石油关系研究现状述评——兼论中美学者研究之异同》(《国际论坛》2008年第4期，与周云亨合作)，收录本书时有所增补改动。

② 周云亨：《多维视野下的中国清洁能源革命》，杭州：浙江大学出版社2020年版，第77页。

特色、可能的不足之处以及未来中美能源关系发展趋势谈一些个人的看法。

第一节 问题的由来

伴随着中国经济的持续快速发展，国内石油消费的增长速度远高于石油生产的增长速度。1993年中国从石油净出口国变成石油净进口国。自2003年第二季度起，中国超过日本成为世界第二大石油消费国。①石油对中国来说已不再是施加国际政治影响的一个工具，相反却成为中国遭受外部压力的脆弱性根源之一。中国对石油安全的关注“正在越来越影响到中国的外交和战略方程式”。②

由于进口规模以及增幅惊人，中国的石油供应安全不仅受制于石油出口大国，而且会受到其他石油进口大国尤其是美国的竞争和挤压。对中国而言，集中考虑石油安全中的美国因素，不仅是基于美国有干预中国获得海外石油资源的记录，③而且在于在不远的将来它仍是最有实力和意愿进行干预的国家。然而，在美国看来，中国为了确保石油安全而发动的外交攻势，不但在世界经济领域已成为导致国际石油价格攀升的主要原因之一，还在国际政治舞台上表现为试图与对美抱有敌意的国家建立起紧密的双边关系，中国的能源外交由此日益引起美国的关注和重视。在可预见的将来，随着中国能源需求特别是石油进口量的进一步攀升，能源在中美双边关系总体框架中的地位只会越来越重要。如何处理中美能源关系远远不只是一个技术性问题，而是牵涉到两国的战略关系。出于对中国崛起和中美关系的关切，海内外学者对中国确保国际石油安全战略及其对中美关系之意义的

① 国际能源机构在《2002年世界能源展望》报告中曾预测，中国石油消费需求将在2015年超过日本，英国石油公司则预测，中国石油消费需求将在未来10年内超过日本，成为居美国之后的世界第二大石油消费国。然而，中国石油消费需求在2003年就超过了日本。这一时间比国际能源机构的预测提前12年，比英国石油公司的预测提前10年。参见中国现代国际关系研究院经济安全研究中心：《全球能源大棋局》，北京：时事出版社2005年版，第330页。

② A. M. Jaffe & S. W. Lewis, “Beijing's oil diplomacy”, *Survival*, Vol.44, No.1, Spring 2002, p.115.

③ 例如，中海油并购尤尼科公司招致美国国会充满敌意的反应，最终不得不撤回并购要约。参见吴小鹏：《中海油并购案的国际政治经济学分析》，《国际关系学院学报》2006年第2期，第28—33页。

研究兴趣显著增加。①

鉴于石油资源的开发与利用牵涉领域甚广,学者们研究的覆盖面相当宽泛,为行文方便起见,下文将从该行业的上游、中游以及下游这三个层面就中美学术界对两国能源关系的研究议程、主要观点以及美国在中国能源安全中的角色做一比较。

第二节 研究现状述论与比较

石油业的上游领域主要涉及石油资源的勘探与开发。在这一层面,中美双边关系格局中已经出现美国基于地缘政治战略考虑而对中国获得稳定的海外能源供应的努力施加压力的现象。就美国相关部门已披露的文件分析,针对中国对外石油依赖程度的不断加深,美国联邦行政部门以及国会的评价和反应充满了忧虑与不安。②这些研究文件表明,美国对中国石油问题的关注主要集中在两个方面:一是担心中国石油需求的迅速增长可能会加剧国际石油供应的紧张状况,进而推动国际油价的上涨;③二是忧虑中国的

① 相关的中英文著述,可参见吴磊:《中国石油安全》,北京:中国社会科学出版社 2003 年版;Erica S. Downs,"The Chinese Energy Security Debate",*China Quarterly*,No.177,May 2004;David Hale,"China's Growing Appetites",*The National Interest*,Summer 2004;Bernard D. Cole,*Oil for the Lamps of China—Beijing's Search for 21*[st] *Century Search for Energy*,Washington D. C.:Institute for National Strategic Studies,National Defense University,2003。

② 参见下列文件以及法案相关章节:The Secretary of Defense,*Quadrennial Defense Review Report*,Washington D.C.,February 6,2006;Office of the Secretary of Defense,*Annual Report to Congress*:*Military Power of the People's Republic of China 2006*;Office of the Secretary of Defense,*Annual Report to Congress*:*Military Power of the People's Republic of China 2005*;U.S.-China Economic and Security Review Commission,*2006 Report to Congress*,Washington D.C.:U.S. Government Printing Office,2006;The Senate and House of Representatives of the United States of America,*Energy Policy Act of 2005*,pp.549—550;Report of the National Energy Policy Development Group,*National Energy Policy*,Washington D.C.:U.S. Government Printing Office,May 2001。在上述文件中,《2005 年度中国军力报告》首次提到"中国对市场和自然资源的强烈需求将影响它的战略行为",强调资源需求已成为推动中国安全战略发展的动力,包括扩大对深海舰队的投入,甚至可能在海外增加更多军事存在,详见该报告第二章。

③ David Zweig & Bi Jianhai,"China's Global Hunt for Energy",*Foreign Affairs*,September/October 2005;Michael T. Klare,"Fueling the Dragon:China's Strategic Energy Dilemma",*Current History*,April 2006.

“单边能源外交”可能会伴随着中国武器和军事技术的出口，从而既造成地区的紧张和冲突，又不利于国际石油市场的稳定。①为此，美国政界和学界不时发出中国企图“在某种程度上‘一举锁定’世界各地的能源供应”，“或者试图指导市场，而不是开放市场”，②在全球推行能源重商主义政策，③中国的目的是要形成新的垄断石油市场，威胁美国的能源安全等强硬言论。④这在全球油价飙升或者国会反华情绪高涨时体现得尤为明显。

针对上述观点，中国学者大多持批判态度。他们认为这是新版的“中国威胁论”，如不破除，将会恶化中国实施海外能源战略的外部环境，并且影响中国政府与相关国家和国际组织之间的国际能源合作。⑤还有学者指出，尽管中国企业实施“走出去”战略时适逢前所未有的全球化态势，但那些法治秩序可靠国家的资源早已“名花有主”，中国企业只能走进那些“高风险”国家，战争、内乱、国际制裁等政治风险因此变得无法回避。⑥此外，中方关注的焦点与美方大异其趣，中国学者当下显然更在意美国发动伊拉克战争的意图及其导致的不良后果。例如，不少学者撰文指出，美国的“倒萨”战争与其全球石油战略之间存在着内在的和本质的逻辑关系，伊拉克战争是对中国石油安全的严重警示。⑦

① Flynt Leverett & Pierre Noel, “The New Axis of Oil”, *The National Interest*, Summer 2006; Gabe Collins & Carlos Ramos-Mrosovsky, “Beijing’s Bolivarian Venture”, *The National Interest*, September/October 2006; Calder, K. “Asia’s Empty Tank”, *Foreign Affairs*, March/April 1996.

② Robert B. Zoellick, “Whither China: From Membership to Responsibility?”, http://www.state.gov/s/d/rem/53682.html; The National Security Strategy of the United States, March 2006, http://www.whitehouse.gov/nsc/nss/2006/sectionVIII.html.

③ 西方学者的所谓中国能源重商主义一般是指中国的能源外交政策受短期商业利益驱使，为此忽视甚至无视人权、良治、民主或者环境的可持续性等其他因素。参见 Antoine Halff, “Africa on My Mind: The Panda Menace”, *The National Interest*, July/ August 2007, p.35。

④ Ian Bremmer, “The Dragon Awakes”, *The National Interest*, Summer 2005, p.131.

⑤ 李向阳：《谁来为 21 世纪中国加油》，北京：中国社会科学出版社 2005 年版，第 135 页；余建华、王震：《“中国能源威胁论”析解——兼议内外并举的中国能源发展战略》，上海社会科学院世界经济与政治研究院：《国际体系与中国的软力量》，北京：时事出版社 2006 年版，第 64—85 页。

⑥ 王猛：《达尔富尔危机：中国外交转型的挑战与契机》，《世界经济与政治》2005 年第 6 期，第 37 页。

⑦ 参见吴磊：《反恐战略、“倒萨”战争与美国的石油争夺》，《世界经济与政治》2003 年第 5 期；《伊拉克战争对我国石油安全的影响》，《国际论坛》2003 年第 4 期；夏立平：《伊拉克战争对国际战略格局及我国安全环境的影响》，《国际观察》2003 年第 3 期。

石油业的中游领域，即一般意义上的能源安全通道领域也引起相关机构及学者的关注。①2001 年 4 月，兰德公司在向布什总统提交的一份研究报告中提出，马六甲海峡是中国海上石油通道的“软肋”。②罗兰·丹罗伊特(Roland Dannreuther)指出，中国认为美国有能力做到在对其实施石油禁运的同时，并不殃及日韩等国的石油进口。③莱尔·戈尔茨坦(Lyle Goldstein)和威廉·默里(William Murray)认为，中国对海上石油通道脆弱性的认知将会刺激中国加快海军现代化建设步伐。④不过即便如此，美国太平洋司令部前司令丹尼斯·布莱尔(Dennis Blair)与李侃如认为，当今世界只有美国具备控制印度洋至太平洋海上石油战略通道的实力。在可预见的将来，没有任何一个国家有能力挑战美国的海上霸权。⑤

中国学者也对海上能源通道问题做了不少研究。持现实主义观点的学者认为，一国的石油安全系数与该国对世界事务的外交和军事影响力成正比，而与石油需求的对外依存度成反比。一国的石油对外依存度越大、对外军事外交影响力越小，则该国石油安全系数就越低，不安全的风险就越大。⑥现实主义者认为中国石油安全的破解之道在于：在降低海外石油依存度的同时，加快中国海军现代化建设步伐，以便确保海上石油通道的安全。⑦持自由主义观点的学者则认为，能源通道的形势并没有现实主义学者

---

① 参见中国现代国际关系研究院经济安全研究中心：《全球能源大棋局》，第 78—98 页；中国现代国际关系研究院海上通道安全课题组：《海上通道安全与国际合作》，北京：时事出版社 2005 年版。

② Erica S. Downs, *China's Quest for Energy Security*, Santa Monica: RAND, 2000. 该报告也引起中国高层的高度重视。在 2003 年 11 月 29 日中央经济工作会议的闭幕会上，胡锦涛分析了中国的经济形势，第一次提到了金融和石油两大国家经济安全概念。他指出，一些大国一直染指并试图控制马六甲海峡的航运通道，因此必须从新的战略全局高度，制定新的石油能源发展战略，采取积极措施确保国家能源安全。这被国际传媒称为胡锦涛要破解“马六甲困局”。

③ Roland Dannreuther, "Asian security and China's energy needs", *Oxford University Press and The Japan Association of International Relations*, 2003. 类似的观点还可参见 Bruce Blair, Chen Yali & Eric Hagt, "The Oil Weapon: Myth of China's Vulnerability", *China Security*, Summer 2006, pp.32—64。

④ Lyle Goldstein & William Murray, "China Emerges as a Maritime Power", *Jane's Intelligence Review*, October 2004.

⑤ Dennis Blair and Kenneth Lieberthal, "Smooth Sailing: The World's Shipping Lanes Are Safe", *Foreign Affairs*, May/June 2007, Vol.86, Iss.3, pp.8—14.

⑥ 张文木：《中国能源安全与政策选择》，《世界经济与政治》2003 年第 5 期，第 14 页。

⑦ 参见刘新华、秦仪：《中国的石油安全及其战略选择》，《现代国际关系》2002 年第 12 期；王家枢：《中国石油安全与地缘政治》，《资源产业》2004 年第 1 期。

所说的那般严峻，中国应更多借助政治、外交和经济杠杆等手段来维护石油通道的畅通。他们认为公海航行自由是国际公共产品，中美两国共同维护这一公共产品符合两国的国家利益。①大体上说，美国学者专注于中国强化石油安全通道的努力及诸如此类的举措将对美国全球主导地位产生的冲击，而中国学者更为关注美国海上霸权对中国石油安全通道的影响及中国的应对措施。

石油业的下游领域包括石油的加工和消费，这是中美两国合作得最为成功的领域。颇具讽刺意味的是，这也是国际关系学者关注得最少的领域。迈克尔·麦克尔罗伊(Michael McElroy)和克里斯·尼尔森(Chris Nelson)认为美国与中国在能源和环境领域的多渠道合作，将为两国间的利益带来巨大潜力。②保罗·罗伯茨(Paul Roberts)强调向中国提供节能环保技术既有利于中国，同时也符合美国的国家利益。③艾瑞克·道斯(Erica Downs)指出，中美两国可以在石油战略储备上进行合作。④中国学者中，赵宏图对中美两国能源合作存在的症结做了分析，指出美国可以向中国提供先进的节能和环保技术，帮助中国逐步转向非石油依赖型经济，这符合彼此的利益。⑤夏立平对中美两国能源合作的前景进行了展望。⑥查道炯也就中美两国间未来的能源合作议题提出了自己的看法。总的来看，中美两国学者并不注重挖掘两国利益交集的能源安全问题，而是倾向于探寻彼此格格不入的地方，这也许是石油下游领域安全研究较为薄弱的原因之一。⑦

---

① 参见查尔斯·齐格勒：《中国外交政策中的能源因素》，《国外理论动态》2006 年第 10 期；查道炯：《中国石油安全的国际政治经济学分析》，北京：当代世界出版社 2005 年版，第十章；赵宏图：《“马六甲困局”与中国能源安全再思考》，《现代国际关系》2007 年第 6 期。

② [美]迈克尔·麦克尔罗伊、克里斯·尼尔森：《能源、农业和环境：中美合作的前景》，载[美]傅高义主编：《与中国共处：21 世纪的美中关系》，田斌译，北京：新华出版社 1998 年版，第 193—224 页。

③ [美]保罗·罗伯茨：《石油的终结》，吴文忠译，北京：中信出版社 2005 年版。

④ 林伦：《中美能源安全多棱镜——访布鲁金斯学会能源专家艾瑞克·道斯博士》，《中国石油企业》2006 年第 5 期，第 22—25 页。

⑤ 赵宏图：《关于中美能源合作的几点思考》，《现代国际关系》2006 年第 1 期，第 47—53 页。

⑥ 参见夏立平：《美国国际能源战略与中美能源合作》，《当代亚太》2005 年第 1 期；《美国国际能源战略趋势及中美能源合作可能性》，《当代石油石化》2004 年第 9 期。

⑦ 查道炯：《中美能源合作及对东亚合作的影响》，《外交评论》2005 年第 6 期，第 34—35 页。

第三节 对研究现状的评估

如果将国际关系理论分为理论研究、释疑研究、个案研究和政策研究这四类的话,[①]那么石油安全研究无疑最接近最后一类。正如罗伯特·考克斯(Robert Cox)所言:“理论总是为某些人和某些目的服务。”[②]在很大程度上,美国学者对于中美能源关系的研究体现了“为己所用”的学术目的,具有强烈的“自我服务意识”。在笔者看来,就能源安全研究而言,美国学者体现了较明显的“利益分内外、制度有优劣”的价值取向。美国对华能源政策的一个定论是,只有全面融入以美国为首的西方能源体系,中国才可能获取稳定的能源供应以及避免“能源威胁论”,而按西方的规则行事是融入该体系的先决条件。出于对本国利益的优先考虑及对本国制度的优越感,美国学者有意无意地忽视了中国“为什么”要遵循西方规则的问题。实际上,大多数美国学者惯常批评中国的论调,如采取能源重商主义政策、不遵守游戏规则、抬高世界油价等远非无可辩驳。[③]上述论调难免带有偏见、私利作祟之嫌。正如国内有学者指出的,美国的国际政治学本质上是强者的政治学,美国的理论显然不可能使其他国家关心的问题得到完全解答。[④]既然如此,就不难理解中国何以需要在能源安全领域发出自己的声音。

不过,撇开研究的价值取向不论,美国学者的工作在技术上却有不少值得借鉴之处。相对于中国学者而言,他们更注重依靠数据、逻辑、推理,更重视运用分析工具和模型来分析和解决问题,在科学研究方法的运用方面更为严谨和自觉,这主要体现在以下三个方面。

第一,定量分析多,定性分析少。定量分析的最大优点是能大大降低研

---

① 参见 Joseph Lepgold,“Is Anyone Listening? International Relations Theory and the Problem of Policy Relevance”, *Political Science Quarterly*, Vol.113, No.1, 1998, pp.43—62。

② Robert Cox,“Social Forces, States and World Order: Beyond International Relations Theory”, in Robert Keohane(ed.), *Neorealism and Its Critics*, New York: Columbia University Press, 1986, p.207.

③ 详见 Erica S. Downs,“The Fact and Fiction of Sino-African Energy Relations”, *China Security*, Summer 2007, pp.42—68。

④ 梅然:《该不该有国际政治理论的中国学派?——兼评美国的国际政治理论》,《国际问题研究》2000 年第 1 期。

究人员的随意性，增强研究的精确性，提高研究结果的可信度，从而有助于更加客观地解释现象和发现规律。由于能源安全牵涉能源对外依存度、能源利用效率和能源价格等相关要素，而这些要素都可以量化，因此不存在定量分析法鞭长莫及的困境。基于以上优点，美国相关机构及学者将定量分析法广泛运用于能源安全研究。以美国能源部能源情报署为例，该署出台的《2007年度国际能源展望》涵盖了大量的最新统计数据，并且基于这些数据描述、解释和预测了国际能源市场走势。①相比而言，中国学者更多地运用定性分析法研究能源安全。之所以如此，恐怕是因为中国学者传统上不够重视专业方法的训练。当然，这与国内相对缺乏可资利用的数据、资料与文献也不无关系。

第二，微观分析多，宏观分析少。美国学者专注于具体而微的课题，切口很小，但有深度，把一个问题或一个局部搞深搞透，然后见微知著，推而广之。这样的研究对一些微观问题的细节能够了如指掌，得出的结论就有坚实的根据，不但对宏观战略而且对具体战术的制定都有极大的参考价值。②如美国布鲁金斯学会两位资深研究员以《控制中美在中东的能源竞争》为题，深入地分析了中国对石油的追求使其成为美国向中东施加影响时的一个新竞争对手，这种竞争若得不到慎重处理，将会引发多层面的中美双边摩擦并影响美在中东地区的战略利益。③该文作者的立场是否客观公允暂存不论，但其分析视角颇为独特、立论颇有新意却是事实。作者以具体问题为切入点，然后对该问题的背景、成因进行鞭辟入里的分析，最后提出相应的解决方案。文章的高明之处在于，通过它不但可以了解中美在中东地区的能源竞争态势，还可以以此类推审视中美在世界其他地区的能源竞争局面。相对而言，此类文章在国内刊物上难得一见。究其根源，可能与国内一位战略研究者所说的中西之别有关：我们有宏大的蓝图，但缺乏具体的利益精算。我们习惯于“不谋全局不足以谋一域”，从抽象到具体，从大到小；比较之下，西方世界的外交谋划更多的是从具体到抽象，从小到大，“百鸟在林，

---

① U.S. Energy Information Agency, *International Energy Outlook*, *2007*, Washington D.C.: U.S. Government Printing Office, May 2007.

② 张睿壮：《与发达国家对比中看中国国际关系研究中的差距》，《世界经济与政治》2004年第1期，第23页。

③ Flynt Leverett & Jeffrey Bader, “Managing China-U.S. Energy Competition in the Middle East”, *The Washington Quarterly*, Winter 2005-06, pp.187—201.

不如一鸟在手"①。

第三,理论建构模式比重不低,单纯政策分析模式比重不高。理论的功能在于:"解释什么与什么相联系,这些联系又是如何形成的。理论指出事物是如何运作的,如何联系在一起,或者研究领域的结构是什么?"②相对于一般的政策分析,理论的长处在于不计较一时一事,因而往往具有更长的时效性和更广泛的适用性。具体而言,能源安全是一个兼具理论性和现实性的复杂课题,它涵盖了政治学、经济学、法学、社会学、生态学等相关学科的内容,缺乏理论支撑的研究成果往往可信度有限。相形之下,单纯的政策分析模式尽管具有很强的针对性与灵活性,但其不足之处在于跟风效应过于明显,往往是什么热就研究什么,这并不利于学科的可持续发展。以中国的石油安全研究为例,每逢国际油价飙升,国内相关研究立马跟进;一旦油价暴跌,国内研究往往也跟着偃旗息鼓。尽管美国学术界也存在这种"刺激—反应式"的研究现象,但远没有中国学术界这般普遍。

本章小结

随着中国经济的快速发展及能源需求的急剧增长,中美能源关系暨美国在中国能源安全中的角色已经成为中美双边关系的一项重要内容,唯其如此,深入研究中美关系中这一较新范畴的意义和重要性不言而喻。汪熙先生曾说过:"研究一个课题,不论是历史的还是现实的,我们都应该把它悬在空中,对它进行上下左右前后,四方八面的全方位的考察、全方位的分析,因而也全方位地收集资料。这样做会费力一些,但可以少一些片面性,多一些实事求是。"③

若以汪先生的治学方法为准绳,并对比中美学者的既有研究,中国的石油安全研究在综合性、竞争性、前瞻性以及变动性四个方面有待改进和加

① 金一南:《中国外交中利益判断与价值判断之关系》,《国际政治研究》2007 年第 3 期,第 31 页。

② [美]肯尼思·华尔兹:《国际政治理论》,信强译,上海:上海人民出版社 2003 年版,第 16 页。

③ 汪熙:《中美关系问题的几点思考》,载倪世雄主编:《我与美国研究》,上海:复旦大学出版社 2005 年版,第 4 页。

强。综合性指的是不仅要从石油进口国的角度研究石油安全，而且还要从石油出口国的角度研究石油安全，以达到知己知彼的目的。竞争性要求的不仅是要对国外所谓“中国能源威胁论”做出反应，而且更要在国内同行之间建立起一种良好的学术批评的氛围，以去粗取精、去伪存真。前瞻性是针对“刺激—反应式”的学术研究而言的，它要求研究者继往开来，致力于预见各种可能性，主动塑造未来，而非穷于应付事态发展。变动性则要求理论研究与时俱进，无论在理论体系，还是在方法论方面，都要积极借鉴前人已有的成果，并力争有所创新。显然，在中国能源对外依存度越来越高的背景下，这四个方面的优化和提升，当能发挥“以研资政”的作用，并有望为中国能源安全筹划有利的国际环境，对冲美国在能源安全领域对中国的牵制。

第二章　中美能源竞争与合作[①]

能源，以其独特的战略性特质，关系到国家经济社会发展和国防安全的方方面面。随着经济持续、快速增长，中国的能源需求和进口量也在不断上升。鉴于能源兼有经济与安全的双重内涵，中国的能源进口与海外能源投资举措频频引发国际上的强烈反应，美国则往往处于反应漩涡的中心，能源因此成为影响中美关系的一个重要因素。作为世界上两个最大的石油消费国，中美对彼此寻求能源保障的努力相当敏感。在能源需求上的同源性，无疑会导致中美两国竞争意识的加强，但能源问题的非传统安全性及其与环境保护等全球问题的相关性，则必定要求双方相互依赖、合作应对。

第一节　中美关系中的一个"新"议题

能源在当今世界稳居重要战略地位，它同时影响着国际经济的活力、世界地缘政治的稳定以及全球环境的未来。从 2006 年夏开始，能源警报在 21 世纪首次响起：石油价格屡创历史最高纪录，2007 年创下每桶 100 美元的新高，2008 年 7 月达到 147 美元。与以往能源危机不同的是，此次石油价格上涨的原因更多的是需求的增长而不是市场供应量的减少。新兴大型经济体，特别是中国，加入全球化进程，塑造着世界能源的新格局。1993 年，中国从石油净出口国变成石油净进口国，进口量以每年 15%的速度递增；2003 年中国的石油消费超过日本，成为仅次于美国的世界第二大石油消费国。虽然中国在低人均能源消费水平的情况下实现经济增长，但由于进口规模以及增长幅度十分可观，国际上对中国寻求能源供给保障的关注

---

① 本章原文为《竞争与合作：中美关系中的能源因素》[《复旦学报》(社科版)2010 年第 2 期]，收录本书时有所增补改动。

仍与日俱增。

在外界/美国看来，中国日益增长的能源需求对世界能源体系和地缘政治大势产生了重要影响。第一，中国石油进口的不断增长对国际市场的石油价格产生了压力，加剧了未来寻求石油供应的竞争。第二，中国越来越多地使用煤炭将使中国二氧化碳排放量很快超过美国，全球气候变化问题十分严峻。第三，中国日益增长的能源需求有助于加强资源大国俄罗斯的地缘政治实力。按照"十一五"规划，中国将修建多条管道，从俄罗斯、哈萨克斯坦、乌兹别克斯坦和土库曼斯坦等国进口石油和天然气。假如里海油气资源不能同时满足中美双方的需求，两国之间本已存在的角逐和争夺将进一步加剧。第四，中国可能大规模发展核能，将使国际核不扩散机制变得复杂，为关于核废料及其可能在黑市交易等问题的讨论增加了新的不确定因素。

作为世界最大的石油消费国和进口国，美国对中国加入世界能源博弈的作用力当然不会熟视无睹。能源对美国维持其世界霸主地位的重要性不言而喻。美国占全球石油消费的25%，美国经济的运转完全依靠这种物资，它"对进口石油的依赖今后几十年中不会有太大改变"①。美国因而一向不会忽视国际能源领域的任何细微变化。面对中国石油消费每年超过7%的增长速度，一种关于中国能源威胁的论调在美国已然兴起，并占据了相当的市场。"中国能源威胁论"认为，一方面，中国能源需求上升促发的能源外交对全球地缘政治产生巨大冲击；另一方面，中国能源重商主义对世界能源格局产生不利影响，是世界能源市场的不稳定因素。②

一个国家的能源只要不是完全自给自足，能源外交在该国的对外关系中就必然具有特别重要的地位。进口国能源外交的目标是，确保从外部获得稳定的且价格合理的能源供应，促进本国能源安全、经济安全和国家安全。近年来，中国国内石油短缺的现状促使它为确保石油供应而仿效其他石油进口大国的做法，鼓励国内企业积极去海外开采石油，并与石油出口国发展友好关系，以实现能源供应多元化。在相当一部分美国人看来，中国对能源利益的追求破坏了美国代表的规则和战略。美国认为，中国对一些石油

---

① Council on Foreign Relations, "National Security Consequences of U.S. Oil Dependency", *Independent Task Force Report*, No.58, 2006, p.14.

② Antonie Halff, "Africa on My Mind: The Panda Menace", *The National Interest*, July/August 2007, p.35.

出口国家的投资和支持会削弱华盛顿强硬政策的效果，不利于美国的利益。

随着美国与伊朗关系因伊朗核问题而渐趋紧张，美国对中伊开展能源合作的举措异常警惕。2004 年 3 月，中国与伊朗签署价值 1 亿美元的从伊朗进口液化天然气的协定，以中国投资伊朗的石油和天然气开发以及管道建设作为交换。2006 年底，当中国又与伊朗签订 160 亿美元天然气开采大宗合同时，美国政府再也按捺不住，立即指责这样的协定会破坏美国领导的因伊朗拒绝放弃核计划而旨在孤立伊朗的努力。美驻华使馆发言人声称，在伊朗核问题悬而未决之际，“与伊朗开展新的重大商业合作是一个特别糟糕的时刻。”①

中国与非洲的能源合作同样触动了美国敏感的神经。早在 2001 年 5 月，以副总统切尼（Dick Cheney）为首的美国国家能源政策发展小组推出的《国家能源政策》报告就将西非列为“供应美国市场的增长最快的石油和天然气来源”。②美国进口石油中的 15%来自撒哈拉以南非洲地区。非洲也是中国能源进口的一个越来越重要的来源。撒哈拉以南非洲地区为中国提供了大约 30%的石油。安哥拉、苏丹和尼日利亚在中国能源进口多元化战略中占有重要地位。安哥拉一度取代沙特阿拉伯成为中国最大的石油进口国，苏丹生产的石油有一半出口到中国，占中国石油总进口量的大约 5%。中国参与了非洲石油和天然气的加工及运输，并在苏丹最大的石油生产公司中持有 40%的股份。③对于中国与苏丹的石油合作，美国一直持批评和阻挠的态度，指责中国在获取能源的同时还向苏丹输送武器，对抗美国利益，全然不顾该地区的人权、法治以及其他可能危害到别国的问题。④

中国与俄罗斯的能源合作卓有成效。2009 年 4 月 21 日，中俄两国共同签署迄今最大一笔能源合同——《中俄石油领域合作政府间协议》，确认此前两国草签的一揽子协议正式生效。其中，中方承诺以低息贷给俄方

---

① Shai Oster, “Moves to Stymie Iran Strain U.S.-China Ties”, *The Wall Street Journal*, January 12, 2007, p.A4; Steven R. Weisman, “US Cautions Foreign Companies on Iran Deals”, *The New York Times*, March 21, 2007.

② National Energy Policy Development Group, *National Energy Policy: Report of the National Energy Policy Development Group*, May 2001, pp.8—11.

③ The Stanley Foundation, “Africa at Risk or Rising? The Role of Europe, North America, and China on the Continent”, *Policy Dialogue Brief*, May 2007, pp.4—5.

④ Fred Stakelbeck, “An ‘African Marshall Plan’: U.S. Must Counter China’s Courtship”, *The Washington Times*, May 29, 2007.

250 亿美元，俄方许诺未来 20 年内通过管道每年向中方供油 1 500 万吨。哈萨克斯坦是中国能源西进战略中的重要伙伴国。2004 年 5 月，中哈两国政府签署《关于在油气领域开展全面合作的框架协议》，启动中哈石油管道建设项目。时隔一年，中石油继获得哈萨克斯坦阿克纠宾斯克和乌津两大油田的开采权后，又成功收购哈萨克斯坦石油公司。此外，中国与土库曼斯坦也于 2006 年 6 月达成能源合作协议。里海和中亚地区虽然并非全球石油市场的主要供应地，但出于应对中国能源外交以及地缘政治考虑，美国仍将其中亚政策从主推民主调整为增加油气供应和加强反恐合作。①2006 年 5 月切尼访问哈萨克斯坦，着力渲染美哈友好关系，加强美国在哈萨克斯坦的存在，试图干扰中哈石油管道建设，阻挠哈向中国输送石油。委内瑞拉是美国第四大石油输出国，但随着美国与查韦斯政权的关系逐渐恶化，委内瑞拉国家石油公司开始在亚洲寻求新市场。2004 年 12 月和 2005 年 1 月，查韦斯与曾庆红互访，中委两国达成协议，中石油投资 4 亿多美元开发委内瑞拉的石油和天然气资源。

据此，美国认为，中国对能源安全的关注"正在越来越影响到中国的外交和战略方程式"。②美国国会美中经济与安全评估委员会声称，中国为了保证从那些"可疑"国家获得能源，向它们提供武器和军事技术，从而将损害美国防止大规模杀伤性武器扩散的全球战略。该委员会 2005 年提交国会的报告指出，中国日益增长的对进口石油的依赖，将对美国构成经济、政治与地缘战略等方面的挑战。这种挑战主要表现为：第一，中国在西半球寻求能源的举措将迫使美国更多地依赖中东的石油；第二，为了获取石油资源，中国加强了与伊朗、苏丹等问题国家的关系，这将扰乱华盛顿遏制上述国家的努力；第三，敦促美军撤离中亚地区；第四，中国将以削弱美印关系为代价改善中印关系。③布鲁金斯学会中国问题专家断言，"石油不可避免地与其他外交政策问题联系在一起，"中美两国的真正冲突在于双方"对这些问题的看法并不完全一致"。"美国面临的挑战是，说服北京不要通过支持那些

① C. J. Chivers, "U.S. policy shifts in Central Asia", *International Herald Tribune*, February 3, 2008.

② A. M. Jaffe and S. W. Lewis, "Beijing's Oil Diplomacy", *Survival*, Spring 2002, p.115.

③ U.S.-China Economic and Security Review Commission, *2005 Report to Congress*, Washington D.C.: U.S. Government Printing Office, 2005, p.173.

违反国际准则的国家来满足其能源需求。”①

在美国政界和媒体热炒中国能源安全战略对世界地缘政治产生消极影响之类舆论的同时，美国经济界人士则给中国扣上“能源重商主义”的帽子，抨击中国几大石油公司作为国有企业得到了中国政府的巨额财政支持，由此获取了对西方公司的不公平竞争优势。这些人认为，基于国有企业的性质，中国石油公司追求安全战略甚于经济核算，往往在竞标中比外国同行报出更高的价码，借此签下从哈萨克斯坦到加拿大的石油上游开发的大单并且收获“份额油”。他们声称中国政府鼓励国有公司开展不公平竞争，违反市场经济规则，不但驱动国际能源市场的供求波动和国际油价连攀新高，而且加剧了对原本有限的世界能源的争夺。②这种能源重商主义的偏见集中体现在中海油竞购尤尼科事件上。

2005 年初，中海油提出以 185 亿美元的报价收购美国尤尼科石油公司。尤尼科公司仅控制美国 0.8%的石油产量和 0.3%的消费，对美国的能源供给不具备任何战略意义。这本是一次正常的商业并购，但却招致美国国会的强烈反应。众议院 6 月 30 日以“威胁国家安全”为由通过一项决议，迫使中海油放弃竞购计划。从能源重商主义的逻辑出发，有的议员怀疑中国购买尤尼科是中国军事占领中东重要油田的第一步，然后借此操控国际油价。③中央情报局前局长詹姆斯·伍尔西宣称，收购尤尼科是北京“主宰能源市场和控制西太平洋”战略的一部分。一些学者也认为，中国海外石油需求的扩大以及争取原油进口渠道多样化的努力威胁到美国的能源安全，导致美国和中国的利益以前所未有的方式发生冲突，促使中国更深地卷入非洲、中东和拉美等动荡地区，而美国自冷战后一直对这些地区拥有近乎垄断的国际影响。④

① Erica S. Downs, “How Oil Fuels Sino-U.S. Fires”, *The Business Week*, September 4, 2006.

② Chris Baltimore, “U.S. and China Take Different Views of Energy Security”, *Reuter News*, November 27, 2006. 转引自梅俊杰：《中美能源合作的焦点与方向》，载上海社会科学院世界经济与政治研究院：《中国与世界共同利益的互动》，北京：时事出版社 2008 年版，第 117 页。

③ Albert Keidel, “China's Growing Pains Shouldn't Hurt Us”, *The Washington Post*, July 24, 2005, p.B05.

④ Ian Bremmer, “The Dragon Awakes”, *The National Interest*, Summer 2005, pp.128—134.

美国国会阻止中海油收购尤尼科石油公司的举动,实际上集中诠释了"中国能源威胁论"的实质,凸显出在中国崛起的背景下能源在中美关系中日渐突出的地位。以经济发展为杠杆的中国综合国力的迅速增强,伴以能源需求的急剧上升,正深刻改变着世界政治结构和大国关系格局,并日益拓展中美关系的内涵,不断在两国之间楔入新的议题和问题领域。自进入 21 世纪以来,从华盛顿政要的对华政策宣言,到美国各种战略文件,再到中美能源政策对话和中美战略(与经济)对话,能源议题无所不在,已然成为影响和塑造中美关系格局的一个分量十足的变量。

第二节 中美能源博弈的形态

长期以来,能源以其战略性特质成为国家间博弈的重要领域。现实主义能源安全观与自由主义能源安全观分别从不同的理论视角将能源与国家间关系的模式联系在一起。前者把能源安全视为传统安全的延续,强调石油是权力的源泉,相信国家之间的能源安全关系表现为彼此竞争的零和游戏,主张用军事力量、结盟甚至战争手段来应对能源安全威胁;后者认为能源安全是地区乃至整个世界共同面临的问题,强调国家间能源安全的相互依赖性以及互动和合作在解决能源安全威胁方面的重要性。相应地,对于能源安全也有两种研究方法,"一种是以多边合作为形式的理想主义方法;一种是以扩大竞争为形式的现实主义方法。前者是在市场体系中合作与参与,为每一个能源消费国制造出双赢的结果;而后者则是一种零和方法,在政治紧张关系中加剧了各国的不安与焦虑"①。

石油的可获得性历来被美国政府视为最主要的国家利益。2000 年,美国国家利益委员会发布的《美国国家利益》报告,将稳定可靠的能源供给视为至关重要的国家利益。2001 年美国《国家能源政策》报告重申确保国内能源供应、加强全球能源政策联盟、遏制对手的战略资源需求。2002 年《美国国家安全战略》强调,美国将加强自己的石油安全,扩展全球石油供应的

① Emma Chanlett-Avery, "The Growing Competition for Natural Resources: Economic Security and the Rise of the 'BRIC' Economies", http://www.erina.or.jp/en/Research/dlp/2006/pdf/0623e.pdf.

来源与种类，尤其是在西半球、非洲、中亚和里海地区。面对能源需求的增速超过有保障供应的增速，且世界主要石油供应来自由不稳定或敌对国家控制的限制性市场的现实，美国更加关注中国在全球范围寻求能源的种种行为。中美能源或合作或竞争的博弈态势表现在各个不同的层面。①

在能源的勘探和开发领域(上游领域)，能源现实主义和地缘政治竞争的思维有着较大的影响。《石油战争》一书的作者玛丽·卡尔多(Mary Kaldor)指出，争相寻找新的石油是一种常见的冲突，就像19世纪的“大博弈”或早期的帝国冲突。②由于中美均是石油消费和进口大国，对能源安全的关注必然在两国间引发外交政策问题。美国一些外交政策分析家对不断减少的全球石油储量越来越集中于政治动荡地区感到忧虑，呼吁华盛顿着力稳定产油地区，或促使这些地区实现民主。另有分析人士指出，即使产油地区偶尔出现“正常的”政治混乱，也会中断对美国的石油供应，造成油价冲高，从而使美国遭殃。因此，须由美国军队来促进重要产油地区，特别是波斯湾的和平和稳定。③还有一些人称，中国通过签订长期的石油采购协议以及开展积极外交，在能源安全上对美国提出了挑战，华盛顿对此应未雨绸缪，采取行动在“石油地缘政治”方面战胜北京。

中国为确保能源安全而发动的外交攻势，尤其是与美国对之抱有敌意的国家建立合作关系等举措日益引起美国的担忧和不满。美国指责中国近年来频频抢购海外能源，不遵循市场原则而一心要“锁定”有限的世界剩余石油资源，“进一步加重了国际石油供给的负担，导致石油价格上涨”，④并把美国消费者排挤出能源市场。美国认为中国为了获取石油忽视甚至无视人权保护、核不扩散和提高治理水平等问题，中国则指出在那些法治秩序可靠国家的资源早已各有归属的情况下，本国企业只能走进那些“问题”国家，战争、内乱、国有化运动等政治风险因而变得无法回避。⑤而中国石油公司

① 中国学者关于中国能源上游、中游、下游三个领域的分类及研究的一项概览，可参见查道炯：《中国石油安全的国际政治经济学分析》，北京：当代世界出版社2005年版。

② Mary Kaldor, Terry Lynn Karl and Yahia Said, eds., *Oil Wars*, London: Pluto Press, 2007.

③ Eugene Gholz and Daryl G. Press, “Energy Alarmism: The Myths That Make Americans Worry about Oil”, *Policy Analysis*, No.589, April 5, 2007, p.15.

④ Erica S. Downs, “The Fact and Fiction of Sino-Africa Energy Relations”, *China Security*, Summer 2007, pp.10—12, 15—16.

⑤ 王猛：《达尔富尔危机：中国外交转型的挑战与契机》，《世界经济与政治》2005年第6期，第37页。

在非洲的运营，增加了非洲石油输出国的经济发展机会，并有助于推动国际社会承担起帮助非洲应对挑战的责任；①中国与哈萨克斯坦的能源合作确保了中哈石油管道一期工程的如期竣工投产，为中国提供了一条相对安全的陆上石油通道。美国对此却难以释怀，不仅推动建成了通往西方的巴库—第比利斯—杰伊汉输油管道以分流里海和中亚的石油，而且以反恐之名加强对中亚的军事渗透，其借力打力、对冲中国的意图不言而喻；对于全球能源市场，美国希望有一个公平竞争的环境，中国担心，对实力不对等的竞争者施行同等的规则，将使自己处于不利的地位。中美在能源上游领域的竞争态势因若干敏感问题的凸显而可能更趋激化，譬如中国与伊朗签署油气开采协议、从苏丹购买石油、试图收购尤尼科公司等。美国倾向于将上述问题作为彼此独立的个案来看待；中国则认为它们是一盘大棋局的一部分，在这盘棋局中，华盛顿始终占据着有利地位。

中美之间的分歧并不能完全掩盖能源上游领域双方合作的可能性。两国依赖的石油供应地多是政治、经济、宗教、恐怖主义威胁等问题交织，国内形势错综复杂的地区。因此，在确保有关产油地区的安全与稳定、维护国际石油市场的有序运作方面，中美既存在共同的利益，又负有共同的责任。例如，中亚—高加索地区局势的稳定是建立平稳而有序的中亚能源市场的前提条件，中美双方都鼓励中亚各国开发经济和能源，限制恐怖活动、贩毒和大规模杀伤性武器扩散。

在确保能源运输通道畅通方面（中游领域），中美竞争与合作机会并存。中国进口石油的通道主要有陆路和海路两种，其中除小部分从俄罗斯、中亚采用铁路和管道运输外，绝大部分（约占全部进口石油的93%）是通过海运实现的。②中国现有的海上石油通道过于依赖单一的路线——印度洋至太平洋沿岸航道，特别是沟通两大洋的咽喉要道马六甲海峡。中国八成以上的进口石油需要通过马六甲海峡，经过该海峡的一半以上的船只是驶往中国的。③可以说，谁控制了马六甲海峡，谁就能随时威胁中国的战略石油通

① The Stanley Foundation, "Africa at Risk or Rising? The Role of Europe, North America, and China on the Continent", pp.4—5.

② 许勤华：《中国高校学生能源安全观分析与思考》，《世界经济与政治》2008 年第 4 期，第 68 页。

③ Zhang Xuegang, "Southeast Asia and Energy: Gateway to Stability", *China Security*, Spring 2007, p.19.

道和能源安全。而美国凭依其雄厚的军事实力,成为全球能源通道最具支配力的国家。在马六甲周边海域,从日本、韩国开始,以关岛为链接,一直延伸到菲律宾群岛和新加坡,最后直到印度洋的迪戈加西亚岛,这条巨大的太平洋岛链上密布着美国海空军基地,这使美国具备必要时封锁印度洋至太平洋海上石油通道的实力。①随着中国对海外能源依赖度的不断提高,中国的能源生命线也越来越依赖于美国海军。对中国来说,这不仅意味着本国能源安全受制于人,而且也连带束缚了在台湾问题及周边事务中的行动自由。

马六甲海峡的航道安全包括航运安全和生态安全两个方面。根据国际海事组织发布的公告,马六甲海峡是世界上海盗活动最猖獗的海域之一,20世纪90年代以来,全球40%—60%的海盗袭击发生在这里。仅在2001年,马六甲海峡海盗横行造成的直接经济损失就高达160亿美元。②"9·11"事件后,海盗活动有与恐怖主义相结合的趋势,更是对马六甲海峡安全构成重大威胁。马六甲海峡内有众多浅滩,沉船、流沙和淤泥使航道情况经常发生改变,严重威胁航行安全。此外,随着国际贸易的迅速发展,油轮及其他运输船舶的数量和吨位显著增加,导致航道拥挤不堪,事故频发。而船舶的相撞、触礁和搁浅极易造成燃油泄漏,对马六甲海峡的生态安全提出空前挑战。

海上运输通道的安全和公海航行自由均属国际公共产品。参与对这些公共产品的维护及其使用规则和惯例的构建,既是维护中国能源安全的组成部分,也是中美两国的共同利益所在。1998年11月,美国《东亚地区安全战略报告》指出:"确保航行自由,保护海上通道,尤其是马六甲海峡的安全已日益成为各国关注的共同利益。"③威胁马六甲海峡航行安全的非传统因素均为全球公共问题,单凭一国之力无法解决,中美携手合作才能有所改善。而两国在海事领域的合作可谓开始较早、发展也较顺利,开展海事演习和培训,存在较大的合作空间。总之,中美在能源安全通道领域的互动既包

① Dennis Blair and Kenneth Lieberthal, "Smooth Sailing: The World's Shipping Lanes Are Safe", *Foreign Affairs*, May/June 2007, pp.8—14.

② 中国现代国际关系研究院海上通道安全课题组:《海上通道安全与国际合作》,北京:时事出版社2005年版,第405页。

③ The U.S. Secretary of Defense, *The United States Security Strategy for the East Asia-Pacific Region*, Washington D.C., 1998, p.56.

含传统安全性思维的影响和作用，也涉及合作应对非传统安全挑战的策略和举措。因此，现实主义竞争观与自由主义合作观孰占上风尚无定论。

在能源加工和消费、环境保护和替代能源开发方面（下游领域），中美合作有望盛行。这种合作包括两个层面。一是在节能降耗方面的合作。目前国际市场原油供应形势严峻，油价冲高的趋势一直存在，这无论是对经济快速增长、能源消耗持续上升的中国，还是对历来高度依赖能源进口、生活方式和增长方式固化的美国而言，都是一大挑战。降低对现有能源的依赖、积极开发和利用替代能源是两国确保能源安全和实现经济可持续发展的必然选择。

鉴于"石油总是来源于世界上不稳定的地区"，布什政府把美国对石油的依赖称为"一个严重的问题"，期望"摆脱石油依赖症"。①布什 2005 年访华前夕接受记者采访时表示，能源是美中可以合作的一个领域——就是在如何分离和利用技术方面进行合作。如果两国开发出一种能够减少使用碳氢化合物的技术，那符合美中双方的利益。同年 9 月 21 日，美国副国务卿罗伯特·佐利克（Robert Zoellick）在美中关系全国委员会发表对华政策演说时指出："中国应与美国和其他国家共同发展能源多样化。我们新建立的'亚太清洁发展和气候伙伴关系'，以及美国能源部与中国发改委进行的双边对话，为这方面的合作提供了切实可行的机制。"②美国能源部长塞缪尔·博德曼（Samuel Bodman）2006 年底访华时也表示，美国面临着中国所面临的类似挑战，希望中美能够发展一种合作而非竞争的关系。这表明，美国国内越来越多的人认识到，中美在能源领域有着大量可望实现互利双赢的合作机会。③

中美合作开发石油替代品和节能技术应以成立合资企业、开发先进的生物燃料和从煤中提炼运输燃料的方式进行，还可以包括研发超轻型交通工具、先进的混合动力发动机和其他节能技术。两国官员已就开展此类合作进行了初步的讨论，中美之间建立一种更具建设性的能源合作关系并非

① "State of the Union Address by the President", http://www.whitehouse.Gov/stateoftheunion/2006/.

② Robert B. Zoellick, "Whither China: From Membership to Responsibility?", http://www.state.gov/s/d/rem/53682.htm.

③ Sebastian Mallaby, "Energy Bedfellows: Countering OPEC Through China-U.S. Cooperation", *The Washington Post*, September 17, 2007, p.A19.

不切实际。①

二是在生态环境保护方面的合作。中国由于现代化进程起步晚，始终面临环境保护和经济发展的两难选择，以前往往更多关注经济发展而忽视环境保护。2006 年，全世界污染最严重的 20 个大城市中，中国有 16 个；中国 70%的河流与湖泊、四分之一的国土面积以及三分之一的农业用地遭受酸雨侵害，导致农业产量下降和一半人口缺乏干净的饮用水。可以说，未来中国最大的风险并非源于经济领域，而是来自生态领域，尤其是环境问题及其引发的传染病。②中国能源消耗激增，不仅对保障能源安全而且对全球应对气候变化提出了课题。

温室气体排放是导致全球气候变暖的重要原因。1990—2001 年，中国二氧化碳排放量净增 8.23 亿吨，占全球总排放量的 16.5%和世界同期增量的 27%，位居世界第二，2009 年超过美国成为世界第一排放大国。另据国家环保总局透露，2005 年中国的二氧化硫排放总量达 2 549 万吨，居世界第一，比政府 2000 年确定的目标高出 42%。按照发展趋势，在可见的将来，中国温室气体排放总量的增加将不可避免。③与中国相比，美国的温室气体排放更为惊人。自工业革命开始后，美国消费的化石燃料已制造了 1.15 万亿吨二氧化碳，中国的相应数字则是 3 100 亿吨。美国人均二氧化碳排放量是中国的 5 倍。中美无法逃避国际上与日俱增的要求两国参与减排承诺的压力和责任。

美国在能效技术的开发和推广中占据优势，许多技术能够并已经被中国市场采用。美国政府的积极参与为本国公司在中国市场赢得了可观的商机和巨大的收益，中国则从美国获取技术、资本和经验，以一种效率较高、污染较少的方式满足自己的能源需求。据估计，如果中国采用与美国相同的能源比率结构，在同等的消费量下，它的碳排放量将减少 20%，④可见两国在能源下游领域的合作前景广阔。事实上，双方在这方面的合作由来已久。

---

① Michael T. Klare, “The U.S. and China are over a barrel”, *Los Angeles Times*, April 28, 2008.

② Harry Harding, “China: Think Again”, *Foreign Policy*, March/April 2007, p.26; John Pomfret, “A Long Wait at the Gate to Greatness”, *The Washington Post*, July 27, 2008, p.B01.

③④ Elizabeth C. Economy, “The Great Leap Backward?”, *Foreign Affairs*, September/October 2007, p.39.

早在中美建交之初，两国就签署了《中美政府间科学技术合作协定》以及数十个合作议定书和谅解备忘录，两国科学家在环境保护、核安全、能源效率等诸多领域开展了数千个科技合作项目的研究。其后20年间，双方陆续签订了《中美和平利用核能合作协定》《中美化石能源研究与发展合作议定书》《中美能源与环境合作倡议书》《中美能源效率和可再生能源科技合作协定》等一系列文件，建立了能源利用效率问题的正式对话，并决定成立中美能源效率工作组来实现能源效率方面的共同目标。进入21世纪后，中美在双边战略对话中纳入了能源安全的议题，两国在能源领域的对话内容包括清洁能源、石油、天然气、核电、节能和提高能源使用效率等。在2006年12月中美日印(度)韩五国能源峰会期间，中美双方还签订了一项备忘录，商定美国西屋电气公司为中国修建4座装机容量均为11亿瓦特的民用核电站，涉及金额高达数十亿美元。

从能源安全和环境保护角度来看，中美对能源消费控制或扩张的举措将决定防止全球气候变化努力的成败。然而，中美围绕环保和能源新技术的合作却并非波澜不惊，而是时有龃龉。美国着手在州范围内解决气候变化问题的同时，批评中国温室气体排放量不断增加，要求中方为气候变化承担责任。中国并不否认其快速的经济增长对环境造成的威胁，承诺在2020年之前将现在的排放增长率减半，但强调中国人均排放量只是美国五分之一的事实，坚称应对气候变化的行动应建立在“有差异责任”的基础上，敦促消耗了大量化石燃料的富裕国家采取更有力的行动。①此外，中国希望美国取消所有对华技术输出的限制，但美国以中国缺乏对于专利的有力保护为由加以拒绝，致使“有些美国清洁能源公司不愿将其最尖端的技术投放到亚洲，从太阳能面板到洗煤机都是如此”②。

中美之间相互协调能源政策是达成全球气候变化协议的先决条件。对美国来说，没有中国的参与和合作，建立21世纪国际能源秩序的努力必然难奏其效；对中国来说，无论是寻求成为国际能源体系的建设性参与者，还是通过海路运输进口石油，或是应对巨大的能耗压力和严重的环境问题，与美国的沟通和协调都是必不可少的。相互需求决定了两国都有进行双边能

---

① William Chandler, “Breaking the Suicide Pact: U.S.-China Cooperation on Climate Change”, *Policy Brief*, No.57, March 2008, pp.1—8.

② Jane Spencer, “Trying to Sell Clean Energy in Asia-U.S. Companies Hope to Drum up Business during Trade Mission”, *The Wall Street Journal Asia*, April 18, 2007.

源合作的意愿,这一意愿在能源供应趋紧的形势下显得尤为重要。

第三节 能源对中美关系的影响

作为一种现代工业高度依赖的、具有明显战略意义的资源,能源兼有非传统安全与传统安全的属性。在开采、运输和使用过程中,能源安全与经济安全、政治安全甚至军事安全可以相互转化。一个国家对能源的短缺或不安全感不仅能通过经济、政治、军事和社会领域反映出来,而且这个问题发展到一定程度,就会导致经济萧条、政治动荡,甚至诱发国家间的战争。

能源问题的这种特性也适用于分析中美关系。中美近年来建立了政府间的能源事务磋商机制。2005 年开始一年一度的中美能源政策对话,首次对话于当年 6 月在华盛顿举行,双方通过沟通缓解了其时甚嚣尘上的中国能源威胁论。2006 年 9 月第二次对话在杭州举行,中美就各自对国际能源形势的判断、能源政策以及各自与能源相关的战略目标等议题进行了探讨。在 2007 年 9 月于旧金山举行的第三次对话中,双方确认在油气开采、加工和化工、能源节约、核能、可再生能源等方面存在着很大的合作潜能,并签署了能源合作备忘录。2008 年 5 月,第一届中美能源—环境可持续发展论坛在北京举行,中美能源行业的与会代表围绕全球能源安全、能源环境和气候变化、能源技术合作、中国加入国际能源署(the International Energy Agency, IEA)等议题展开热烈讨论。同年 6 月,第四次中美战略经济对话就扩大中美在能源和环境领域的合作取得突出成果,两国签署《中美能源环境十年合作框架》文件对中美经济合作具有重大影响。此外,2005 年 6 月,美国能源部为了"实时讨论"的方便,决定在美国驻华使馆设立一个能源办公室,致力于加强两国在能源和核安全领域的合作;2006 年 3 月,美国商务部在北京设立海外第一个美国环境与能源技术办公室。所有这些安排都为中美双边能源协调配备了专门渠道,成为两国能源合作的制度保障,①并可能为建立一个有美国参与的亚洲版国际能源署奠定基础。

① 梅俊杰:《中美能源合作的焦点与方向》,载上海社会科学院世界经济与政治研究院:《中国与世界共同利益的互动》,第 110 页。

中美之间就能源问题的双边协调和合作不可避免地外溢到其他国家和多边论坛。2006 年 12 月 16 日，在中国的倡议下，中美日印（度）韩五国多边能源会谈在北京举行。中国外交部声明称，在能源消耗、可再生和替代能源使用以及环境问题之外，此次能源峰会旨在促进与会国在能源安全领域的“对话及合作”，帮助有关国家加强关于能源政策的相互沟通，并就全球能源形势交换意见。在接见美日韩印（度）四国能源部长时，温家宝强调，中国愿意与与会国家进行合作以“保持国际能源供应稳定和安全”。

尽管中美能源安全对话已经机制化，但两国对话要变成一种真正的伙伴关系以便应对同为能源进口国所面临的挑战，则尚需时日。能源问题对中美关系潜在的消极影响不容忽视。从中国方面来看，中国能源供应的外部环境无法摆脱美国因素的考虑。美国不仅控制着世界范围石油的生产，也扼守着波斯湾、印度洋、东南亚等地区关键的海上能源通道，有能力将从中东和非洲运往中国的石油置于它的掌控之下。①此种情形不禁使人联想起历史上的石油战争。在近现代国际关系史上，“为石油而战”描述的不仅仅是西方国家在中东地区的军事行动，更是分析美国中东政策的常用视角。②实际上，这个说法也是对美国在世界其他能源要地政策行为的真切概括。“9·11”事件后，美国以反恐和防止大规模杀伤性武器扩散为借口推进其世界战略，加强在中亚、中东、南亚和东南亚的军事存在，客观上对中国形成了地缘包围态势。一旦两国关系有风吹草动，美国的包围态势可以迅速转变为针对中国的遏制与围堵。

对中国而言，中亚、中东、南亚和东南亚是中国的周边及其延伸。这个广阔地带构成中国生存和发展的基本外部空间，它既是中国应对来自东面海洋方面重要挑战的战略依托，也是中国主要能源供应地以及中国能源进口和远洋运输最重要的国际通道。③美国出于反恐和防扩散的需要鼓励中国参与上述地区的事务，是以不挑战其主导地位为限度的。面对中国在该地区日益扩大的现实或潜在影响，美国保持着高度警惕。2005 年 1 月，五角大楼的内部秘密报告《亚洲能源未来》称，中国正在加强军事力量，并沿着以中东为起点的海上航道建立基地，以便向海上投放力量，保护自己的石油

---

① Zha Daojiong and Hu Weixing, “Promoting Energy Partnership in Beijing and Washington”, *The Washington Quarterly*, Autumn 2007, p.107.

② 参见韩德强：《石油与美国中东战略》，《读书》2002 年第 4 期，第 143—150 页。

③ 高祖贵：《中美在“西线”的战略关系分析》，《现代国际关系》2004 年第 12 期，第 3 页。

运输。中国希望建立一支深海舰队来控制海上航道,以避免能源供应因为美国海军等潜在威胁而可能出现中断的状况。①2008 年 3 月,美国国防部发表的中国军事力量年度报告认为,中国希望通过航空母舰的开发和潜艇实力的增强以及向海外派兵等方式,捍卫能源权益和保卫海上交通线。此举将会打破地区军事力量平衡,造成亚太地区局势的紧张。

对美国而言,中国之所以有别于其他经济体,是鉴于中国广大的国土面积和在国际体系中的分量,中国还是一大不确定因素,中国增长速度或能源政策的细微调整都可能使中长期内的世界格局发生某种变化。中国在中东的石油贸易和开发打破了美国一统天下的局面,导致该地区石油输出国,尤其是那些与美国利益相左的国家,在商业和安全方面的选择多元化,并使美国越来越重视能源需求对中国外交政策以及对国际能源市场产生的影响。在美国政界和学界,一种关于中国寻求外部能源供给行为的最流行的分析是将此看作中国建设国家力量的大战略的一部分,即“扩张其财富和影响力以便取得在东亚的地区领导地位,削弱现存的美国领导地位”,②断定能源“将成为中美之间越来越激烈的争夺亚洲以及更广泛的世界性主导权的一个方面”。③

能源问题的重要性决定了其在美国外交政策议程中的连续性,它自然也是新世纪以降美国白宫优先考虑的政策重点之一。奥巴马认为,美国的石油依赖症是“对我们的国家安全、我们的星球和我们的经济的威胁”,主张通过大规模投资开发清洁、安全、可再生、高能效的替代能源,彻底改造美国经济结构,以打破美国对海外石油的依赖,处理全球气候变化带来的“道义、经济和环境挑战”。④在这一大框架下,奥巴马政府的对华能源政策走向明晰可辨。鉴于迄今为止奥巴马有关中国的直接评价相当有限,因而美国思想库关于中美关系的研究报告和奥巴马 2008 年 10 月致中国美国商会的意见书就成了考察美国新政府对华能源政策的重要依据。2008 年 8 月 13

① Bill Gertz, “China builds up strategic sea lanes”, *The Washington Times*, January 18, 2005.

② Warren I. Cohen, “China’s Power Paradox”, *The National Interest*, Spring 2006, p.129.

③ Aaron L. Friedberg, “Going Out: China’s Pursuit of Natural Resources and Implications for the PRC’s Grand Strategy”, *NBR Analysis*, September 2006, p.34.

④ Barack Obama and Joe Biden, “New Energy for America”, http://www.barackobama.com/pdf/factsheet_energy_speech_080308.pdf.

日，美国进步中心推出了题为《一种全球范围的必要性：有关21世纪美中关系的一项进步方针》的建议报告，为美国下届总统的对华政策出谋划策。关于美国新政府的对华能源政策选择，报告认为，美国应当在气候变化和能源安全问题上与中国建立建设性的伙伴关系，以应对环境和能源方面的挑战。为此，奥巴马上任之初就应宣布，美国承诺对其温室气体排放量加以大幅度的和必要的减少，同时，中国等发展中国家则必须做出重要的和有约束力的减排承诺，并致力于实现提高能源效率、增加可再生电力和加快先进的清洁能源技术的使用等宏大目标。①

作为大选期间奥巴马阵营的智囊，美国进步中心的上述观点在奥巴马致中国美国商会的意见书中得到体现和反映。奥巴马在意见书中指出，"如果中国希望继续保持持久稳定的经济发展，就必须从根本上做出一些调整。中国必须采取行动，保护环境并减少能源密集型生产，……鼓励技术自主创新"。奥巴马强调，在应对全球气候变化的挑战上，美中两国都肩负着重大责任。这一挑战"要求美中两国立刻行动起来，将双方合作提升到更高的水平……双方在消除气候变化所带来的威胁方面的合作能够树立典范，由此产生的实践和技术将为全球努力提供动力，包括就建立后京都气候体制达成协议的努力"。综上，奥巴马政府的对华能源政策着眼于中美在能源下游领域的协调与合作，尤其是侧重于新能源开发和环保合作方面。这种合作有望推动美国经济的转型，"从而造福所有美国人民，同时也有助于巩固美中关系"②。

正是在这一政策的指导下，中美之间就能源和气候问题的合作取得了新的进展。在美国能源部长访华期间，双方达成一致，决定成立清洁能源联合研究中心，两国共同投入1 500万美元作为启动资金，首批优先领域包括节能建筑、清洁能源汽车和清洁煤等。此外，在第一次中美战略与经济对话中，双方拟定了加强能源和环境合作的谅解备忘录，重申实施《中美能源环境十年合作框架》下现有的5个行动计划，包括清洁高效电力、清洁高效交通、清洁水、清洁大气、森林和湿地保护，承诺采取积极的国内行动应对挑

① Nina Hachigian, Michael Schiffer and Winny Chen, "A Global Imperative: A Progressive Approach to U.S.-China Relations in the 21st Century", Center for American Progress, Washington, D.C., August 13, 2008, pp.7—8.

② Barack Obama, "US-China Policy Under an Obama Administration", *China Brief*, October 2008, pp.13, 14.

战，并通过制定包括节能和能效在内的新行动计划扩展十年合作框架。①

应当指出的是，美国对华能源政策始终存在软硬两手，在突出“融合接触”的同时，“防范遏制”中国的一手丝毫没有放松。一方面，美国因在能源领域对华战略需求上升而有意将中国定位为能源“利益相关者”，试图将中国纳入以美国为首的发达国家主导的国际能源体制，希望中国在维持国际能源价格稳定、伊朗核问题、苏丹达尔富尔问题、全球温室气体减排等方面发挥积极作用，与美共同维持现有国际能源体制的有效运作；另一方面，华盛顿决策层又不时发出中国企图“锁定”世界能源供应、在全球推行能源重商主义政策等强硬言论，这在国际市场油价飙升或者国会反华情绪高涨时体现得尤为明显。因此，美国政府在对华能源政策上陷入了一场复杂的平衡考虑。

本章小结

作为世界上两个最大的能源消费国和位居前列的经济体，中美对境外石油的高度依赖导致能源成为中美关系中举足轻重的变量之一。中美在能源上游、中游和下游三个领域的互动中，形成竞争与合作并存、共同利益与相悖利益交织的局面。此种关系模式意味着，中美处理能源问题的手段不尽相同，双方的合作也不会自然而然地生成。从这个意义上说，现实主义强调的地缘政治因素确实在一定程度上解释了中美能源关系的某一方面。但就中国经济和社会的持续、平衡发展这个最高利益而言，假如仅仅或首先从地缘政治竞争考虑出发处理中国与美国的矛盾，则可能使中美发生冲突成为一种自我实现的预言。②反之，如果充分挖掘自由主义相互依赖理论的智慧，利用中美在能源领域和世界经济中相互依赖的现实，通过驾驭和促进这种相互依赖，那么，两国永久化和制度化的合作可望形成。正如美国能源部助理部长帮办凯瑟琳·弗雷德里克森（Katharine A. Fredriksen）2006 年 8 月 4 日在参议院作证时指出的，美中尽管在能源方面存在显著分歧，但也面

① Joint Press Release on the First Round of the U.S.-China Strategic and Economic Dialogue, July 28, 2009, http://www.ustreas.gov/press/releases/tg242.htm.

② Eugene Gholz and Daryl G. Press, “Energy Alarmism: The Myths That Make Americans Worry about Oil”, p.2.

临共同的挑战和机会，双方加强在能源安全领域的合作，既符合彼此利益，又有利于世界的能源稳定。因此，美国将致力于与中国的密切合作，继续推进在中国的能源投资和贸易，加强美国作为中国能源领域最大的外来投资者的地位，通过与中国的能源接触，扩大双方的共同利益。①

事实证明，尽管中国经济的持续快速增长推动能源需求和消耗量的急剧上升，但中国并没有搅乱国际能源市场。经济发展的需要导致中国对海外油气资源的依赖，反过来中国进口油气资源也推动了世界油气经济乃至全球经济的增长，从而为美国经济的持续繁荣创造了必要的外部条件。有鉴于此，中美两国今后面临的共同挑战是管理能源相互依赖日益加深的世界，努力实现经济、安全和环境方面的目标。这需要双方更新和提升能源政策思维，把能源政策作为整体外交政策不可分割的组成部分加以通盘考虑，②以此促进共同利益和双边关系，而不是将之当作反诉对方的工具。

① Katharine A. Fredriksen, "China's Role in the World: Is China a Responsible Stakeholder?", http://www.uscc.gov/hearings/2006hearings/written_testimonies/06_08_3_4wrts/06_08_3_4_fredriksen_kathy_statement.pdf.

② Frank Verrastro and Sarah Ladislaw, "Providing Energy Security in an Interdependent World", *The Washington Quarterly*, Autumn 2007, pp.95—104.

第三章　中美气候治理合作的发展演变①

气候变化是21世纪世界面临的最严峻挑战之一，关乎人类的生存与繁衍。温室气体导致海平面上升，引起风暴、干旱、洪水以及森林的损失和热带疾病的传播等一系列问题。气候变化的真实性已经被充足且有力的证据加以证实，这凸显了国际社会采取行动的紧迫性和必要性。②根据联合国政府间气候变化专门委员会（Intergovernmental Panel on Climate Change，IPCC）的报告，温室气体排放量很可能导致平均温度每十年升高0.2℃，到2050年达到比工业化前的水平高2℃的门槛。③这些证据表明，减少温室气体排放刻不容缓，否则将会对人类的生存和生活造成巨大影响，而且有些影响在某些情况下是不可逆转的。而由于气候变化的复杂性、破坏性和无边界性等特点，应对气候变化需要国际社会共同努力，气候治理因而也成为当下国际政治中不容忽视的全球性问题。自《联合国气候变化框架公约》确立以来，国际社会先后达成《京都议定书》和具有重要影响力的《巴黎协定》，提出“自主贡献”新模式，这不仅推动了全球气候治理的进程，而且也要求各国必须采取有效的措施来减缓温室气体排放。气候变化专门委员会报告指出，国际社会应该将全球变暖限制在1.5℃，这样到2030年，全球由人为造成的二氧化碳净排放量将比2010年的水平下降约45%，到2050年达到“净零碳排放量”。④

---

① 在本章的研究过程中，焦莉协助搜集和整理文献资料，并参与撰写相关内容，特此致谢。

② K. Akasaka，“Climate Change and the OECD”，Speech to the high-level plenary session of the Conference of the Parties to the United Nations Framework Convention on Climate Change，2005.

③ IPCC，*Global Warming of 1.5℃：Framing and Context*，Special Report，2018，https://www.ipcc.ch/sr15/chapter/chapter-1/.

④ IPCC，*Summary for Policymakers of IPCC Special Report on Global Warming of 1.5℃ approved by governments*，2018，https://www.ipcc.ch/2018/10/08/summary-for-policymakers-of-ipcc-special-report-on-global-warming-of-1-5c-approved-by-governments/.

中国和美国是位居世界前两位的温室气体排放大国，在全球变暖中扮演着核心角色。在过去一个世纪里，作为发达国家的美国，其温室气体排放量比任何其他国家都要多。而在2007年，作为后发国家的中国超过美国成为世界第一大温室气体排放国。中美两国每年排放到大气中的温室气体量超过世界总排放量的40%。①因此，为了应对全球变暖的挑战，中美两国必须各自采取有效的碳减排行动，并为走向低碳经济而进行深远的改革。2015年，在中美两国的共同努力下，《巴黎协定》得以成功达成，这对推动国际气候治理进程发挥了关键作用。可以说，两国气候合作对国际气候治理具有重要的引领作用及不可或缺的推动力。然而，特朗普上任后，其秉持“美国优先”的理念，对气候变化持完全否定的态度，宣布退出对全球气候治理具有引领意义的《巴黎协定》，导致全球气候治理进程停滞不前，并对中美气候合作造成釜底抽薪的负面影响。在美国联邦政府相对缺位的情况下，美国的次国家行为体在气候治理中的角色却日益重要，比如加州，不但反对特朗普政府的决定，还与中国开展了气候和能源等方面的合作，中美在地区（次国家）层面的气候合作明显增多，这也为两国的气候合作提供了一个新的发展方向。

能源和气候合作一直是中美关系的重要内容之一。而中美两国自1979年建交以来，主要还是以能源合作为主，气候变化方面的合作则出现稍晚。1979年1月，卡特政府与中国签署《中美政府间科学技术合作协定》，开启两国在高能物理、空间、核安全等重要领域的合作。1985年，双方又签订《中美化石能源研究与发展合作议定书》。在这个阶段，能源和其他环境技术一直是两国合作的核心范畴。直至《联合国气候变化框架公约》签署，两国开始气候变化方面的问题和合作。鉴于此，本章将以1992年为起点，考察中美气候合作的生发演变，梳理此种合作的发展阶段，并分析不同阶段下的合作内容、特征以及所面临的问题。

第一节　中美气候合作的源起

一、《联合国气候变化框架公约》下的气候意识

中美气候合作缘起于1992年国际社会达成的《联合国气候变化框架公

① 张笑：《中美两国温室气体排放量占全球40%以上》，中国碳排放交易网，http://www.tanpaifang.com/tanzhonghe/2013/0712/22191.html.

约》(以下简称《公约》)。《公约》是国际社会为控制温室气体排放而制定的第一个国际规范,同时也为国家之间的气候合作建立了一个基本框架。国际社会自此开始意识到气候变化的严重性、采取行动的必要性以及进行气候合作的重要性。《公约》提出了"共同但有区别的责任"原则,对发达国家和发展中国家的减排义务加以区别对待。由于"南北政治"的特征,中美分别属于最大的发展中国家和发达国家,两国在气候治理方面很难达成一致。美国要求诸如中国、印度等碳排放大国相应地承担减排义务,中国的立场则是气候变化主要是由工业化国家的排放引起的,发达工业化国家应当率先承担减排责任,而发展中国家减少排放的任何行动都必须由工业化国家提供资金支持。这个时期,中美由于属于南北不同阵营,代表了不同的利益诉求,两国在如何应对气候变化上的分歧比较明显。

1993 年 1 月,克林顿入主白宫,其对气候变化持积极的态度,在国内不仅加快对气候变化的科学研究,国际上也推动《京都议定书》的达成。1996 年,美国国家气候变化研究委员会对联合国政府间气候变化专门委员会第二次报告中提出的温室气体正在增加的结论给予肯定。1997 年 2 月 2 000 名美国经济学家发表的《经济学家关于气候变化的声明》以及 2000 年美国科学院自然资源委员会发表的研究报告,均为克林顿政府采取积极的气候行动提供了科学基础。国内层面,克林顿政府于 1993 年 10 月推出《气候变化行动方案》并提交《联合国气候变化框架公约》。国际层面,克林顿政府一直积极参与全球气候合作,最具标志性的举措是在 1996 年的《公约》第二次缔约方会议上,美国宣布将支持具有具体目标和时间表的有约束力的国际协定。在 1997 年联合国举办的"地球峰会 + 5"特别大会上,克林顿明确表示美国在应对气候变化上负有历史责任,即使得不到国内的政治支持,他也会采取更多的行政行动应对气候变化。克林顿政府积极投入《京都议定书》的谈判,并于 1998 年签署《京都议定书》,以尝试改变美国在应对气候变化方面长期无所作为的状态。

二、《京都议定书》下的谈判

中国等发展中国家在《京都议定书》下无需承担强制性的减排义务,这一安排导致中美两国此后在气候变化问题上龃龉不断。《京都议定书》是国际社会达成的第一个具有法律约束力的国际协议,为发达国家制定了强制性的碳减排目标。在《京都议定书》谈判阶段,克林顿政府表现出积极态度,他提出发达国家要采用具有约束力的减排目标,并要求发展中国家和发达国家承担相当的义务来进行减排，遭到包括中国在内的发展中国家的拒绝。①在这个问题上，美国和中国之间的相互猜疑很高。美国担心对碳减排加以控制会导致相关产业迁往中国，中国则怀疑西方对气候变化的抱怨是一种旨在扼杀中国经济发展的诡计。这些彼此不能通融的考虑对两国的减排努力构成重大的障碍。虽然克林顿政府签署了《京都议定书》，但由于此举违背了美国国内的《伯德-哈格尔决议》，他从未将议定书提交给美国参议院审议。可见，在这个阶段，基于各自阵营的利益期望，中美两国在应对气候变化问题上基本持有针锋相对的观点。

2001 年 1 月，共和党总统乔治·沃克·布什上任，他在气候变化上与克林顿持有截然不同的立场。小布什对人类活动是造成全球变暖的科学预测持怀疑观点，并以中国等发展中国家不承担法定的减排义务为由宣布退出《京都议定书》。首先，小布什认为，美国为实现《京都议定书》的减排目标所承担的成本太大，会造成 4 000 亿美元的经济损失，并减少 490 万个就业机会，这完全违背了美国的利益。②其次，他认为《京都议定书》虽然对发达国家和发展中国家的义务加以明确的区分，但是像中国和印度这两个发展中国家是温室气体排放大国，需要承担相应的减排义务，而议定书却将它们排除在外，这是非常不公平的。最后，他拒绝议定书所要求的发达国家必须采取强制性的碳减排目标，主张采取灵活自愿的减排措施。③在 2001 年 6 月的一次演讲中，小布什声称，世界上接近 80%的温室气体来自发展中国家，而中国作为第二排放大国竟被议定书排除在外；相反，对发达国家制定强制性的碳减排目标，会对美国的经济发展、就业等造成严重影响。④

在乔治·沃克·布什政府时期，中美双方在气候变化问题上的互动以相互指责为主。美国的许多声音强调，中国在《京都议定书》下缺乏承诺是导致该协议失败的主要原因。而中国方面认为，美国对气候变化负有更大的历史

---

① 参见焦莉：《奥巴马政府气候政策分析——国内与国际层次的双重视角》，上海外国语大学 2018 年硕士学位论文，第 11 页。

② The White House, Office of the Press Secretary, "Remarks by the President on Climate Change and Clean Air", National Oceanic and Atmospheric Administration, Silver Spring, Maryland, February 14, 2002, http://www.usinfo.state.gov/topical/global/climate/02021403.htm.

③ 周放：《布什为何放弃实施京都议定书》，《全球科技经济瞭望》2001 年第 10 期，第 17 页。

④ The White House, "Remarks on Global Climate Change", Washington D.C., June 11, 2001, http://www.state.gov/g/oes/rls/rm/4149.htm.

责任,因此具有更大的义务来解决这个问题。《京都议定书》于2005年生效,但是由于美国的不参与,议定书的有效性和合法性均遭到了损害。①可见,从1992年《联合国气候变化框架公约》的签署到《京都议定书》的建立,虽然标志着国际社会开始意识到采取气候行动的必要性和全球气候治理进程的有序推进,以及中美两个排放大国也认识到气候变化的存在及危害,但是由于两国处于南北不同的阵营以及不同的利益诉求,在减排义务上持不同的立场,双方在这个阶段以相互试探和防范为主,合作意识尚未被完全建立起来。

第二节 中美气候合作的进展

一、清洁能源领域的合作

自美国退出《京都议定书》后,中美两国开始在清洁能源领域展开合作。乔治·沃克·布什政府迫于国内政治环境的压力,相继发起多项多边倡议并举办可再生能源会议,以弥补退出议定书后对美国所产生的影响,旨在将中国纳入未来的强制性减排目标中。②与《京都议定书》不同的是,这些倡议都不具有法律约束力或强制性的碳减排目标,而是由成员国采取自愿的方式进行减排。由于对气候变化存在的真实性始终抱有怀疑态度,布什政府更重视美国可再生能源的发展。因而,这些倡议主要以清洁能源技术合作为主。2001年,美国能源部启动了建立下一代核反应堆的国际伙伴关系——第四代核能系统国际论坛(Generation IV International Forum, GIF),③随后在2003年又建立了两个国际伙伴关系,即碳收集领导人论坛(CSLF)和氢能经济国际伙伴关系(IPHE)。这三个伙伴关系的章程相似,侧重于国际合作以加速核、碳捕集和氢技术的研发和商业部署等。④

---

① Jonathan Pickering, Jeffrey S. McGee, Tim Stephens & Sylvia I. Karlsson Vinkhuyzen, "The impact of the US retreat from the Pars Agreement: Kyoto revisited?", *Climate Policy*, Vol.18, No.7, 2018, p.820.

② Paul G. Harris, "Beyond Bush: Environment politics and prospects for US climate policy", *Energy Policy*, Vol.27, 2009, p.970.

③ 第四代核能系统是一种具有更好的安全性和经济竞争力,核废物量少,可有效防止核扩散的先进核能系统,代表先进核能系统的发展趋势和技术前沿。

④ Graham Pugh, "Clean Energy Diplomacy from Bush to Obama", *Issues in Science and Technology*, Vol.31, No.3, Spring 2015, p.45.

中国为了获取先进的清洁能源技术，加入了以上三个伙伴关系。第四代核能系统国际论坛于 2001 年由美国牵头会同英国、法国、日本、加拿大、巴西等十国以及欧洲原子能共同体共同成立，其宗旨是按照国际公认的第四代核能系统牵引性指标开展先进核能系统的研发。第四代核能系统国际论坛推荐了 6 种先进核能系统，包括钠冷快堆（SFR）、超高温气冷堆（VHTR）、超临界水堆（SCWR）、气冷快堆（GFR）、铅冷快堆（LFR）和熔盐堆（MSR）。中国于 2006 年正式申请加入第四代核能系统国际论坛，并分别签署了超高温气冷堆、钠冷快堆和超临界水堆核能系统国际研发合作协议。2007 年 11 月，中国签署《第四代核能系统研究和开发国际合作框架协议》加入书。碳收集领导人论坛是促进国际社会在碳捕集、利用与封存（CCUS）领域交流与合作的部长级多边机制。氢能经济国际伙伴关系旨在组织研发安全和商业性的氢能和燃料电池技术。中国作为创始成员国之一加入这两个伙伴关系，旨在加强有关清洁能源技术的对外交流与合作，进而推动国内的研发。①

其后，美国发起两个包括中国参与合作的多边气候倡议——亚太清洁发展和气候伙伴计划（APP）以及主要经济体能源安全与气候变化会议（MEM）。2006 年，由美国国务院领导，中国、澳大利亚、印度、日本和韩国部长参与，成立"亚太清洁发展和气候伙伴计划"。该计划探索一种新的方法，将私营部门、研究社区和政府部门联合起来推动可持续发展。该计划专注于特定的能源密集型部门，并使用具有突破性的公私合营工作新模式来应对气候变化、能源安全和空气污染问题。该计划的建立被认为是对《京都议定书》的补充，因为它不仅包括中美两个世界排放大国，以及排放量增长最快的排放者印度，而且也涵盖了代表浓厚商业利益的技术驱动型出口经济体韩国和日本。②这种安排满足了美国建立多边能源体制的目的——评估成员国成为世界能源负责任利益攸关者的商业化市场。由于中国的参与，中美有关能源效率技术和可再生能源的联合研究以及联合能源教育计划等成为可能。

2007 年，美国邀请一些发达国家以及排放大国中国等发展中国家发起

① 中华人民共和国科学技术部：《碳收集领导人论坛第四届部长级会议将于今年九月在京召开》，2011 年 7 月 22 日，http://www.most.gov.cn/kjbgz/201107/t20110722_88458.htm。

② Graham Pugh, "Clean Energy Diplomacy from Bush to Obama", p.46.

了主要经济体能源安全与气候变化会议。会议的目的是在参与的主要经济体间开展合作，共同商定《公约》的前进方向和年度工作议程。会议的主要内容是减少温室气体排放，制定一个长期的全球目标，并且根据每个国家自身的能源组合和未来能源发展需求，建立中期的国家目标和战略。同时，确定关键领域的合作、清洁能源技术开发，以及融资和商业化的挑战，并试图开发一个更强大且透明可靠的系统，以衡量减少温室气体和改善能源安全的措施，并追踪这些目标的进度。①美国邀请中国加入是为了让中国承担减排义务。而中国加入主要经济体能源安全与气候变化会议，旨在寻求经济和技术方面的援助，希望成员国在应对气候变化上加强技术合作，并推动国际谈判朝着正常轨道向前发展。

与此同时，2008 年 6 月，通过中美战略经济对话机制（SED），中国政府特别代表、国务院副总理王岐山与布什政府特别代表、财政部长保尔森（Henry Paulson）共同签署《中美能源环境十年合作框架》（TYF）。该框架在清洁电力、清洁水、清洁空气、清洁运输、能效和湿地森林保护方面制定了强有力的双边合作议程。②该框架制定 5 个合作目标，建立 5 个工作小组，并启动在每个目标下开展实质性合作的行动计划。尽管在奥巴马政府时期更名，但是《中美能源环境十年合作框架》在中美能源和气候双边合作方面发挥了重要作用。

二、中美气候双边合作

民主党总统奥巴马上任后，将中美气候合作提升到一个前所未有的新高度。两国积极开展双边和多边框架下的气候合作，并不断推进合作内容广泛化、合作渠道多元化以及合作成效显著化。③在执政的第一年，奥巴马政府就将中美合作的焦点放在了能源和气候变化问题上，并就清洁能源议题达成一系列新协议。2009 年 7 月，美国能源部长朱棣文首次对中国进行

---

① The White House, Office of the Press Secretary, "Major Economies Meeting on Energy Security and Climate Change", Washington D.C., September 27, 2007, https://2001-2009.state.gov/g/oes/rls/fs/2007/92904.htm.

② The U.S. Department of State, *U.S.-China Action Plans* (Clean Water Action Plan; Clean and Efficient Transportation Action Plan; Nature Reserves and Protected Areas; Energy Efficiency Action Plan; Clean, Efficient, and Secure Electricity Production and Transmission Action Plan; Clean Air Action Plan; Wetlands Cooperation), 2008.

③ 薄燕：《中美在全球气候变化治理中的合作与分歧》，《上海交通大学学报（哲学社会科学版）》2016 年第 1 期，第 24 卷，第 17 页。

访问，与中国科技部部长万钢和国家能源局局长张国宝宣布建立“中美清洁能源联合研究中心”(U.S.-China Clean Energy Research Center，CERC)。该研究中心的首要议题是建筑节能，包括碳捕集与封存在内的清洁煤以及清洁车辆。中美两国共同承诺出资 1 500 万美元支持中心的初期活动。①该中心为两国的能源发展搭建了良好的平台，并对两国能源合作具有指导意义。同年 11 月，双方签署《关于中美清洁能源联合研究中心合作议定书》，就中美清洁能源联合研究达成共识，同意在未来 5 年内共同出资 1.5 亿美元，用以支持包括清洁煤、清洁能源汽车和建筑节能等三个优先领域产学研联盟的合作研发。②以此为先导，中美随后促成一系列关于两国能源和气候合作的重要新协议，包括电动汽车、能源效率、可再生能源、清洁煤和页岩气。③此外，中美两国还在中美战略与经济对话机制(U.S.-China Strategic and Economic Dialogue，SE&D)中推进气候变化以及清洁能源方面的合作。2010 年 5 月，第二轮中美战略与经济对话在北京举行，双方围绕能源安全和气候变化等全球性问题进行深入磋商。

在奥巴马第二任期，中美之间就气候变化及清洁能源展开更深入的交流与合作，达成一系列实质性成果。2013 年，中美气候变化工作组(U.S.-China Climate Change Working Group，CCWG)建立，国际气候政策成为双边议程的中心，两国为此展开了一系列的气候变化方面的对话与合作。④在同年的第五轮中美战略与经济对话中，气候变化合作再次成为合作亮点。中美双方同意在应对气候变化和能源安全等方面进行合作。双方签署《中

① The U.S. Department of Energy，“U.S.-China Clean Energy Research Center Announced”，July 15，2009，https://www.energy.gov/articles/us-china-clean-energy-research-center-announced.

② 《中美清洁能源联合研究中心》，http://www.cerc.org.cn/AboutUs.asp?column=50。

③ The White House，Office of the Press Secretary，“Fact Sheet：U.S.-China Electric Vehicles Initiative”，November 17，2009；The White House，Office of the Press Secretary，“Fact Sheet：U.S.-China Energy Efficiency Action Plan”，November 17，2009；The White House，Office of the Press Secretary，“Fact Sheet：U.S.-China Renewable Energy Partnership”，November 17，2009；The White House，Office of the Press Secretary，“Fact Sheet：U.S.-China Cooperation on 21st Century Coal”，November 17，2009；The White House，Office of the Press Secretary，“Fact Sheet：U.S.-China Shale Gas Resource Initiative”，November 17，2009，https://obamawhitehouse.archives.gov/files/documents/2009/november/US-China-Fact-Sheet-on-Electric-Vehicles.pdf.

④ The U.S. Department of State，Bureau of Public Affairs Department of State，“U.S.-China Joint Statement on Climate Change”，February 15，2014.

美能源环境十年合作框架下的绿色合作伙伴计划框架》,包括清洁能源发电、电动和插入式混合动力机车等领域在内的绿色合作伙伴,以及《关于建立绿色合作伙伴关系的意向书》。中美双方还签署关于节能环保和清洁水合作的两个备忘录。①此次对话明确未来中美两国的合作内容及领域。在2014年的第六轮战略与经济对话上,中美两国不仅总结包括五个合作倡议以及氢氟碳化物合作在内的气候变化工作组的进展情况,而且提出两国未来可能在省(州)、城市间开展气候合作的新领域。可见,中美两国通过战略与经济对话机制,不仅加强了气候合作的力度,而且也使气候合作成为促进中美关系的一个有力支柱。

同时,中美两国为共同应对气候变化先后签署数份联合声明,极大地促进《巴黎协定》的成功达成。2013年4月,两国达成第一份《中美气候变化联合声明》。其中,双方都意识到应对气候变化的紧迫性,以及双方采取合作的必要性。两国表达了将建立气候变化工作小组的意愿,以推进可再生能源、技术、研究、节能以及替代能源等领域的合作。②两国还强调将在多边谈判背景下推进气候合作以及制定具体减排措施的意愿。在2014年11月达成的第二份《中美气候变化联合声明》中,双方宣布了各自的减排目标。美国计划要在2025年将二氧化碳排放量减少到2005年水平的26%—28%,中国将在2030年左右使二氧化碳排放量达到峰值,并将非化石能源消费比重提升近20%。这份联合声明的签署标志着,中美两国超越了2009年哥本哈根气候峰会前后双方在清洁能源倡议上的合作水平,使合作进入一个备受期待的新阶段。③2015年9月中美签署《中美元首气候变化联合声明》,表达将为《巴黎协定》的达成开展积极合作的共同愿景,并制定详细的行动方案,同时双方肯定了省、州和市在应对气候变化方面的关键作用。例如,在美国联邦政府的大力支持下,2015年9月,在洛杉矶中美两国举办第一届中美气候智慧型/低碳城市峰会。两国元首期待着2016年在北京成功举办第二届峰会。④2016

① 中华人民共和国中央人民政府:《第五次中美战略经济对话在五个领域达成系列成果》,2008年12月5日,http://www.gov.cn/govweb/gzdt/2008-12/05/content_1169312.htm。

② 中华人民共和国外交部:《中美气候变化联合声明》,2013年4月,http://www.gov.cn/jrzg/2013-04/13/content_2377183.htm。

③ 中华人民共和国中央人民政府:《中美气候变化联合声明》,2014年11月13日,https://www.gov.cn/xinwen/2014-11/13/content_2777663.htm;王联合:《中美应对气候变化合作:共识、影响与问题》,《国际问题研究》2015年第1期,第118页。

④ 中华人民共和国中央人民政府:《中美元首气候变化联合声明》,2015年9月26日,https://www.gov.cn/xinwen/2015-09/26/content_2939222.htm。

年 3 月，双方达成的《中美元首气候变化联合声明》中，两国元首肯定《巴黎协定》在全球应对气候变化上的重要作用，承诺签署协定以及尽快采取国内行动，并鼓励《联合国气候变化框架公约》其他缔约方采取同样行动，以使《巴黎协定》尽早生效。[①]2021 年 11 月 10 日，中国和美国在格拉斯哥联合国气候变化大会期间发布《中美关于在 21 世纪 20 年代强化气候行动的格拉斯哥联合宣言》，同意就一系列问题进行合作，包括甲烷排放、向清洁能源过渡和去碳化。[②]双方发布的这些联合声明表明，中美两国在共同应对气候变化方面所采取的行动以及开展的合作，比以往任何时候都要更加积极并更具成效。

三、中美在多边框架下的气候合作

中美在应对气候变化上除了采取双边合作外，还在诸如二十国集团(G20)、亚太经济合作组织(APEC)等多边框架下开展了务实有效的合作。[③]二十国集团创立于 1999 年，由七国集团财长会议倡议，中美、欧盟、加拿大等二十方成员组成。2008 年金融危机爆发后，在美国总统奥巴马的倡议下，G20 由之前的财长和央行行长会议提升为领导人峰会，以共同应对国际经济危机以及推进全球治理改革等。自哥本哈根气候变化大会结束后，二十国集团被视为除了联合国以外，推进气候变化全球外交的另一个重要平台。[④]在 2016 年的 G20 杭州峰会上，中美先后提交《巴黎协定》的批准文书，联合发布《中美气候变化合作成果》，并制定各自 21 世纪中期的减排发展战略以及承诺采取积极有效的气候行动，为推进全球气候治理发挥了表率作用。在中美批准《巴黎协定》后，G20 杭州峰会第二次协调人会议随即发表 G20 历史上第一份关于气候变化问题的主席声明，各方承诺将尽快完成国内对《巴黎协定》的审批，推动其尽快生效。

亚太经济合作组织于 2007 年首次就应对气候变化发表《亚太经合组织领导人关于气候变化、能源安全和清洁发展的宣言》。自此，气候变化也成为亚太经合组织关注的热点。2013 年，中美在亚太经合组织可再生能源与

① 中华人民共和国中央人民政府：《中美元首气候变化联合声明》，2016 年 4 月 1 日，https://www.gov.cn/xinwen/2016-04/01/content_5060304.htm。

② 《中美达成强化气候行动联合宣言》，中国新闻网，2021 年 11 月 11 日，http://www.chinanews.com.cn/gn/2021/11-11/9606795.shtml。

③ 赵行姝：《透视中美在气候变化问题上的合作》，《现代国际关系》2016 年第 8 期，第 49 页。

④ 崔绍忠：《论二十国集团作为气候外交平台的优势与挑战》，《创新》2011 年第 6 期，第 17 页。

新能源技术开发与应用会议上签署合作备忘录,以促进新能源的开发与协作。正是在2014年的亚太经合组织北京峰会上,中美签署具有历史意义的《中美气候变化联合声明》,为次年《巴黎协定》的达成发挥了重要的推动作用。《巴黎协定》的达成可以说是中美气候合作最为成功的典范。中美两个温室气体排放大国共同承诺减排义务,向国际社会展示了负责任大国的形象以及共同应对全球性问题的决心。双方探索的"自下而上"的自主贡献的新减排合作模式摆脱了《京都议定书》所带来的执行困境。中美在双边以及多边框架下的一系列合作为制定减排目标铺平道路的同时,也给国际应对气候变化树立了典范,为推进全球气候治理进程发挥了关键作用。

第三节　中美气候合作的问题与前景

特朗普政府时期,中美两国政府层面的气候合作几乎戛然而止,这种局面其实是美国国内气候政治生态在国家政策行为上的反映。对于气候变化的源起及其应对策略,美国两党、国内民众甚至学术界远未达成共识。其结果是,国家气候变化政策随政党轮替而左右摇摆、前后拉锯,进而必然冲击到美国参与国际气候合作的努力,包括中美就气候变化进行的长期合作。这一点在特朗普政府时期表现得尤其明显。

特朗普上任后,气候变化不再是美国国内环境政策的重点。特朗普政府消极应对气候变化,执意退出国际气候协定,使美国国内气候行动、中美气候合作领导机构以及全球气候治理进程均受到严重影响。另一方面,美国联邦政府在应对气候变化方面的相对缺位,为美国次国家行为体(次国家政府)的气候行动提供了空间和舞台,美国的州和地方政府在全球气候治理中的角色和作用由此日益受到关注。

一、存在的问题

共和党人总体上对气候变化议题和美国环境政策持怀疑态度。作为共和党籍总统,特朗普对气候变化进一步持否定态度。特朗普将气候变化议题视为骗局,否认人类活动造成气候变化的科学共识,在竞选初期就宣称要退出《巴黎协定》,以重振美国的传统能源。2017年3月28日,特朗普签发第13783号行政命令,指责奥巴马政府通过的环境法规过于严苛,造成煤炭开采、石油和天然气行业大量失业。他宣布将"释放"美国的煤炭,石油和天然气行业，放松对现有环境法的管制，并取消对环境和气候的限制。①同年12月公布的《美国国家安全战略》报告轻视与世界各国合作的重要性，并忽略"气候变化"这一重要的全球环境问题，气候变化不再被列为中美高层对话的优先议题。特朗普政府所坚持的一个立场是，美国国内经济和就业一定不能受到诸如提高税收或电价等不当措施的影响。取而代之，特朗普政府推出《美国优先能源计划》(An American First Energy Plan)，以"美国优先"作为总的施政纲领，大力发展煤炭、石油等传统能源，废除奥巴马的政治遗产《气候行动计划》和《清洁电力计划》，同时几乎删掉或废止一切有关气候变化的联邦政府网站，并缩减有关气候的部门设置和财政预算。可以说，在特朗普政府时期，美国气候政策呈大跨步式倒退，致使中美气候合作也连带面临一系列问题。

一是美国国内层面气候变化议题下降，中美合作利益缩小。鉴于特朗普政府的消极无为，气候外交已经不是中美关系的重要支柱，两国的共同利益被大大缩减。特朗普政府坚持"美国优先"理念，将奥巴马政府时期中美合作应对气候变化所营造的"双赢"思维转为"零和博弈"，仅注重美国自身利益得失。特朗普政府的美国气候政策，充分体现了其商人特质，注重成本收益，在处理中美关系上由"外向"转为"内向"，其目的在于改变全球化给美国带来的冲击，实现美国自身政治利益和经济利益的最大化。②尽管中美两国一直存有分歧，但在奥巴马政府时期，两国在应对气候变化问题上达成了许多共识，在气候利益方面已建立史无前例的相互依存度。③中美两国的气候合作一方面有助于美国恢复全球气候治理的领导权，另一方面中国可以借鉴美国的清洁能源技术，进而提升气候治理的能力及全球气候治理的话语权。而特朗普政府对气候变化的否定，打破了这些业已建立的共同利益，转而强调中美关系的结构性矛盾，并且将中国视为最大的战略竞争对手。因此，在特朗普的气候政策下，以气候外交为支柱建立起的中美合作关系失去了稳定性和确定性，两国共同利益范畴日渐销蚀。

---

① Céline-Agathe, "Climate Change Policy in the Trump Era", *Think Tank Analysis*, July 2017, p.1, https://www.kas.de/c/document_library/get_file? uuid = 55fabcb3-ec2f-35de-0eda-1662f2d80594&groupId = 252038.

② 王浩：《特朗普政府对华战略调整的双重逻辑及其互动》，《世界经济与政治》2018年第3期，第63页。

③ 冯帅：《特朗普时期美国气候政策转变与中美气候外交出路》，《东北亚论坛》2018年第5期，第117页。

二是国际层面美国联邦政府缺位，中美合作领导结构受创。特朗普政府退出《巴黎协定》，使中美气候合作的领导结构受到重创。与奥巴马积极参与国际气候合作的举措完全不同，特朗普消极对待国际气候治理，认为联合国举办的气候大会是国际社会过度监管的范例。当选后不久，特朗普声称全球变暖是由中国炮制的骗局，目的在于给美国政策制造一个挑战性的局面，削弱美国具有国际竞争力的产业（主要指传统能源）。他认为《巴黎协定》是像中国和印度这样的大型发展中国家达成的旨在损害美国国家利益的协议，会给美国带来严重的财政负担，并造成严重的国内失业。特朗普还断言，即使缔约国完全执行"自主贡献"减排机制，到 2100 年气温只可能降低 0.2 ℃，与 2 ℃的减排目标差距太大，因而没有任何意义。在宣布退出《巴黎协定》的同时，特朗普明确表示停止对绿色气候基金（Green Climate Fund，GCF）和《全球气候变化倡议》项目的所有财政资助。奥巴马卸任前，迅速向绿色气候基金捐赠了 10 亿美元，而剩余的 20 亿美元的承诺随即被特朗普取消。气候融资是未来国际气候合作的一个关键点，因为它可以在发达国家和发展中国家之间建立信任。①如果美国撤出，不再向发展中国家提供应对气候变化的资金支持，联合国多边信任体系将被削弱，中美气候合作的能力也因此下降，合作进程受阻。

此外，与同为共和党人的小布什相比，特朗普对气候变化的立场更为消极和极端。特朗普消极对待甚至否定一切多边或双边气候合作，使美国成为唯一一个主动退出《巴黎协定》的国家。《巴黎协定》是中美共同努力的重要成果，美国单方面的退出，导致中美在奥巴马政府时期建立的合作目标以及达成的一系列成果就此终止，严重损害了全球气候治理中形成的中美合作领导结构。中国只能退而求其次，加强与欧盟等的气候合作，继续推动《巴黎协定》的发展。中美两国的气候合作自特朗普政府开始进入了冰点期。

二、发展趋势

特朗普政府虽已退出《巴黎协定》，然而他没有完全意识到全球气候治理体系已经远远超出了联合国条约制度，次国家行为体在其中扮演着日益重要的角色。其实，随着多边气候谈判在 21 世纪头 10 年中后期的失败，地

---

① Johannes Urpelainen & Thijs Van de Graaf，"United States non-cooperation and the Paris agreement"，*Climate Policy*，Vol.18，No.7，2018，p.844.

方政府、社会组织和私营部门都已介入并尝试填补这一空白。[①]如今，成千上万的跨国、私人和地方以下各级治理单位都参与到全球气候治理领域。2015年达成的《巴黎协定》也肯定了地方政府在应对气候变化中的重要地位。美国的一些州和城市等次国家行为体公开反对特朗普的决定，纽约州、加州和华盛顿州发起了气候联盟，表示继续履行《巴黎协定》的减排承诺。美国约3 800多位州、市、大学等领导人成立"我们仍在"（We Are Still In）联盟，代表了超过1.55亿美国人和9万亿美元的美国经济体，致力于填补美国联邦领导层的空缺，承诺继续兑现美国在《巴黎协定》中的减排目标。"我们仍在"是美国有史以来建立的最大、最多样化的行动者联盟。[②]这足以表明，美国次国家行为体在应对气候变化上的地位日益提高，作用逐渐增大。

有鉴于此，特朗普的"退群"促使许多美国次国家行为体自下而上地寻求发起和扩大气候行动，从而加强了致力于低碳经济发展的中美地方之间的联系。[③]例如，2018年9月，中美举办地方应对气候变化高级别对话会议，缔造中美省州对话，加强清洁技术创新、气候经济等领域的合作，并提出地方气候行动对实现《巴黎协定》的目标至关重要。在气候行动上，加州积极发挥补充和促进作用，在气候变化、清洁能源等方面与中国加大合作力度，一定程度上填补了美国联邦政府的缺位。在特朗普宣布退出《巴黎协定》后，加州州长布朗（Jerry Brown）宣布加州将举办全球气候行动峰会（GCAS）。布朗同年到访中国，与中国科技部签署绿色技术研发备忘录，加深可再生能源、低碳城市、零排放汽车等领域的合作；与江苏省签署旨在推进低碳能源和清洁技术创新与研发的谅解备忘录，并建立清洁技术合作伙伴关系。2019年7月，加州与四川省共同建设智慧城镇，以开发清洁能源、高新技术等产业。此外，中美城市也通过姐妹城市、生态伙伴关系（Ecopartnerships）开展气候合作。与此同时，越来越多的中美城市加入地方政府永续发展理事会（Local Governments for Sustainability，前身为International

---

① Michele M. Betsill，"Trump's Paris withdrawal and the reconfiguration of global climate change governance"，*Chinese Journal of Population Resources and Environment*，Vol.15，No.3，2017，p.189.

② We Are Still In，"Declaration"，https://www.wearestillin.com/we-are-still-declaration.

③ Shunji Cui，"China-US Climate Cooperation：Creating a New Model of Major-Country Relations?"，*Asian Perspective*，Vol.42，2018，p.251.

Council for Local Environmental Initiatives，ICLEI)、C40 城市气候领导联盟(C40 Cities Climate Leadership Group，C40)等跨国城市网络以共同应对气候变化。可见，美国次国家行为体与中国的气候合作形成了形式多样化、内容具体化的局面，其在气候变化领域所发挥的作用已经不容忽视。

2020 年美国大选，白宫易手，拜登当选美国第 46 任总统。2021 年 1 月，拜登一上任即签署行政命令，宣布美国将重返《巴黎协定》，扭转了特朗普政府的政策决定，使得气候政策重回联邦政府的工作重点。联邦政府的积极参与和激励支持，无疑将为中美政府间气候合作，以及美国次国家行为体与中国的气候合作注入新的动力与活力。

显然，对于气候治理这样复杂多维的全球性议题，单纯依靠国家是远远不够的，在国家政府不作为的情况下尤其如此。这凸显了美国次国家行为体的气候角色及其在与中国的气候合作中所发挥的日渐重要的作用。事实上，由于气候变化的跨边界性质，公司、志愿协会、公民团体等在气候治理中的地位得以日益彰显。因而，对中美气候合作的一大发展趋势——美国次国家行为体与中国的气候合作——的研究，必须以一种多部门、多层次和多参与者、多维度的路径来加以系统考察和分析。①

本章小结

鉴于中美两国是世界最大的两个温室气体排放国，双方的气候合作可以为全球提供应对气候变化的有效解决方案。中美关系在过去几年发生了根本性变化，因而，对过去合作的梳理有助于更好地把握未来中美气候合作的发展方向以及合作重点。本章主要从四个方面对中美气候治理合作的发展演变进行梳理。一是中美气候合作的源起。中美气候合作源起于 1992 年国际社会达成的《联合国气候变化框架公约》到美国退出《京都议定书》之前，这个阶段中美双方分歧较为突出。美国指责中国在《京都议定书》下缺乏承诺是导致该协定失败的主要原因。而中国方面认为，美国对气候变化

① Eva Gustavsson，Ingemar Elander，and Mats Lundmark，“Multilevel governance，networking cities，and the geography of climate-change mitigation：two Swedish examples”，*Environment and Planning C*：*Government and Policy*，Vol.27，2009，p.62. 本书后续有专章对此予以探讨。

负有更大的历史责任，因此具有更大的义务来解决这个问题。二是中美气候合作的进展。自美国退出《京都议定书》后，中美两国开始在清洁能源领域展开合作。中国参与了小布什政府主导的多项清洁能源技术倡议。奥巴马政府上台后，美国与中国无论在双边还是多边层面都达成一系列合作，双方共同努力，推动《巴黎协定》成功签订。三是中美气候合作存在的问题。特朗普上任后，否定气候变化的事实，并且退出《巴黎协定》，致使美国国内气候变化议题下降，中美合作利益缩小；而美国联邦政府在国际层面的缺位，也使中美合作领导结构遭到重创。四是对中美气候合作的前景进行展望。由于次国家行为体和社会组织在全球气候治理中的地位日益重要，因而在美国政府轮替的背景下，关注和促进美国次国家行为体的作用，有助于为中美气候合作开辟一条新路。

第四章　中美双边气候合作①

自18世纪中叶工业革命以来，全球气候正经历一次以变暖为主要特征的显著变化。进入21世纪，全球变暖的趋势进一步加剧。在全球化快速发展、跨国联系空前紧密的当今时代，气候变化或称全球变暖，正在深刻影响着人类赖以生存的自然环境和经济社会的可持续发展，已成为国际社会共同面临的重大挑战和最严峻的全球性问题之一。而基于中美作为世界头两位经济体和温室气体排放国的背景，气候变化同时亦成为中美双边关系中一个越来越重要的议题。

第一节　中美气候变化政策立场的演进与协调

气候变化的原因可以分为自然因子和人为因子两大类，而这两大类因子的影响权重是不一样的。科学研究发现，自1750年工业革命以来，化石燃料消费及其他人类活动导致地球大气中的二氧化碳、甲烷以及含氯氟烃等温室气体浓度迅速增加，以致20世纪后半叶的气候变化几乎不可能用自然因素来解释。这一结论得到世界首要气候变化科学权威机构政府间气候变化专门委员会历次评估报告越来越强烈的认同和支持，委员会第四次评估报告认为最近50年全球气候变暖很可能(发生概率大于90%)由人类活动导致的温室气体排放所引起。②

气候变化既是一个环境问题，也是一个发展问题。它之所以成为中美关系中的一个日趋重要的议题，是源于中国和美国位居世界前两位的经济

---

① 本章原文为《中美应对气候变化合作：共识、影响与问题》(《国际问题研究》2015年第1期)，收录本书时有所增补改动。

② 《第二次气候变化国家评估报告》编写委员会编著：《第二次气候变化国家评估报告》，北京：科学出版社2011年版，第vii页。

体的地位以及作为两个最大的温室气体排放国的事实。全球变暖可能带来的毁灭性风险以及国际社会由此要求中美作出减排承诺的压力，将两国推到全球多边气候治理的中心和双边互动的新领域。在新的国际背景下，气候变化与世界经济、政治、战略等重大问题相互交织、相互影响，愈益明显地塑造着中美新型大国关系格局。

尽管中美均遭受着气候变化的消极影响和面临要求强制减排的共同压力，但双方关于气候变化的政策立场却是判然有别的。美国气候政策理念具有明显的两党属性，从而在政策行为上随着政府的更替表现出不稳定性和非连续性。保护环境、积极应对气候变化，一直是民主党的一个政策重点。克林顿政府在第一任期内推出了美国气候变化行动计划（Climate Change Action Plan），承诺在《联合国气候变化框架公约》（以下简称《公约》）下，到2000年自愿将美国的温室气体排放削减到1990年的水平。①在第二任期内，克林顿政府于1998年11月象征性地签署《公约》框架下的《京都议定书》，但慑于共和党控制的参议院的反对态度，未将议定书提交国会审议。与民主党相比，共和党对气候政策的厌恶是显而易见的。大多数共和党人不相信全球变暖已经产生影响，该党许多政要甚至干脆否认气候发生变化的事实。②基于这样的认知，乔治·沃克·布什就任总统后不久，即宣布美国退出《京都议定书》。美国转而谋求建立区域性的国际气候机制，于2005年联合中国、日本、澳大利亚、韩国和印度，发起亚太清洁发展与气候伙伴关系（Asia-Pacific Partnership on Clean Development and Climate，APP），作为对京都过程的竞争者和替代选择。③布什政府的气候政策的一个关键特征是反对强制性的气候措施。在国内层面，美国气候政策的主要工具是谋求由私营部门达成行业自愿减排协议。在国际层面，布什政府在参与以联合国为基础的谈判进程的同时，追求一种不作出承诺的“软法”（soft-law）途径。④

---

① Ronald D. Brunner & Roberta Klein, “Harvesting experience: A reappraisal of the U.S. Climate Change Action Plan”, *Policy Sciences*, 1999, p.133.

② Steven Cohen and Alison Miller, “Climate change 2011: A status report on US policy”, *Bulletin of the Atomic Scientists*, Vol.68, No.1, 2012, p.40.

③ J. McGee & R. Taplin, “The Asia-Pacific partnership on clean development and climate: A complement or competitor to the Kyoto Protocol?”, *Global Change, Peace & Security*, Vol.18, No.3, 2006, pp.173—192.

④ Tora Skodvin and Steiner Andresen, “A agenda for change in U.S. climate policies? Presidential ambitions and congressional powers”, *International Environment Agreements*, No.9, 2009, p.264.

时移势易，奥巴马入主白宫后，美国气候变化政策迎来又一次转折。奥巴马认为，作为世界最大的温室气体制造国，美国必须在应对全球变暖的努力中担负领导责任，以加强相关国际机制、激活联盟和建立伙伴关系。①在奥巴马第二任期内，美国应对气候变化的政策力度明显加大。奥巴马政府出台《总统气候行动计划》（President Obama's Climate Action Plan），重申到2020年美国将把其温室气体排放在2005年基础上削减17%的目标。为此，奥巴马政府在国内层面奉行一项雄心勃勃的立法战略，同时辅以行使其行政权应对气候变化；在国际层面则谋求一种基于条约的"硬法"（hard-law）途径，对抗全球变暖的影响。②而在地区层面，美国与文莱、印度尼西亚（新加坡于2013年加入）在2012年第7届东亚峰会上发起美国—亚太全面能源伙伴关系（U.S.-Asia Pacific Comprehensive Energy Partnership，US-ACEP），利用现有的各有关区域论坛开展工作，确保亚太地区价格合理、安全及更清洁的能源供应。③

比较而言，中国气候变化政策的原则立场是一贯的、明确的。中国作为一个负责任的发展中国家，对气候变化问题给予高度重视，先后签署和批准《联合国气候变化框架公约》和《京都议定书》，成立国家气候变化对策协调机构，采取了一系列政策和措施应对全球气候变化的挑战。在很大程度上，中国是根据《公约》的宗旨和原则来界定其气候变化政策立场的。《公约》确定了国际社会公认的应对气候变化的三个最基本原则，即共同但有区别的责任、公平原则、可持续发展的原则。为落实《公约》的原则和目标，1997年12月第三次《公约》缔约方会议通过《京都议定书》，规定在2008—2012年期间，《公约》附件一国家即发达国家的二氧化碳等六种温室气体的人为排放量应该在其1990年的基础上平均减少5.2%。据此，中国主张，本着《公

① Barack Obama, "Renewing American Leadership", *Foreign Affairs*, Vol.86, No.4, July/August 2007, p.13.

② Tora Skodvin and Steiner Andresen, "A agenda for change in U.S. climate policies? Presidential ambitions and congressional powers", p.264; Office of the Press Secretary, the White House, "Remarks by the President at U.N. Climate Change Summit", September 23, 2014, http://www.whitehouse.gov/the-press-office/2014/09/23/remarks-president-un-climate-change-summit.

③ The Department of State, "U.S.-Asia Pacific Comprehensive Energy Partnership (USACEP)", Washington, D.C., October 10, 2013, http://www.state.gov/r/pa/prs/ps/2013/10/215267.htm.

约》的核心精神和根本原则，发达国家作为历史排放和人均排放的最大来源，有必要率先采取减排行动，切实履行《议定书》的承诺，并应向发展中国家提供资金和技术，增强发展中国家应对气候变化的能力。发展中国家则要在可持续发展的框架下，致力于转变经济增长模式，走“低碳经济”的发展道路，为全球减缓温室气体排放不断做出努力和贡献。①而就国内层面而言，中国制定了应对气候变化的政策框架。2011 年中国十一届全国人大四次会议审议通过《国民经济和社会发展第十二个五年规划纲要》，应对气候变化作为重要内容被纳入国民经济和社会发展中长期规划。《纲要》将单位 GDP 能源消耗降低 16%、单位 GDP 二氧化碳排放降低 17%、非化石能源占一次能源消费比重达到 11.4%作为约束性指标，公开宣布未来五年中国应对气候变化的目标任务和政策导向，明确提出控制温室气体排放、适应气候变化影响、加强应对气候变化国际合作等重点任务。②中国国务院也于 2009 年 11 月作出决定，到 2020 年，中国单位 GDP 二氧化碳排放比 2005 年下降 40%—45%作为约束性指标纳入国民经济和社会发展中长期规划，并制定相应的国内统计、监测、考核办法，同时非化石能源占一次能源消费的比重达到 15%左右。③近来，中国气候变化政策更上一个台阶。在 2014 年 9 月联合国气候峰会上，中国政府宣布将主动承担与自身国情、发展阶段和实际能力相符的国际义务，努力争取二氧化碳排放总量尽早达到峰值，以更大力度和更好效果应对气候变化。④

无论中美气候政策立场有何不同，两国都无法回避、更无从改变遭受气候变暖的相同或类似危害的现实。最近 15 年内，世界经历了有历史记录的 12 个最热的年份。在美国，2012 年是有史以来最热的一年。气候变化对美国造成的影响诸如海平面上升、干旱、洪涝、野火等均为历史罕见。⑤中国同

---

① 中国国家发展和改革委员会：《中国应对气候变化国家方案》，2007 年 6 月，第 2—3、23—25 页；中华人民共和国科学技术部：《气候变化国家评估报告》，2007 年 4 月，http://www.most.gov.cn/fggw/zcjd/200706/t20070601_50180.htm。

② 中国国家发展和改革委员会：《中国应对气候变化的政策与行动：2012 年度报告》，2012 年 11 月，第 2 页。

③ 《第二次气候变化国家评估报告》编写委员会编著：《第二次气候变化国家评估报告》，前言。

④ 《张高丽出席联合国气候峰会并发表讲话》，2014 年 9 月 24 日，http://www.gov.cn/guowuyuan/2014-09/24/content_2755265.htm。

⑤ Office of the Press Secretary, the White House, “Remarks by the President on Climate Change”, Washington, D.C., June 25, 2013, http://www.whitehouse.gov/the-press-office/2013/06/25/remarks-president-climate-change.

样是受气候变化不利影响最为脆弱的国家之一。2011 年以来,中国相继发生了南方低温雨雪冰冻灾害、长江中下游地区春夏连旱、南方暴雨洪涝灾害、沿海地区台风灾害、华西秋雨灾害等诸多极端天气事件,给经济社会发展和人民生命财产安全带来很大影响,直接经济损失高达 3 096 亿元。①

显然,在气候变化治理方面,中美双方承担不起无所作为的代价。随着气候变暖不利影响的凸显,两国开始认识到,彼此利益的重合部分正变得越来越大。有鉴于此,奥巴马政府再次展现出解决全球变暖问题的抱负。白宫计划绕过国会的阻挠,寻求扩大新的以及现有的国内和国际举措,通过监管现有和新建燃煤发电厂的排放,并与中国、印度以及其他排放大国开展双边行动,努力在应对气候变化方面为全球做出表率。②同时,中国领导人指出,"如果要取信于民,就必须解决工业化带来的毒害人们健康的副作用"③。为此,中国在机构和体制建设以及减缓和适应气候变化方面作出观念创新和政策调整,成立国务院总理担任组长的国家应对气候变化领导小组。作为履行《公约》的一项重要义务,中国政府自 2007 年起组织各方力量定期编制气候变化国家评估报告,并基于该报告连年发布中国应对气候变化的政策和行动方案,显著提升了应对气候变化的力度和成效。

正是在新的环境现实和决策背景的互动下,中美气候变化治理合作无论是在认识领域还是在政策协调层面都取得令人鼓舞的进展。2013 年 4 月,美国国务卿约翰·克里(John Kerry)访华,双方达成并发表《中美气候变化联合声明》。声明指出,"中美两国特别注意到,对于人为气候变化及其日益恶化的影响已形成强有力的科学共识"。面对日益加剧的气候变化危害,全球应对的努力明显不足,这种状况迫切需要中美两国采取强有力的国内适当行动和开展大规模的双边合作。而为了把应对气候变化挑战提升为更加优先的事项,两国决定在中美战略与经济对话的框架下建立中美气候变化工作组。"根据两国领导人的共同愿景,工作组将立即着手工作,确定双方推进技术、研究、节能以及替代能源和可再生能源等领域合作的方式",

---

① 中国国家发展和改革委员会:《中国应对气候变化的政策与行动:2012 年度报告》,第 2 页。

② Executive Office of the President, the White House, *The President's Climate Action Plan*, Washington, D.C., June 2013, pp.17—21;《FT 社评:乐见中美带头应对气候变化》,2013 年 7 月 15 日,http://www.ftchinese.com/story/001051425。

③《FT 社评:乐见中美带头应对气候变化》,2013 年 7 月 15 日,http://www.ftchinese.com/story/001051425。

并定期在中美战略与经济对话会议上向两国元首特别代表报告工作成果。声明强调，中美加强气候变化的行动与合作有助于遏制全球变暖和树立可以鼓舞世界的强有力榜样，并将带来显著的互惠利益。双方还认识到气候变化治理合作的溢出效应，重申“在多边谈判领域和推进应对气候变化具体行动方面携手努力，能够成为双边关系的一个支柱，增进彼此信任和相互尊重，为更强有力的全面协作铺平道路”①。自 2013 年以来，中美两国就应对气候变化先后签署六份联合声明/宣言。中美气候变化联合声明的达成具有重要的意义，标志着中美在气候变化领域的协调行动，超越 2009 年哥本哈根全球气候峰会前后双方在清洁能源倡议上的合作水平，进入一个备受期待的新阶段。

第二节 中美应对气候变化合作的经验

近 40 年来，中美两国在能源和气候变化领域已进行广泛合作。这种合作使双方对彼此的国情和关注的问题有了更深的了解，加强了信息交流，推动了应对气候变化成功案例的相互借鉴，并相应在两国政策圈及主要研究机构之间建立了重要的联系。两国均承诺加强国际合作，联手应对全球变暖的挑战。这些举措为双方后续的深入合作奠定了坚实的基础。

早在 1979 年中美建交之初，中国国务院副总理邓小平在访美期间与美国总统卡特签署《中美政府间科学技术合作协定》，两国政府部门先后在化石能源、气候变化、聚变能源、能源效率、可再生能源、能源信息交流等 32 个领域签署数十个合作议定书和谅解备忘录，两国科学家在上述领域开展数千个科技合作项目的研究，人员交流达数万次。1985 年，双方签署《中美化石能源研究与发展合作议定书》，经过长期演进，该议定书现已包括 5 个附件：电力系统、清洁燃料、石油和天然气、能源与环境技术以及气候科学。1993 年北京能效中心成立，两国政府建立能源利用效率问题的正式对话。1995 年中美石油和天然气工业论坛成立，《中美能源效率和可再生能源技术开发与利用合作议定书》签署，议定书包含七个附件：政策、农村能源、大

① 中华人民共和国外交部：《中美气候变化联合声明》，2013 年 4 月 13 日，http://www.fmprc.gov.cn/mfa_chn/ziliao_611306/1179_611310/t1030848.shtml。

型风电系统、混合乡村电力、可再生能源商业开发、地热能源、能源效率、混合电动汽车开发等。1997 年，两国政府高层发起中美环境与发展论坛，建立四个工作组：能源政策、商业合作、可持续发展的科学以及环境政策，确立合作的三个优先领域：城市空气质量、农村通电及清洁能源和能源效率。1998 年，双方签署《和平利用核能的议定书》。①

进入 21 世纪后，中美合作态势进一步加强，两国在政策思维中将合作应对气候变化提升到一个新高度。2005 年美国总统布什在访华前夕接受记者采访时表示，“中国是一个庞大、重要且不断增长的经济体，而且使用的能源越来越多。这也是我们大家可以合作的一个领域……如果我们开发出一种能够减少使用碳氢化合物的技术，那符合我们的利益，也符合中国的利益。因此，在能源领域进行合作、讨论如何更好地向前发展的主张对美国和中国来说都具有重大意义，对全世界来说也是如此”②。在此期间，中美两国建立了一系列公私参与的能源与环境合作机制，主要包括碳封存领袖论坛(2003)、中美能源政策对话(2005)、亚太清洁发展和气候伙伴计划(2005)、中美战略经济对话(2006)、中美西屋公司核反应堆协议(2006)、合作开发生物燃料的谅解备忘录(2007)、中美双边民用核能合作行动计划(2007)、中美能源—环境可持续发展论坛(2008)等，双方围绕国际能源安全、能源政策和能源战略目标、生物燃料、核能、清洁能源和能效技术、气候变化、碳捕获与封存等议题进行了深入探讨。此外，2005 年和 2006 年，美国能源部和商务部分别在北京设立相关办公室，致力于推动两国在能源和环境领域的合作。所有这些安排加深了中美双边政策协调，成为两国能源和气候变化合作的制度保障。③

在中美这一轮能源与环境合作大潮中，有两个合作项目尤其引人注目。一是在 2006 年 12 月北京中美日印(度)韩五国能源部长会议期间，中美签订《关于在中国合作建设先进压水堆核电项目及相关技术转让的谅解备忘

---

① 以上关于中美能源和气候变化合作的论述，也可参见 Asia Society Center on U.S.-China Relations and Pew Center on Global Climate Change, *Common Challenge, Collaborative Response: A Roadmap for U.S.-China Cooperation on Energy and Climate Change*, January 2009, pp.50—53。

② “Interview with Foreign Print Journalists”, *Administration of George W. Bush*, Authenticated U.S. Government Information, November 8, 2005, p.1682.

③ 梅俊杰：《中美能源合作的焦点与方向》，载上海社会科学院世界经济与政治研究院：《中国与世界共同利益的互动》，北京：时事出版社 2008 年版，第 110 页。

录》，商定在2009年至2015年间，美国西屋电气公司为中国建设4座装机容量各为1 100兆瓦的民用核电站，合同总额达80亿美元，包括将技术转让给中国。二是2008年6月，第四次中美战略经济对话就扩大双方在能源和环境领域的合作取得突出成果，两国签署《中美能源环境十年合作框架》文件，在5个功能领域分别建立联合工作组，包括清洁、高效和安全发电和输电，清洁水，清洁空气，清洁和高效交通，森林和湿地生态系统保护。文件对中美未来气候变化合作具有重大影响。

如果说此前中美气候合作因被纳入中美能源政策对话框架而居于"次要"地位的话，那么在奥巴马政府任内，美国已从国际和国内层面双管齐下，将应对气候变化作为一项优先的政策议程加以推动。奥巴马宣称，美国的石油依赖症是对国家安全和经济的威胁，主张通过大规模投资开发清洁、安全、可再生、高能效的替代能源，以彻底改造美国的经济结构，处理全球气候变化带来的"道义、经济和环境挑战"。①关于中美能源和气候变化合作，奥巴马2008年10月在致中国美国商会的意见书中指出，美国的清洁能源新技术能够帮助中国等国家应对全球气候变化，而在应对气候变化的挑战上，美中两国都肩负着重大责任。"这一挑战要求美中两国立即将双方合作提升到更高的水平。"这种合作还有助于推动美国经济的转型，从而造福所有美国人民和巩固美中关系。②

清洁能源是应对气候变化的一个关键组成部分。鉴于中国和美国是世界上最大的两个传统能源消费国，现阶段中美气候合作侧重于共同开发清洁(替代)能源和节能技术。2009年11月，美国总统奥巴马访华，中美两国公布一揽子影响深远的措施，通过发起"中美清洁能源研究中心，中美电力汽车倡议，中美能效行动计划，中美可再生能源伙伴关系，21世纪的煤、页岩气倡议，中美能源合作项目"，以加强双方在清洁能源方面的合作。其中，中美清洁能源研究中心由两国在5年内共同投入至少1.5亿美元作为启动资金，致力于清洁能源技术的联合研发。③此外，在2009年7月第一轮中美

① Barack Obama and Joe Biden, "New Energy for America", http://www.barackobama.com/pdf/factsheet-energy-speech-080308.pdf.

② Barack Obama, "US-China Policy Under an Obama Administration", *China Brief*, October 2008, pp.13, 14.

③ Office of the Press Secretary, the White House, "U.S.-China Clean Energy Announcements", November 17, 2009, http://www.whitehouse.gov/the-press-office/us-china-clean-energy-announcements.

战略与经济对话期间，双方签署《加强气候变化、能源和环境合作的谅解备忘录》，重申实施《中美能源环境十年合作框架》下现有的5个联合行动计划，承诺通过制定包括节能和能效在内的新行动计划扩展十年合作框架。① 2010年5月，在第二轮中美战略与经济对话上，双方签署8项合作协议，涉及能源、贸易、融资、核能利用等多个方面。2011年1月，中国国家主席胡锦涛访美，两国签署一系列协议，涵盖清洁煤、核电、风电、智能电网、电动汽车等诸多领域。

共同应对气候变化共识的加强和实践的积累，推动中美双边气候合作取得实质性进展。2013年6月，习近平主席与奥巴马总统举行首脑会晤，两国领导人达成一致，要通过共同努力来逐步减少对地球大气危害极大的温室气体氢氟烃的使用。在7月举行的第五轮中美战略与经济对话上，两国确认在现有项目下开展一系列重要的新活动，包括6个新的中美绿色合作伙伴计划、清洁炉灶在中国的推广、加强科学研究和气候观测合作以及双边可持续机场倡议。双方还公布了一项旨在进一步减排的新的行动倡议。该行动倡议针对两国最主要的温室气体排放源和空气污染源，提出在载重汽车和其他汽车，智能电网，碳捕集、利用和封存，温室气体排放数据的收集和管理，建筑和工业领域的能效这5个领域开展双边合作，并于2013年10月制定完成具体的实施计划。②在2014年7月第六轮中美战略与经济对话期间，应对气候变化方面的合作成为对话成果中的亮点之一。中美气候变化工作组向此次对话提交工作报告，介绍2013年提出的5个合作倡议、强化政策对话以及氢氟碳化物合作的进展情况，并提出未来可能的新合作领域，其中包括在"绿色"港口方面展开合作，在省(州)和城市等次国家层面开展适当合作，以及制定和实施非道路移动车辆及配套柴油发动机清洁计划等。双方还签署8个项目合作文件，梳理一年来两国在能源和环境保护领域合作的成果，涉及碳捕集、利用和封存、削减氢氟碳化物、城市和水泥行业的低碳转型等应对气候变化相关领域。这些成果将两国政府间气候合作首

① Bureau of Public Affairs, Office of the Spokesman, "Joint Press Release on the First Round of the U. S.-China Strategic and Economic Dialogue", July 28, 2009, http://www.state.gov/r/pa/prs/ps/2009/july/126596.htm.

② Special Envoy for Climate Change, *Report of the U.S.-China Climate Change Working Group to the Strategic and Economic Dialogue*, Washington, D.C., July 10, 2013, http://www.state.gov/e/oes/rls/pr/2013/211842.htm.

次扩大到私营公司、大学以及研究机构。①这些减排计划和合作倡议已经产生重要影响。正如美国气候变化特使托德·斯特恩(Todd D. Stern)所言，通过实施新的行动倡议，中美双方“更多的是在并肩努力推动重大改善，这反过来会促成显著减排”，并将为更广泛层面的国际合作营造积极气氛。②

中美之所以能够在应对气候变化合作方面取得进展，主因不外乎两国均遭受着全球变暖日益严重的危害以及作为排放大户所衍生的要求双方采取应对措施的国内外压力。在美国，2012 年是有史以来最热的一年。气候变化对美国造成的影响诸如海平面上升、干旱、洪涝、野火等均为历史罕见。③在中国，2011 年以来相继发生了南方低温雨雪冰冻灾害、长江中下游地区春夏连旱、南方暴雨洪涝灾害、沿海地区台风灾害、华西秋雨灾害和北京严重内涝等诸多极端天气事件，给经济社会发展和人民生命财产安全带来很大影响，直接经济损失高达 3 096 亿元。④这种前所罕有的局面产生的政策及观念影响是深刻的和累进式的。一方面，美国重塑世界环境领袖地位乃至掌控全球议程话语权的国内政治诉求和国际抱负，以及中国经济社会可持续发展和构建和谐社会的战略规划，使得两国不能对此等闲视之；另一方面，国际社会要求中美带头采取减排行动的呼声也日趋高涨。气候变化的挑战从国内和国际两个层面凸显了中美合作应对的必要性和急迫性，要求两国承担起重大责任，“立即将双方合作提升到更高的水平”⑤。

第三节　中美双边气候合作的全球意义

气候变化的全球性影响是广泛的和持久的，但人类的应对似乎是迟缓

---

① 王婧:《中美气候变化应对合作宜加快加深》，2014 年 7 月 14 日，http://news.xinhuanet.com/energy/2014-07/14/c_1111595341.htm。

② Anna Fifield, “China and US agree non-binding climate plan”, *The Financial Times*, July 10, 2013.

③ Office of the Press Secretary, the White House, “Remarks by the President on Climate Change”, Washington, D.C., June 25, 2013, http://www.whitehouse.gov/the-press-office/2013/06/25/remarks-president-climate-change.

④ 中国国家发展和改革委员会:《中国应对气候变化的政策与行动:2012 年度报告》，第 2 页。

⑤ Barack Obama, “US-China Policy Under an Obama Administration”, *China Brief*, October 2008, p.14.

的和不力的。迟至1992年5月，《联合国气候变化框架公约》在纽约联合国总部通过，1994年3月生效。《公约》第二条规定其最终目标是，“将大气中温室气体的浓度稳定在防止气候系统受到危险的人为干扰的水平上，这一水平应当在足以使生态系统能够自然地适应气候变化、确保粮食生产免受威胁并使经济发展能够可持续地进行的时间范围内实现”①。《公约》是世界上第一个旨在全面控制二氧化碳等温室气体排放、应对全球气候变暖的不利影响的国际文书，奠定了应对气候变化国际合作的法律基础，是具有权威性、普遍性、全面性的国际框架。然而，由于《公约》没有对具体缔约方规定需承担的具体义务，也未规定实施机制，所以从这个意义上说，它缺乏法律上的约束力。为确保有效履约，《公约》规定可在其框架下的后续议定书中设定强制排放义务。到目前为止，主要的议定书为《京都议定书》，后者甚至比《公约》更加引人注目。

作为《公约》的补充条款，《京都议定书》是由1997年12月在日本京都召开的联合国气候变化框架公约第三次缔约方会议制定的。在议定书中，《公约》附件一国家即发达国家缔约方承诺采取相应的政策和措施，将其二氧化碳排放总量在2008—2012年第一承诺期内从1990年水平至少减少5%。②与此同时，发展中国家采取自主减排行动。为延长与《公约》相关的议定书的承诺期、扩大议定书量化减排的规范作用，2007年12月巴厘联合国气候变化大会制定了巴厘路线图(Bali Road Map)。巴厘路线图规划了2009年达成有约束力的《哥本哈根议定书》的进程，并再次确认《公约》规定的发达工业化国家向发展中国家提供资金和技术支持的责任。《哥本哈根议定书》拟根据各国GDP大小规定二氧化碳的减排量，目的是构建《京都议定书》一期承诺到期后的后续减排方案，协调未来应对气候变化的全球行动。但是，由于在2009年12月哥本哈根联合国气候变化大会上各国分歧严重，《哥本哈根议定书》未能如期达成，只能代之以不具法律约束力的《哥本哈根协议》。此后，2012年12月在卡塔尔召开的联合国气候变化大会上，本应于2012年到期的《京都议定书》被延长至2020年。

国际社会应对气候变化的努力之所以无法取得突破性进展，在很大程

① United Nations, *United Nations Framework Convention on Climate Change*, 1992, p.4.

② United Nations, *Kyoto Protocol to the United Nations Framework Convention on Climate Change*, 1998, p.3.

度上是因为世界最大的两个排放国中美两国，在此问题上立场相去甚远，无法达成共识。哥本哈根联合国气候变化大会最为典型地展现了中美两国在气候变化问题上的对冲博弈及其消极后果，并从反面引证了中美双边合作的全球重要性。由于各自所代表的阵营的利益不同，中美在会场上展开了正面交锋。美国气候谈判首席代表斯特恩在新闻发布会上明确表示，“公共资金，特别是美国政府的公共资金，绝不会流向中国”。斯特恩同时重申美国不会加入《京都议定书》，并否认发达国家应该为其在工业化进程中累积造成的大气环境污染“埋单”，要求中国采取更大力度的减排目标。①中国政府则坚持根据国情实施自主减排，不与任何国家的减排目标挂钩。中国主张，作为二氧化碳排放占全球排放总量 80% 的最大的累积排放源，发达国家必须率先大幅量化减排，并切实履行承诺，向发展中国家提供充足的资金和技术支持，帮助发展中国家应对气候变化。②中美两国政策立场针锋相对，哥本哈根世界气候大会无果而终。

毋庸讳言，“如果中美两个国家不能设法解决在这个问题上长期存在的分歧，全球气候变化问题就没有解决之道。”③所幸的是，气候变暖已经产生的危害和不利影响使双方认识到彼此冲突的消极后果，采取措施积极协调各自政策立场，加强应对气候变化的双边合作。正如一直以来双方气候互动中出现的新趋势所昭示的那样，中美双边合作给国际应对气候变化的努力注入了前所未有的新动力，不断推动全球气候集体行动迈入新阶段。

第一，中美两国的合作减排是全球减排努力的中流砥柱。中美两国人口占世界总人口的四分之一，两国国内生产总值和能源消耗量超过世界总量的三分之一，因能源消耗造成的碳排放量达到世界总量的五分之二以上。从能源安全和环境保护角度来看，中美对能源消费控制或扩张的行动将决定全球应对气候变化努力的成败。考虑到中美巨大的碳排放总量，单单是两国在双边层面的合作减排即可直接对全球减排努力作出重大贡献。相反，如果双方继续维持甚或扩大碳排放水平，那么即使其他国家采取减灾对

① Alessandro Torello, “Envoy Says U.S. Won’t Pay China to Cut Emissions”, *The Wall Street Journal*, December 10, 2009.

② 温家宝：《凝聚共识　加强合作　推进应对气候变化历史进程》，哥本哈根，2009 年 12 月 18 日，http://www.gov.cn/ldhd/2009-12/19/content_1491149.htm。

③ Asia Society Center on U.S.-China Relations and Pew Center on Global Climate Change, *Common Challenge, Collaborative Response: A Roadmap for U.S.-China Cooperation on Energy and Climate Change*, p.8.

策，也无法有效防止地球大部分地区的气候灾难。

第二，中美两国双边合作习惯的形成和经验的积累，有助于国际社会达成新的强有力的国际气候协议。对任何全球气候体制而言，中美两国的协调与合作都是其取得成功的关键。“中美两国的作用绝对至关重要。没有它们的参与，任何协议都不会取得进展。”①中美两国的参与、领导和承诺，是气候领域全球转变所需的信心和影响力的保证。“新的全面的气候协议的前景，很大程度上将有赖于美国和中国的政治意愿。”②中美之间新近形成的更具建设性的关系有利于减轻双方近年来的矛盾和摩擦，推动两国在全球气候体制构建上的立场协调。尤其是在联合国气候变化大会上，两国可望就提高应对气候变化领域的标准达成共识，以共同倡导建立一项可持续的、有约束力的全球气候体制，进而为国际应对气候变化的努力奠定更加坚实的法律基础。

第三，中美两国的政策取向不可避免地影响到其他国家的选择。两国的合作可以树立榜样，鼓励和引导其他国家加入全球减排的努力之中。鉴于此前两国长期消极无为，其他国家大多持犹豫和观望的态度，有的甚至还效仿美国退出《京都议定书》，这也是全球努力失败的一个重要原因。而如果两国带头采取行动控制温室气体排放，那么就会给其他排放国带来压力，它们就更有意愿，也能更容易地在全球层面开展合作，从而可以在全球范围组织起对抗气候变化影响的集体行动。诚如奥巴马所言，“双方在消除气候变化所带来的威胁方面的合作能够树立典范，由此产生的实践和技术将为全球努力提供动力”③。

第四节　存在的问题

中美两国在能源与气候变化方面的合作由来已久、形式多样，既有双边

① David Jolly and Chris Buckley, “U.S. and China See Convergence on Climate Issue”, *The New York Times*, November 22, 2013.

② Asia Society Center on U.S.-China Relations and Pew Center on Global Climate Change, *Common Challenge*, *Collaborative Response*: *A Roadmap for U.S.-China Cooperation on Energy and Climate Change*, p.15.

③ Barack Obama, “US-China Policy Under an Obama Administration”, p.14.

机制,也有多边舞台,涵盖的领域也十分广泛。囿于双方政策环境变动和资金不足等带来的负面影响,这种合作往往又是零散间断的,而不是长期持续的。中美气候合作的深入稳定发展面临不少困难和障碍。

一是美国对中国的错误战略认知。中美气候变化合作的情境可以在中美关系演变的大框架内加以观察。历经50年的发展和演变,中美关系虽然取得长足进展,两国在各领域的联系日趋密切,但同时双方又始终存在许多摩擦点。这使得中美关系正面临着一种矛盾:“即使两国关系在一系列广泛问题上已经变得较为成熟和有效,双方对对方长期意图的根本性不信任实际上却有增无减。”许多美国人则推定,一个日渐强大、富有的中国自然而然地寻求使美国在亚洲被边缘化,从而直接打击美国最为攸关的长期国家利益。而在美国关于全球变暖和清洁能源的政治讨论中,中国总是被置于两种消极的语境下予以评估,即任何在美国境内的减排努力都会因中国增加排放而变得毫无意义,以及美国控制排放的努力会迫使制造商将业务转向别处,由此导致广泛的就业损失。①这还影响到中美对气候变化相关国际条约的原则立场,使两国对条约精神和义务做出不同或对立的理解和阐释。毋庸讳言,美国对中国的错误战略认知是阻碍双方气候合作深入发展的根本原因。

二是美国国会气候变化立法行动迟缓。应对气候变化是一项综合性战略,涉及经济发展、环境保护、民众福利乃至社会生活的方方面面。在美国现行政治体制下,应对气候变化不是总统所能决定的,国会的协助和授权是总统获得政策成功的不可或缺的条件。在气候变化议题上,国会的重要角色主要体现为立法行动。国会立法可为应对气候变化的国内行动和国际合作提供必要的政治基础和社会共识,并连带整合特殊利益集团和资金不足的消极影响,进而确保政策的稳定和连续。反之,若没有国会立法的配合,美国应对气候变化的战略和政策,正如从克林顿、布什到奥巴马政府时期业已体现的那样,则显得短视、被动且缺乏预期。

自克林顿政府第二任期起,能源和气候变化问题开始大规模进入美国国会的立法议程,国会为此举行了一系列听证会,参众两院更是提出了数十

① 以上引文及相关论述,参见 Kenneth Lieberthal and David Sandalow, *Overcoming Obstacles to U.S.-China Cooperation on Climate Change*, John L. Thornton China Center Monograph Series, No.1, January 2009, pp.14, 25。

个有关能源和气候变化的议案，其中最具代表性的有以下这些。《自愿减排信用法案》(1998，参议院)提出政府给予自愿减排的公司以政策上的奖励。《1999年能源与气候政策法案》(1999年，参议院)主张以市场激励机制来减缓全球变暖，并提出建立应对气候变化的专门政府机构。《2001年清洁能源法案》(2001年，参议院)就限制二氧化碳、汞、二氧化硫和氮氧化物的排放提出了政策方案。《2003年气候工作法案》(2003年，参议院)旨在通过配额交易制度降低二氧化碳排放，并对公用事业、工业、商业和运输四个部门进行二氧化碳限排。①《参议院关于气候变化的意见决议》(2005年，参议院)历史上第一次在美国设置强制性的全球变暖污染物排放总量。《美国气候安全法案》(2007年，参议院)提出美国需要建立强制性且覆盖整个国家经济的温室气体减排体系，对受控排放源设定温室气体排放总量的上限。②在诸如此类的法案中，影响最大的当属2009—2010年众参两院分别提出的相关议案。2009年6月，众议院通过《2009年美国清洁能源与安全法案》，这成为美国气候变化立法历史上的里程碑事件。2010年5月，参议院提出了《2010年美国能源法》(讨论草案)，作为众议院法案的最新匹配法案。两份法案均提出了大幅减排同时确保美国能源独立和安全的目标。③国会提出这些林林总总的法案，目标是侧重于寻求控制温室气体排放总量，建立排放交易机制。但是，由于问题的复杂性和国会总体上的保守态度，这些法案绝大多数或在国会相关委员会即遭否决，或被作为议事日程上的常规法案而遭搁置，从而导致在当届国会任期届满时被清除，极少能够进入全院辩论及表决程序。时至今日，国会气候变化立法依然处于停滞不前的状态。

三是知识产权保护。清洁能源及可再生能源的联合技术开发和技术转让既是中美携手应对气候变化的一个重要方面，也是中国谋求与美国合作的优先选择领域，特别是清洁能源的技术转让。然而，美国大多数清洁能源技术为公司和私营企业拥有。由于担心知识产权会受到侵害，这些技术所

① 阎静：《克林顿和小布什时期的美国应对气候变化政策解析》，《理论导刊》2008年第9期，第141、142页。

② 邓粱春：《美国气候变化相关立法进展及其对中国的启示》，《世界环境》2008年第2期，第83页。

③ 高翔、牛晨：《美国气候变化立法进展及启示》，《美国研究》2010年第3期，第39、41页。

有者对以优惠条件向中国转让技术毫无兴趣。其结果是，美国工业和实验室内的许多清洁能源尖端技术尚未投放到中国市场，“从太阳能面板到洗煤机都是如此”①。知识产权保护问题由此构成中美合作应对气候变化的一大障碍。

实际上，无论是在对抗全球变暖还是在拓展经贸关系方面，中美进行清洁能源技术合作都具有十分广阔的前景。美国在清洁能源技术的开发和推广中占据相当大的优势，中国则拥有无比庞大的长期市场。据估计，如果中国采用与美国相同的能源结构，在同等的消费量下，碳排放量将减少20%。②双方的合作显然可以取得双赢和“通赢”的结果。而在知识产权保护方面，中国的观念和行为业已发生显著的转变，保护知识产权被认为对于中国发展以及建设一种基于创新而不是低消耗制造业的经济是至关重要的。中国还在清洁能源领域进行大量投资，促进低碳技术的商业化。正是基于这一背景，不少美国公司尝试把新技术输入中国，成功地处理了知识产权方面的挑战。美国政府虽然不是清洁能源技术的所有者，也不可能强制技术的所有者向中国转让技术，但可以通过谈判并在充分保护的基础上得到这些知识产权。气候变化是影响深远的全球性问题。作为大部分全球公共产品的提供者，美国不妨将清洁能源技术的知识产权视为一种国际公共产品。③同时，美国也应大力推进已有或发起新的中美清洁能源技术合作研发，鼓励和扩大两国共享知识产权（包括专利）和技术成果。中美双方共同努力，可望建立一种正面的战略关系以应对全球变暖的挑战。

四是地缘政治的冲击。突发的地缘政治争端很可能会对中美气候合作造成负面影响，正如 2022 年 8 月美国众议院议长佩洛西（Nancy Pelosi）窜访中国台湾所显示的那样，中美双边气候磋商因之骤然陷入停顿。美国一开始就把中美气候合作限定为单一问题领域的合作，声称不会为了气候合作而在中美关系中的其他问题上迁就中方。中方坚持“通盘考虑”方式，谋求营造中美气候合作的战略环境，不接受美方“胡萝卜＋大棒”式的对华外

---

① Jane Spencer, “Trying to Sell Clean Energy in Asia-U.S. Companies Hope to Drum up Business during Trade Mission”, *The Wall Street Journal Asia*, April 18, 2007.

② Elizabeth C. Economy, “The Great Leap Backward?”, *Foreign Affairs*, September/October 2007, p.39.

③ Chris K. Ajemian and David Mchardy Reid, “Preventing Global Warming: The United States, China, and Intellectual Property”, *Business and Society Review*, Vol.115, No.4, Winter 2010, pp.417—436.

交(一个领域合作、一个领域对抗)。地缘政治领域的冲突给中美气候合作造成了额外干扰和破坏。

本章小结

全球变暖的危害性是史无前例的,也是“机会均等”和无差别的,没有国家可以自在于其破坏性影响之外。这种新的现实迫切需要全球做出协调一致的反应。作为世界上最大的两个温室气体排放国,中国和美国在减少温室气体排放、减缓气候变化的挑战中负有特殊的责任。两国的合作应对不仅是必要的和可能的,而且是全球应对气候变化努力成败的关键。基于双方政策立场的不断协调,中美关于气候变化的合作取得极大进展,为达成全面的有约束力的后京都全球气候协议奠定了重要的基础。然而,中美之间的合作并不是自然天成的,而是存在着诸多不可忽视的困难和障碍。这意味着,在应对全球变暖的挑战中,两国需从战略高度出发,排除内外干扰,进一步创新政策思维,深入发掘合作议题,积极拓展合作空间,从而切实推动双边关系发展和全球气候良治。

第五章　中美次国家行为体气候治理合作①

气候变化已经成为当今世界面临的最具挑战性的全球性问题，需要国际社会共同努力加以应对。美国作为温室气体历史排放头号大国，对于减缓和适应气候变化负有特殊的责任，但其气候战略和政策的发展却一直呈现反复甚至倒退的趋势。特朗普政府上任后，消极应对气候变化，执意退出国际气候协定，使美国国内气候行动和全球气候治理进程均受到严重影响。美国联邦政府在应对气候变化方面的相对缺位，为美国次国家行为体的气候行动提供了空间和舞台，美国的州和地方政府在全球气候治理中的角色和作用由此日益受到政学界的关注。2015 年 12 月达成的联合国气候变化《巴黎协定》即强调了地方政府在全球气候治理中的重要作用。②

长期以来，美国联邦政府在应对气候变化方面的消极无为饱受各方批评和抨击。相较之下，美国次国家行为体——州和城市当局——却常常越过联邦政府，以各种方式积极参与全球气候治理合作，整体上确保了美国国家气候战略的延续和发展，并赢得一定的肯定和赞誉。何以如此？本章将通过构建新的多层级治理理论分析框架，采取演绎、案例研究、层次分析等方法，利用既有的多层级治理理论成果以及相关专业机构和政府实体的数据资料，全面探讨美国次国家行为体气候能动性的发生机制和实际成效，在此基础上进而考察这种能动性对全球气候治理和美国国家气候战略的影响。

① 本章原文为《美国次国家行为体参与全球气候治理：多层级治理视角的分析》（《国际政治研究》2021 年第 4 期，与焦莉合作），收录本书时有所增补改动。

② The Conference of the Parties, UNFCCC, *Adoption of the Paris Agreement*, FCCC/CP/2015/L.9/Rev.1, December 12, 2015, p.21.

第一节　多层级治理理论视域下的次国家行为体气候实践

一、问题的提出

本章语境下的次国家行为体是相对于国家实体而言的,是指国家实体之下的国内各层级实体。具体地说,次国家行为体是具有共同特征的各种各样的公共机构,包括城市、城镇、地区当局、州和省。囿于"次国家"的身份,它们缺乏国际条约如气候领域的《联合国气候变化框架公约》的正式谈判方地位。①对应于美国,次国家行为体大体则指联邦(政府)之下的州(政府)、城市(政府)以及城市网络等地方实体(政府)。其实,美国地方政府早于《巴黎协定》之前,就已在国际社会应对气候变化问题上扮演关键的角色。②对于气候治理美国地方能动性的生发,大量文献开始着眼于美国州政府气候政策的制定,界定了美国的州在解决温室气体排放问题上的领导角色,并指出州在制定气候政策和减少能源与气候目标之间的经济冲突方面起着重要作用。③例如,加州在从美国环境政策制定到温室气体减排等领域一直扮演着领导者角色,它也自我定义为气候政策上的"世界领导者",以其成功的碳减排策略以及发展良好的清洁能源技术在国际上发挥着不可或缺的影响力。④正是地方政府,特别是州政府在全球气候外交中的适时"补位",使得美国联邦政府可以在不参与或不认真参与全球气候治理努力的同时,及时掌握甚至引领该进程的相关理念、技术和机制发展。⑤

相较于州实体,城市处于全球气候变化带来的破坏性影响的最前沿。

---

① Jill Duggan, "The Role of Sub-state and Non-state Actors in International Climate Processes: Subnational Governments", Chatham House, The Royal Institute of International Affairs, January 23, 2019, p.1.

② Taedong Lee, "Global Cities and Transnational Climate Change Networks", *Global Environmental Politics*, Vol.13, No.1, 2013, p.108.

③ Thomas D. Peterson and Adam Z. Rose, "Reducing Conflicts Between Climate Policy and Energy Policy in the U.S.: The Important Role of the States", *Energy Policy*, Vol.34, No.5, 2006, p.619.

④ Barry G. Rabe, "Beyond Kyoto: Climate Change Policy in Multilevel Governance Systems", *Governance*, Vol.20, No.3, 2007, pp.423—444.

⑤ 潘亚玲:《美国气候外交中的地方参与》,《美国研究》2015 年第 5 期,第 85—86 页。

它们早已在自己的辖区积极参与全球气候治理，并以形成跨国网络的形式，在应对气候变化的行动中发挥着领导作用。①故此，越来越多的学者转而对城市的气候角色进行了深入研究。哈丽雅特·巴尔克利和米歇尔·贝茨对相关城市的气候保护计划的分析表明，全球环境政治不仅是国际谈判和国家政策制定的问题，而且也发生在当地。②巴尔克利和贝茨对城市气候角色的探讨展现了引领作用，后续研究延展并聚焦于城市及气候相关的跨国城市网络在促进、支持和实施气候行动中发挥的关键作用。③跨国城市网络不仅在城市之间提供政策学习和新治理方法的实践，而且支持并补充了气候变化国际法律制度的自愿性标准，与国家、国际组织、跨国公司和民间组织建立了联系和伙伴关系。④

尽管学术界越来越重视探讨地方政府及城市/跨国城市网络的气候治理能动性，但主要聚焦于欧盟治理实践领域，对于美国范畴相关议题的考察却相对欠缺。同时，现有的对美国次国家行为体参与全球气候治理的研究尚不具备整体性思路，文献大多专注于探讨单一层级的次国家行为体采纳的某种形式的气候角色，而未能就美国次国家行为体在不同的政治语境下如何参与全球气候治理给出总结性的学术观点。这凸显了构建整体性理论分析框架的必要性。

二、多层级治理理论分析框架的构建

学术界对次国家行为体参与全球气候治理的方式提出了多种研究思路。首先是传统国际关系领域国际制度理论的应用。对许多国际关系学者来说，全球气候治理是通过国家之间的相互作用进行的。由于该理论模式侧重于固定和统一领土政治权力的概念，因此地方政府及跨国网络在全球气候治理的制度理论方法中不容易被构想出来。这种自上而下的观点假定了国际、区域、国家和地方各层级之间的纵向关系，忽略了地方政府作为全球气候治理的重要平台的地位。⑤其次是跨国网络的分析视角。在国际关

① C40 Cities, “why Cities?”, https://www.c40.org/why_cities.

② Michele M. Betsill and Harriet Bulkeley, “Cities and the Multilevel Governance of Global Climate Change”, *Global Governance*, Vol.12, No.2, 2006, p.154.

③ Vanesa Castán Broto, “Urban Governance and the Politics of Climate Change”, *World Development*, Vol.93, 2017, p.1.

④ Jolene Lin, *Governing Climate Change: Global Cities and Transnational Lawmaking*, New York: Cambridge University Press, 2018, p.105.

⑤ Harriet Bulkeley and Michele M. Betsill, *Cities and Climate Change: Urban sustainability and global environmental governance*, London: Routledge, 2003, pp.10—13.

系视域下，与全球气候治理有关的跨国网络大致有三类，即知识社群（epistemic communities）、跨国宣传网络和全球民间社会。①尽管跨国网络的兴起标志着其在国际气候合作中的重要性的上升，但这三类跨国网络侧重于非国家行为体的参与，网络成员积极从事与非政府组织有关的游说和宣传活动。跨国城市网络的确与地方、国家和国际各层级政府部门保持着密切联系，却仍不足以被完全归类为次国家行为体，而且跨国网络也不能全面准确地解释地方政府在全球气候治理中发挥的独特作用。再次是平行外交理论和地方气候治理实验的研究路径。其中，平行外交理论过度夸大了次国家行为体的作用，将州视为具有与国家平等的地位，可以直接参与全球气候治理。②美国是联邦制国家，尽管州政府拥有一定的自主权，但还是受到联邦政府相关法律法规的严格约束，故而该理论并不适用于对美国次国家行为体的系统性研究。而由马修·霍夫曼（Mathew Hoffmann）提出的地方气候治理实验，③显然从一个新视角拓展了对次国家行为体的研究。然而气候治理实验是一种自由的环境现象，更侧重于地方政府自愿采取以市场为导向的减缓措施，来应对全球气候变化的挑战。对于联邦制的美国来说，不同层级的政府拥有的权限是不一样的。地方政府除了自愿减排的意愿外，其气候行动仍受到上级政府的影响甚至控制。以此而言，地方气候治理实验的理论和方法也难以体现次国家行为体对气候治理的全面参与。

从理论方法的适用性衡量，多层级治理理论有助于为美国次国家行为体参与全球气候治理提供整体性的且颇具新意的理论解读。多层级治理一词起源于欧盟研究，现已成为各种政治环境和政策制定的常用概念。该概念最早由加里·马克斯基于欧盟国家政府的作用减小、新的治理体系正在形成的背景提出，用以对欧盟结构政策进行分析。多层级治理自提出后不断被阐发及扩展。利斯贝特·霍格和马克斯继而发展了两种不同的多层级治理方式，一是构想将权限分散到有限级别的非重叠司法管辖区（类型一），

① Michele M. Betsill and Harriet Bulkeley, "Cities and the Multilevel Governance of Global Climate Change", pp.147—148.

② Thomas D. Eatmon, "Paradiplomacy and Climate Change: American States as Actors in Global Climate Governance", *Natural Resources Policy Research*, Vol.1, No.2, 2009, pp.153—165.

③ Matthew J. Hoffmann, *Climate Governance at the Crossroads: Experimenting with a Global Response after Kyoto*, Oxford: Oxford University Press, 2011.

不同级别政府的治理之间存在着明确的等级，国家保留了在国内和国际一级谈判中的中心权威，国家行政人员和国家舞台仍然是治理制度的重要组成部分。但是，地方政府由于拥有一定的独立权，其作用也不可忽视；二是描述了涉及国家和非国家行为体的众多重叠的、功能特定的司法管辖区（类型二），既包括施政的多个层次，也包括在这些层次同时行动的众多行为体和机构，涉及国家和非国家行为体之间互动所产生的新的权力领域。①马克斯等关于多层级治理方式的见解，为气候变化这个没有地理边界和体制结构的领域的治理，构建了适用的研究范式。

多层级治理理论的萌发缘于超国家机构的出现，国家不再垄断政策制定。对于复杂问题进行集体决策的必要性导致国家对决策程序失去绝对控制，推动超国家、国家和国家以下各层级政治平台通过政策网络发生关联。因此，决策能力越来越多地在不同层级的行为体之间分享，地方的政治实体通过政策网络进行沟通互动。②由此，多层级治理扩展为涵盖传统国家边界内外的更广泛的治理体系。哈拉尔德·富尔、托马斯·希克曼和克里斯汀·克恩在肯定欧盟地方政府在多层级气候治理体系中的重要作用的同时，将多层级治理理论的两个类型发展为水平、垂直和等级三种治理方式。③克恩进而把这种三维治理模式用于观照欧盟多层级治理实践，提出"嵌入式升级"（embedded upscaling）概念，并相应从三个维度进行阐发。一是水平升级，指基于自愿行动并且是领先城市间的直接关系，主要包括经验交换、知识转移和城市之间的学习，多依赖于跨国网络来进行转移；二是垂直升级，提出城市的权威和能力不仅能向上转移到高层级的组织，而且能向下转移到地方政府。在缺乏适当的国家计划时，城市会将注意力转向高层级的组织，寻求资金支持；三是等级升级，强调强大的政府具有

① Liesbet Hooghe and Gary Marks, "Unraveling the Central State, But How? Types of Multi-level Governance", *American Political Science Review*, Vol. 97, No. 2, 2003, pp.236—240.

② Liesbet Hooghe and Gary Marks, "Contending Models of Governance in the European Union", in Alan W. Cafruny and Carl Lankowski, eds., *Europe's Ambiguous Unity: Conflict and Consensus in the Post-Maastricht Era*, Boulder, CO: Lynne Rienner Publishers, 1997, pp.21—44.

③ Harald Fuhr, et al., "The role of cities in multi-level climate governance: local climate policies and the 1.5 ℃ target", *Current Opinion in Environmental Sustainability*, Vol.30, 2018, pp.1—6.

制定约束性标准的权力，各层级政府之间的关系是自上而下构建的，下级必须服从中央。①

全球气候治理的复杂性和无边界性，正满足了多层级治理出现并得以运用的条件。克恩提出的分析框架在实践上为次国家行为体参与全球气候治理规划了可行的方向。然而，他的“嵌入式升级”主要是以欧盟作为研究背景、以城市为研究对象而提出的，并不足以分析像美国这样的联邦制国家的气候治理实践。鉴于此，本章借鉴克恩“嵌入式升级”模式，并将之与马克斯、贝茨等人的理论方法相结合，揆诸美国的州和地方政府的气候治理经验，构建新的多层级治理理论分析框架。这种新的多层级治理理论方法拓展了次国家行为体的外延，构建了三个基本的治理方式，即水平维度治理、垂直维度治理和等级维度治理，每一方式对应于美国次国家行为体参与全球气候治理的某一层面实践。本章拟运用这一新的理论方法，以既有的前沿理论文献、相关专业性平台以及所涉政府实体为资料来源，以美国的州、地方当局、城市/跨国城市网络为主要研究对象，分别对美国次国家行为体在水平、垂直和等级维度上参与全球气候治理的实践，进行系统全面的考察和分析。研究揭示，更新的多层级治理理论视角不仅可以为美国国家以下各层级政府在全球气候治理中的作用创造概念空间，而且还全方位地展现了气候观念不同的政府、形式各异的治理以及其中所涉的气候实践内涵。

第二节　次国家行为体水平维度的全球气候治理

本章的多层级水平维度治理方式来源于马克斯等描述的类型二和克恩提出的水平升级。类型二涉及国家和非国家行为体的众多重叠、功能特定的司法管辖区，其设计灵活，可以跨越国界。水平升级则指领先城市间自愿进行的经验交换、知识转移和相互学习。本地的实验可以在同一

① Kristine Kern，“Cities as leaders in EU multilevel climate governance：embedded upscaling of local experiments in Europe”，*Environmental Politics*，Vol.28，No.1，2019，pp.129—136.

城市、同一国家的其他城市以及其他国家的城市中复制，它们的转移多依赖于多中心网络。①借鉴上述分析路径，本章对美国次国家行为体气候治理水平方式的考察集中于州和城市两个层面，即州与州之间、城市与城市之间的学习、信息传递及合作，这种水平关系不仅可以出现在国家的地方层面，也可以在不同国家之间或以跨国网络的形式出现。次国家行为体之间进行跨国合作，交流经验，共同开发创新的解决方案，从而使建立跨国城市网络成为新兴外交的一种形式。②基于此，本章将次国家行为体多层级水平维度治理方式细分为三个部分，即美国的州、城市以及美国城市借助跨国城市网络参与全球气候治理。

一、州以碳市场和区域组织为核心的气候行动

美国的许多州是温室气体排放的主要来源，同时又采取高能耗的发展模式，因此要承担一定的造成气候破坏的成本和责任。然而在联邦政府缺位的情况下，州得不到联邦的财政支持，以致在减缓和适应气候变化方面的预算经常不足。在大多数州，一半以上的支出用于教育和卫生保健，应对气候活动的支出不到总支出的1%。③但是，由于大部分州受到气候变化的直接影响，其农业、畜牧业及经济等都遭到严重损害，很多州采取了先于联邦政府的气候政策及行动，通过发展清洁能源技术来促进碳减排，并制定相关政策来控制本辖区的温室气体排放，譬如东北部地区、东南部地区、大平原地区以及西南部地区的州大多成了美国清洁能源的领导者。这也造成在气候行动及清洁能源技术开发等方面州与州之间的较大差距。加州的风能和太阳能技术在国际上处于领先地位，而一些受气候变化影响较小的州仍处在刚起步的观望阶段，并没有采取实质性行动来开发清洁能源。与此同时，为了创造就业及发展经济，越来越多的清洁能源技术领先的州开始将目光投向国际社会，但是在具体的气候政策实施过程中仍面临权力下放的障碍和来自宪法及联邦政府的制约。州在采取单方面的早期气候行动上可能由于得不到联邦政府的支持而受限，不能保证后续所采取的措施能够顺利推

---

① Kristine Kern，“Cities as leaders in EU multilevel climate governance：embedded upscaling of local experiments in Europe”，p.131.

② Kristine Kern，“Climate Governance in the EU Multi-level system：The Role of Cities”，paper presented to “The Fifth Pan-European Conference on EU Politics，” Porto，Portugal，June 23—26，2010，pp.9—11.

③ Elisabeth A. Gilmore and Travis St. Clair，“Budgeting for climate change：obstacles and opportunities at the US state level”，*Climate Policy*，Vol.18，No.6，2018，p.729.

行。例如，各州不能侵犯联邦政府在制定机动车燃油经济性标准或维持广泛的补贴和激励措施，以继续使用化石燃料等方面所发挥的主要作用。

为了应对上述问题，州在多层级水平维度治理方式下采取了三种能动性措施。首先，在预算资金不足的情况下，美国的州已经将目光转向具有巨大经济效益的能源市场。经济学家通常认为，降低碳污染最经济有效的方法是对碳排放定价，使能源市场的供需能够反映这些成本并进行相应调整，从而促使人们为了节省资金，转向低碳燃料的使用，最终减少碳排放。碳价可以是直接的对碳征税，也可以间接通过对碳税总量控制交易计划来限制总排放量并允许交易排放配额，其价格由市场决定。①在联邦政府没有采取行动的情况下，很多州已经开始实施具有成本效益的政策。例如，东北部最初 10 个州成立的区域温室气体倡议（Regional Greenhouse Gas Initiative，RGGI），已在电力部门实施了碳排放的总量控制和交易，新泽西州在 2012 年退出后又于 2020 年重新加入该计划。该倡议已经实施两个审查过程，以更新其模型规则，并对系统设计进行更严格的限制和调整。2021 年至 2030 年，该倡议的排放上限将比 2020 年减少 30%。2021 年，该倡议增加排放控制储备（Emissions Containment Reserve，ECR）调整机制。这是一个自动调整机制，将排放上限向下调整以达到低于预期的成本。②此外，另有 29 个州和哥伦比亚特区制定了可再生能源投资组合标准，该标准要求电力公司从可再生能源中提供一定比率的电力。③

其次，通过成功复制领先州的实践，消除州与州之间的清洁能源技术差距。虽然许多州的气候计划及配套的基础设施都是根据各自的实际情况量身定制的，但是州之间只需通过协商，分析其中的差异性，并实施相关联的措施，即可达到成功复制的结果。加州制定的车辆排放和尾气污染法规比联邦政府的法规严格，而后其他 13 个州采用了加州的标准。内布拉斯加州在 2000 年颁布碳封条处理立法，旨在促进农业中较少使用化石燃料。此后

① Kathryne Cleary and Karen Palmer，“US States Lead the Way on Climate Policy”，*Intereconomics*，Vol.54，No.5，2019，p.319.

② International Carbon Action Partnership，“USA-Regional Greenhouse Gas Initiative (RGGI)”，January 7，2021，https://icapcarbonaction.com/en/?option = com_etsmap&task = export&format = pdf&layout = list&systems%5B%5D = 50.

③ The Center for Climate and Energy Solutions(C2ES)，“State Climate Policy Maps”，https://www.c2es.org/content/state-climate-policy/.

不久，其他3个州也通过了基本相同的立法。①

再次，面对联邦政府的制约，大部分州的解决办法是成为跨国区域组织的一员或独自投入国际社会来发挥其气候政策及清洁能源方面的优势。西部和中西部的州沿美国—加拿大和美国—墨西哥边界，制定了区域气候倡议。2007年2月，西部气候倡议(Western Climate Initiative, WCI)最初由亚利桑那州、加利福尼亚州、新墨西哥州、俄勒冈州和华盛顿州签署，而后蒙大拿州、犹他州以及加拿大的不列颠哥伦比亚省、曼尼托巴省、安大略省和魁北克省相继加入，倡议致力于在区域层面应对气候变化，通过建立限额交易制度，实现减少温室气体排放的目标和时间表。2007年11月成立的中西部地区温室气体减排协议(Midwestern Greenhouse Gas Reduction Accord, MGGRA)，包括伊利诺伊州、艾奥瓦州、堪萨斯州、密歇根州、明尼苏达州、威斯康星州中西部6个州和加拿大曼尼托巴省，以及美国印第安纳州、俄亥俄州、南达科他州和加拿大安大略省4个观察员，协议是一个以市场为基础的、多部门的区域限制和交易计划，旨在减少温室气体排放。②自1973年以来，新英格兰地区6个州与加拿大东部5个省成立了新英格兰州长与加拿大东部省长会议，以合作解决共同面临的能源安全、环境可持续性以及贸易等问题。在2019年的例会上，该会议承诺到2030年将温室气体排放减少到1990年水平的35%—45%。③此外，美国有的州还与其他国家开展了水平方向的合作，加州的实践具有代表性。在联邦政府无所作为的情况下，加州已经充当美国的气候领导者，与其他国家的州、省政府如中国及加拿大的省在碳排放交易及清洁能源技术领域进行了大量双边合作。

二、城市之间的气候经验分享和知识转移

城市往往位处温室气体影响的第一线。气候变化导致海平面上升，洪水、干旱等灾害威胁到关键的基础设施以及供水的需求，也加剧了城市人口快速增长、贫困、高能耗和高污染的压力。城市应对气候变化的动能很大程度上取决于所在州宪法和法规所赋予的权力，不能像州政府那样直接发挥

---

① Henrik Selin and Stacy D. Van Deveer, eds., *Changing Climates in North American Politics: Institutions, Policymaking, and Multilevel Governance*, Cambridge, MA: The MIT Press, 2009, p.74.

② 潘亚玲:《美国气候外交中的地方参与》,第84页。

③ The Council of Atlantic Premiers, "New England Governors and Eastern Canadian Premiers(NEG-ECP)", https://cap-cpma.ca/negecp/.

影响力。由于地理位置及自身能源发展情况的不同，城市所采取的应对措施也千差万别，有的成为积极应对气候变化的领先城市，有的则是"拖后腿"城市。而州政府很难顾及城市之间的这种特殊性，多数情况下也不能给予城市足够的财政及政策方面的精准支持，因而城市应对气候变化的权力和资源非常有限，也常常受到忽视。

从水平治理视角观察，城市间的水平合作主要包括城市之间的经验交换、知识转移和相互学习。城市基于地点的良好实践和实验实际上可以得到很好的复制，既可以绕过州政府的干预，又能传播到其他地方，并成功刺激国内外其他城市的政策和机构变革，从而进一步扩大自身的影响力。一方面，城市通过多边协议实现经验交流和知识转移。2005 年 2 月 16 日，西雅图市长格雷格 · 尼克尔斯(Greg Nickels)发起了《市长气候保护协定》(Mayors' Climate Protection Agreement)，141 位美国市长签署了该协定，以推进实现《京都议定书》的目标。迄今为止已经有 1 066 位市长加入该协定。协定构思出能源效率和节能整体补助金计划，这是美国历史上城市首次获得专门用于资助能源效率项目的补助金。①此外，《市长气候保护协定》还将市长及其代表的城市置于一个有共同目标的特殊网络中，该网络在城市之间提供正式和非正式的联系机会，促进根据本城市量身定制的经验及知识的转移，从而为应对气候变化提供了更好的解决方案。②又如，2014 年，洛杉矶、奥克兰、广州三市的市长签署一项谅解备忘录，旨在推动经济合作。2015 年启动三方港口联盟，以促进三个城市之间的投资、技术和环境政策。

另一方面，城市通过姐妹城市关系推进能源与环境合作。美国城市可以通过与外国城市建立姐妹城市关系，即具有相当普遍性质的长期网络，绕过州政府的干预，直接与外国城市进行交流合作、分享经验，为其他更复杂的合作形式奠定基础。美国哥伦布市与中国合肥市在 1988 年建立了姐妹城市关系，2012 年又在生态伙伴关系下进行了能源与环境方面的合作，聚焦于清洁能源建筑、电力交通技术及电力汽车开发等领域。芝加哥与上海在 1985 年建立了姐妹城市关系，而后双方开展了一系列气候、能源等领域

① The United States Conference of Mayors, "Mayors Climate Protection Center", https://www.usmayors.org/mayors-climate-protection-center/.

② Taedong Lee and Chris Koski, "Multilevel governance and urban climate change mitigation", *Environment and Planning C: Government and Policy*, Vol.33, No.6, 2015, pp.1503—1504.

的合作。在2010年的姐妹城市大会上，芝加哥与上海获得了可持续发展奖。①美国与德国姐妹城市在应对气候变化方面的合作尤其值得一提。在美国宣布退出《巴黎协定》时，美德姐妹城市在促进气候适应力和可持续性领域的合作发挥了前所未有的影响力。2019年12月，美国"德国马歇尔基金会"组织了三个"美国与德国城市促进可持续城市发展：变革的对话"序列，在气候智慧型市政项目中，将美国城市和德国城市配对，促进两国城市领导人之间面对面的知识共享，以习得应对气候变化的策略。②

三、跨国城市网络气候治理的横向扩散

传统上，由于组织规模和权力的差异，国际应对气候变化，主要是通过民族国家之间达成国际协议或成立跨国网络来定义问题和实施解决方案。国家被认为是攸关气候变化治理成败的主要行为体，也是决定促进地方城市气候议程能力和兴趣的关键角色。例如，美国通过参加《联合国气候变化框架公约》，指导地方城市气候政策的制定。奥巴马政府时期美国加入《巴黎协定》，不仅极大促进了全球气候治理的进程，而且出台一系列政策大力支持地方政府积极应对气候变化。尽管如此，城市能力及作用在过去很长一段时间一直被国际社会所忽视。从历史上看，美国联邦政府在应对气候变化问题上长期处于摇摆甚至缺位的状态，这意味着能力有限的城市无法从联邦政府或州政府得到稳定的技术资源及财政方面的支持。然而，作为高能耗和高废物产生的场所，城市在缓解气候变化方面又是至关重要的研究对象。③由于碳排放和在当地制造的问题是全球性的，仅仅依靠在当地所做的努力可能无法为控制全球变暖作出巨大贡献。④加之自身知识、技术资源及经验等方面能力有限，城市无法控制大部分的排放物。因此，减缓气候

① William Spence and Raymond Chin, *Chicago Sister Cities International: History of Exchange*, http://www.chicagosistercities.com/wp-content/uploads/2018/01/China-2017.pdf.

② Sister Cities International, "Wunderbar Together: The Impact and Potential of U.S.-German Sister City Collaboration in Climate Resilience", December 6, 2019, https://sistercities.org/posts/us-german-city-climate-resilience.

③ Michele Betsill and Harriet Bulkeley, "Looking Back and Thinking Ahead: A Decade of Cities and Climate Change Research", *Local Environment*, Vol.12, No.5, 2007, p.448.

④ Robert W. Kates and Thomas J. Wilbanks, "Making the Global Local Responding to Climate Change Concerns from the Ground", *Environment: Science and Policy for Sustainable Development*, Vol.45, No.3, 2003, p.15.

变化既是一项本地活动，也是全球、国家、区域范围的一项进程。①

换言之，气候变化是不分国界和行政边界的，气候变化政治打乱了国家与非国家、地方、国家和全球之间的传统划分，创造了一个多层级治理体系，其中国家在气候治理中的作用变得不再那么重要，各层级政府和非国家行为体的角色和责任相应得到重新配置。面对能源供应和管理、运输供求、建筑要求、废物管理等问题，城市囿于自身能力的欠缺，难以单独承担这些活动。因此，在世界范围，许多城市或独自或通过成为城市网络的一员，来制定减少温室气体排放的措施。通过参与跨国城市网络，不仅城市之间可以直接交流合作，而且这种合作也为城市提升在国际社会的影响力提供了可能性。由此成为拥有创新思想的先锋城市，还可以将当地经济与减少温室气体排放相结合。

城市气候领导联盟作为最具代表性的应对气候变化的全球大城市网络，致力于在地方一级实现《巴黎协定》的减排目标。包括纽约、洛杉矶、芝加哥、休斯敦、费城、奥斯汀、旧金山、波特兰、华盛顿特区、波士顿、新奥尔良和西雅图在内的 12 个美国城市加入其中。这 12 个城市代表了美国 7%的人口。在 C40 网络的全球所有城市中，从气候行动有效数量、行动规模和投资规模来看，美国的 C40 城市已经展现出气候领导作用，美国城市采取的气候行动的平均数量比世界其他地方的城市多 63%（美国为 199 个，其他地区为 122 个）。②在 2019 年 10 月 C40 世界市长峰会上，包括波特兰、费城、西雅图等在内的 8 个美国城市与彭博慈善基金会共同发布《美国城市气候挑战气候行动手册》，以加速和深化城市的气候行动。这些行动已经在美国 25 个最大的城市中实施。③

鉴于网络是灵感、知识和共享经验的来源，且能创造出新技术以改变公

① Eva Gustavsson, et al., "Multilevel Governance, Networking Cities, and the Geography of Climate-Change Mitigation: Two Swedish Examples", *Environment and Planning C: Government and Policy*, Vol.27, No.1, 2009, p.62.

② The C40 Cities, *How U.S. Cities Will Get the Job Done*, p.5, https://www.c40.org/researches/deadline-2020-us.

③ Bloomberg Philanthropies, "Bloomberg American Cities Climate Challenge Releases Winning Strategies for Cities to Fight the Climate Crisis, Reduce Air Pollution, and Improve Lives", October 10, 2019, https://www.bloomberg.org/press/releases/bloomberg-american-cities-climate-challenge-releases-winning-strategies-for-cities-to-fight-the-climate-crisis-reduce-air-pollution-and-improve-lives/.

民的态度和行为，跨国城市网络可以增强城市从私营部门和公共资金吸引投资以实现可持续发展的能力。甚至，这些跨国网络能够绕开国家，直接在当地开展工作，实施超越联邦政府标准的气候行动目标。①例如，尽管特朗普宣布退出《巴黎协定》，但是C40中的12个美国城市不受其影响，不仅仍积极采取气候行动，而且在C40具体的项目和网络中发挥表率作用，为其他城市树立可资借鉴的实践经验典范。再者，在C40建筑能源2020项目中，洛杉矶实施“更好的建筑挑战”计划，致力于减少能源消耗和建筑的用水量。洛杉矶的实践被中国上海学习并成功复制，上海而后成立了“中国更好的建筑挑战”计划。②

第三节　次国家行为体垂直维度的全球气候治理

本章的多层级垂直维度治理方式源于马克斯等阐发的类型一和克恩提出的垂直升级。类型一意味着，在有限数量、有限级别的非重叠司法管辖区，存在着不同治理层次之间的清晰关系，包括自上而下及自下而上两种模式，国家仍保留中央权威。而克恩的垂直升级是基于欧盟研究背景，以城市为单一研究对象提出的，是指次国家单位的权威和能力能够上下通达，并可在国家权威缺位时，代之参加高层级的组织活动。结合类型一和垂直升级的研究思路，本章的多层级垂直维度治理方式专注于美国次国家行为体自下而上的气候治理模式，重点研究的对象既包括城市/跨国城市网络也涵盖州。据此，本章的垂直维度治理方式是指美国不同层级的政府即州和城市自下而上地发挥影响力，并在联邦政府缺位的情况下，直接参与国际气候行动。该治理方式包括两方面的内容：一是州参与国际气候合作，二是城市直接以及以加入跨国城市网络的形式参与全球气候治理。

一、州的气候政策创新及对联邦政府的补位

美国联邦政府和州政府之间在应对气候变化方面一直存在着分歧，国家整体层面的气候变化政策的制定及行动越来越依靠州政府的推动。在气

① The C40 Cities, *How U.S. Cities Will Get the Job Done*, pp.6, 10.

② C40 China Buildings Programme (CBP), *Constructing a New, Low-Carbon Future*, 2018, p.87, https://c40-production-images.s3.amazonaws.com/press_releases/images/288_C40_China_Buildings_Programme_EN.original.pdf?1537969181.

候变化问题上，联邦政府容易受到资金雄厚的传统能源利益集团的影响，可能不会采取积极的温室气体减排行动，而是更专注于自愿减排方案的研究及制定。州政府却试图通过建立积极的新能源效率筹资机制和碳监管标准等举措来加强它们的减排行动，以此应对联邦政府长期的不作为。美国联邦政府和州政府的权限是1787年宪法折衷的产物。宪法笼统地为各州保留了某些权力，而将其他权力让渡给了联邦政府，并没有对州和联邦的管辖权进行如联邦政府立法和行政管理那样的正式划分。宪法规定的模糊性进一步复杂化了联邦与州的权力分配格局，并使联邦政府得以经常挑战州根据宪法制定的气候政策方案，认为州篡夺了联邦政府的管辖权，直至发起行动来扭转或取消现有的州气候立法。①此外，由于各州的可再生能源计划是多种多样的，可能受到联邦政府实施某项特定的环境政策的影响而产生资金分配不相称等问题。例如，有些州能发展大型常规水力发电、城市固体废物和地热发电，其他州则不行；也有些州要求从特定来源（如太阳能和风能）中获得可再生电力的特定份额等。②这种差异导致州很难从联邦得到具体的政策及财政支持，以满足其为了发展当地经济而加快清洁能源部署的目的。

美国联邦政府在应对气候变化中的相对缺位，为地方政府的气候政策及行动提供了发展空间，越来越多的州得以采取各种方式参与国家气候治理和国际气候合作，并由此赢得国际赞誉和支持。③其一，美国的州拥有一定的自主权，可以采取自下而上的方式，推动美国联邦气候政策的发展。传统上，许多环境和能源法规被视为州和地方政策领域，各州享有制定自己的环境和能源法规的广泛自由，以致许多设定最低通用国家标准的联邦环境和能源法规都遵循了成功的州计划。例如，1969年加州立法机关建立加州空气资源委员会（California Air Resources Board），并指定其为氧化硫、二氧化氮、一氧化氮和光化学氧化剂设定州环境空气标准。随后，美国联邦政

① The National Conference of State Legislatures (NCSL), "State Renewable Portfolio Standards and Goals", April 17, 2020, https://www.ncsl.org/research/energy/renewable-portfolio-standards.aspx.

② Nicholas Lutsey and Daniel Sperling, "America's bottom-up climate change mitigation policy", *Energy Policy*, Vol.36, No.2, 2008, p.679.

③ Mark Cooper, "Governing the global climate commons: The political economy of state and local action, after the U.S. flip-flop on the Paris Agreement", *Energy Policy*, Vol.118, 2018, p.440.

府通过1970年《清洁空气法》，授权美国环境保护署采取类似的环境空气质量标准。国会还授予加州豁免权，加州可以采用更严格的法规。①在影响和塑造美国联邦气候政策的同时，州推动甚至代替联邦政府参与国际气候合作。新泽西州与荷兰1998年签署一份减缓气候变化联合倡议，并建立温室气体排放信用和交易系统的框架。在特朗普宣布退出《巴黎协定》后，以加州、华盛顿州和纽约州为代表的部分州反其道而行之，宣布将积极应对气候变化，继续实现《巴黎协定》的减排目标。

其二，美国宪法和政治运作的不确定性，使得各州在以自下而上的垂直治理方式参与国际气候合作并与其他国家进行互动时更具灵活性。②联邦和州在法律上有一定的重叠性，法院允许州法与联邦法律同时适用于某些政策事务，除非这些政策领域是根据宪法保留给联邦政府的或与现有联邦政府法律法规相抵触。这其实为各州独立于联邦行使一定的自主权提供了法理框架。在气候变化问题上，各州将自主权更多地用于发展经济的市场领域，就业、生产和收入增长等基本的经济指标会直接影响所有州的决策。因而，各州会设法积极拓宽国际能源市场，推进生产全球化并吸引外国投资，以增强当地企业的竞争力，进而增加就业机会，发展州的经济。③例如，宾夕法尼亚州有着强有力的国际计划，其中包括授权设立了15个国际贸易代表办事处和11个全球投资代表办事处，分别涵盖51个国家和31个国家。作为商业倡导者，也是潜在的外国投资者与联邦、州和地方政府之间的联络人，这些代表办事处致力于消除外国公司在宾州投资、扩展或经营业务时可能遇到的障碍。④

其三，州在应对气候变化方面获得联邦政府政策及财政支持的障碍，反过来迫使并激发州积极进行政策和行动创新，从而以一种自下而上的方式

---

① Daniel A. Mazmanian, et al., "State Leadership in U.S. Climate Change and Energy Policy: The California Experience", *Environment & Development*, Vol.29, No.1, 2020, pp.58—59.

② Earl H. Fry, "The United States of America", in Hans J. Michelmann and Panayotis Soldatos, eds., *Federalism and International Relations: The Role of Subnational Units*, New York: Oxford University Press, 1990, pp.276—298.

③ Thomas D. Eatmon, "Paradiplomacy and Climate Change: American States as Actors in Global Climate Governance", p.159.

④ Pennsylvania Department of Community & Economic Development, "Authorized International Representatives Office of International Business Development", April 8, 2020, https://dced.pa.gov/download/direct-investment-contacts/?wpdmdl=79709.

参与到全球气候治理合作中。2017 年 11 月，由美国 11 个州组成的代表团，其中包括 4 名州长，参加了在德国举办的联合国气候变化大会，这是有史以来美国的州参加年度缔约方大会最大的代表团。美国代表团表示，不论特朗普是否决定退出《巴黎协定》，美国的州将继续努力实现碳减排目标，在应对气候变化上充分发挥州的领导力。①加州在这方面堪称表率。加州是可再生能源发展及国家能源转型的先驱。对于一般的州来说，参与国际气候合作的目的，是将自己开发的特定的可再生能源技术推向国际市场，吸引投资，发展本州经济，进而加速州自身的能源机构及技术建设。加州是世界最大的经济体之一，以其规模和经济实力等不仅能填补美国在气候治理上的空白，而且还能在国际社会发挥影响力。虽然地方政府不能作为缔约方正式参与国际气候谈判，但是，加州在积极应对气候变化政策的激励下，已经派官员参加了至少 10 次缔约方气候大会。加州利用这些会议平台，在向国际社会展示其气候政策纲领的同时，与其他国家建立了气候合作关系。2019 年 6 月，加州与加拿大政府就减少温室气体排放措施达成合作，双方特别强调在清洁车辆、发动机和燃料的作用方面开展合作，以减轻因温室气体排放而导致的破坏性影响。2019 年 11 月，加州与荷兰在可持续交通、循环经济以及气候变化领域达成合作协议，双方致力于实施严格的气候变化计划，以实现到 2030 年大幅减少温室气体排放。②2013 年，加州与中国签署关于携手发展清洁能源和应对气候变化的谅解备忘录。2017 年，加州又与中国签署清洁能源合作协议，并与中国科技部建立了中国—加州清洁技术伙伴关系，旨在帮助中国减少温室气体排放、推进碳捕捉等信息技术领域的创新与商业化。③

二、城市/跨国城市网络的纵向参与

2015 年的《巴黎协定》强调了地方政府在全球应对气候变化中所发挥的重要作用，地方政府的活动显然将成为未来减轻和适应全球气候变化努力的一大基石。不过，城市在当地的潜力却不能高估，城市的举措只有更深

① Georgetown Climate Center, "U.S. State Leadership at COP23", November 17, 2017, https://www.georgetownclimate.org/articles/u-s-state-leadership-at-cop23.html.

② California Energy Commission, "Climate Change Partnerships", https://www.energy.ca.gov/about/campaigns/international-cooperation/climate-change-partnerships.

③ 中华人民共和国科学技术部：《万钢部长会见美国加利福尼亚州州长杰里·布朗》，科技部网站，http://www.most.gov.cn/kjbgz/201706/t20170609_133464.htm。

层次地融入多层级气候治理体系，才能最大化其作用。①尽管美国的一些城市在应对气候变化方面取得了一定进展，但是一项有效的减缓全球气候变化的国际努力最终必然涉及各层级政府和社会方方面面。地方政府是各州议会的产物，州在自己的权限范围内决定地方政府的性质和目的。美国在州一级是多种多样的单一制。②城市在很大程度上是在等级制下运作的，因而独立于其他层级的政府应对气候变化问题的能力有限。例如，市政府在与温室气体排放有关的关键部门（包括能源政策、定价和供应）的关系（如发展交通运输系统等城市基础设施）、使用税收和收费等经济手段，以及制定用于建筑和家电能效标准等方面，只承担很少的责任。市政当局在以上方面的权限通常是由联邦政府或州政府确定的，并再下放给城市。③而城市仅在关于土地利用规划、教育及资源项目等领域拥有更大的自主权。城市还面临着一些制度障碍，美国和大多数发展中国家一样，尚未就地方应对气候变化制定国家法规。④不仅如此，城市固有的缺陷也十分明显，如缺乏制定气候变化政策的机构；行政管理能力不足，不具备制定控制温室气体排放的政策和计划以及监测和分析碳排放所必需的技术知识；控制温室气体排放的前期经费有限，等等不一而足。⑤

城市应对气候变化的不足很大程度上可以在多层级治理体系中得到克服。地方政府在气候政策制定中发挥至关重要的作用的同时，城市在国际气候变化议程上的地位也渐趋突出。⑥在多层级治理体系中，“机构关系不必通过中间层运行，而是可以直接发生在跨国和地区层之间，从而绕过了国家层”⑦。在应对气候变化的综合努力中，城市治理的进程重新配置以国家

① Harald Fuhr, et al., “The role of cities in multi-level climate governance: local climate policies and the 1.5 ℃ target”, p.1.

② David Young Miller and Joo Hun Lee, “Making Sense of Metropolitan Regions: A Dimensional Approach to Regional Governance”, *Publius*, Vol.41, No.1, 2011, p.131.

③ Harriet Bulkeley, “Citeis and the Governing of Climate Change”, *Annual Review of Environment and Resources*, Vol.35, 2010, p.238.

④ Harald Fuhr, et al., “The role of cities in multi-level climate governance: local climate policies and the 1.5 ℃ target”, p.2.

⑤ Michele M. Betsill, “Mitigating Climate Change in US Cities: Opportunities and Obstacles,” *Local Environment*, Vol.6, No.4, 2001, p.399.

⑥ Harriet Bulkeley and Michele M. Betsill, “Revisiting the urban politics of climate change”, *Environmental Politics*, Vol.22, No.1, 2013, pp.136—154.

⑦ B. Guy Peters and Jon Pierre, “Developments in intergovernmental relations: towards multi-level governance”, *Policy & Politics*, Vol.29, No.2, 2001, p.132.

为主导的气候变化政治，城市日益被视为气候行动的战略舞台。通过各种形式的跨国城市网络治理平台，城市在全球气候治理中的角色引起越来越多的关注和重视。

一方面，一部分先锋城市可能通过执行一项国际条约来塑造其国际地位。城市通过执行国际条约并对条约内容做出强有力的国内承诺，能够将该条约作为一个协调中心，以提供广泛认可的指导性指标。①例如，一个积极应对气候变化的城市可能选择执行《巴黎协定》，使该协定成为城市行动和政策的焦点。在特朗普宣布退出《巴黎协定》的第二天，纽约市长就签署了一项行政命令，宣布纽约市将继续采用协定的原则并实施其减排目标。②无独有偶，匹兹堡市长也发布行政命令，宣布他的城市"赞同并仍然完全致力于实现《巴黎协定》的原则"。③

另一方面，针对市政府缺乏领导力、预算和人力组织资源不足等体制上的障碍，城市可以通过加入应对气候变化的跨国城市网络平台获得相关支持，以在国际上发挥影响力。跨国网络能够通过提供专业知识、资金以及开发城市本身不具备的技术来应对气候变化。跨国网络还具有明确的监管职能，能够促使成员城市签署特定的行动计划或行为准则，或出台各种衡量绩效的手段、制定会员规则等，推动城市深度参与气候治理。在缺乏民族国家和国际机构的背景下，跨国城市网络设计一系列方法来引领成员朝着特定目标前进，④在提升城市国际地位的同时，为参与者提供了"城市间对话和全球影响力汇集"的机会。⑤由此，城市通过加入跨国网络来应对气候变化挑战的这种新颖实践，可以被概念化为全球气候政策制定的先驱，即跨国治

---

① Jolene Lin, *Governing Climate Change*: *Global Cities and Transnational Lawmaking*, p.47.

② The City of New York Office of the Mayor, *Climate Action Executive Order*, Executive Order No.26, June 2, 2017, https://www1.nyc.gov/assets/home/downloads/pdf/executive-orders/2017/eo_26.pdf.

③ The City of Pittsburgh Office of the Mayor, *Reinforcing Pittsburgh's Commitment to the Global Partnership on Climate Change*, Executive Order 2017-08, June 2, 2017, https://apps.pittsburghpa.gov/mayorpeduto/Climate_exec_order_06.02.17_(1).pdf.

④ Harriet Bulkeley and Peter Newell, *Governing Climate Change*, 2nd Edition, New York: Routledge, 2015, p.72.

⑤ Noah J. Toly, "Transnational Municipal Networks in Climate Politics: From Global Governance to Global Politics," *Globalizations*, Vol.5, No.3, 2008, p.341.

理安排已成为全球应对气候变化的不可或缺的一部分。①

以在美国有较大影响的“城市气候保护计划”(Cities Climate Protection, CCP)为例，该计划是领先的跨国网络——倡导地区可持续发展国际理事会——架构下的第一个和最大的全球性地方政府应对气候变化运动，代表当地在气候保护领域的雄心和成就，凸显了地方政府在应对气候变化中的作用。“城市气候保护计划”可以绕开民族国家，赋予城市权力来采取可能违背美国联邦政府立场的行动，以建立自己的权威。加入“城市气候保护计划”的城市必须通过一项包括五个里程碑的决议：建立温室气体排放清单和预测、制定减排目标、制订地方行动计划、实施政策和措施，以及监测和验证结果。这五个里程碑能够使城市加强其减少温室气体排放的承诺，以及加强与国家和国际联系，从而将城市的行动纳入国家和国际审议。②可见，跨国城市网络不仅可以指导国际政策的制定，还能在全球气候变化领域建立权威。这种新的气候外交空间使城市在国际活动中更加引人瞩目。③

第四节　次国家行为体等级维度的全球气候治理

本章多层级等级维度治理方式的思路来源于加里·马克斯等提出的类型一和克里斯汀·克恩归纳的等级升级。与垂直维度治理方式不同的是，等级维度治理方式专注于自上而下的模式，意味着从上至下的行政压力传导和从上至下的行政界线约束，即国家仍保留中央权威。克恩的等级升级要求强大的中央政府拥有协调政策和制定约束性标准的权力，各层级政府之间的关系是自上而下组织的，权力集中在欧盟和成员国一级，城市的权力仅限于对欧盟和国家法规的实施。而美国不存在严格遵守强制性国际法规的情况。鉴于此，本章从类型一和等级升级概念中抽取的多层级等级维度治理方式是指，作为典型的联邦制国家，根据宪法，美国联邦政府拥有制定约束性的法律法规并要求各层级地方政府严格遵从的权力，州和城市的权

---

① Thomas Hickmann, “The Reconfiguration of Authority in Global Climate Governance,” *International Studies Review*, Vol.19, No.3, 2017, pp.434—436.

② Taedong Lee, “Global Cities and Transnational Climate Change Networks”, *Global Environmental Politics*, p.110.

③ Matthew Hoffmann, *Climate Governance at the Crossroads: Experimenting with a Global Response after Kyoto*, p.68.

力是受限制的。根据联邦政府应对气候变化政策取向的差异，这种严格的等级制的作用分为积极促进和消极制约两个方面。前者是指在联邦政府积极应对气候变化的情况下，等级治理方式更多针对那些在气候行动方面比较落后的州或城市，联邦政府的法律法规强制性地要求它们采取积极的行动来应对气候变化；后者则指在联邦政府消极无为时，尽管一些州或城市积极行使宪法上的自主权，试图引领气候变化行动，但囿于联邦法律法规的强制性约束，其气候政策及行动常常受挫。

一、联邦政府的积极推动

由于美国很少遵从国际气候协定，也不受相关国际法规的监管，没有承担大幅度减少温室气体排放的义务，美国次国家行为体采取气候政策仍然是一项自愿行动。地方政府有效应对气候变化的潜力因地区、政治制度和行政环境的不同而存在巨大差异。①因而，美国既出现了积极应对气候变化的先锋州或城市，也有仍旧依靠传统能源而拒绝采取气候行动的落后州或城市。对于这些州或城市的气候角色，联邦政府分别发挥了正向激励或反向强制推动的作用。在国家层面，奥巴马政府可谓美国历史上鲜有的积极应对气候变化的联邦政府典范。其在国内大力推进美国气候政策与行动，颁布2013年《总统气候行动计划》《清洁电力计划》以及能源政策等，并在国际气候谈判中发挥领导作用，积极促成《巴黎协定》的签署。奥巴马政府不仅对地方政府给予财政、技术等方面的支持，鼓励先锋城市加入跨国网络及参与国际合作，而且还通过强制性措施要求落后城市采取气候行动。②正是在联邦政府足够的资金支持下，一些城市或州大力实施了气候项目。

一方面，纽约、洛杉矶、芝加哥等城市不仅开发了清洁能源技术，还积极参与C40城市网络。作为领先的实践者，这些城市的经验及技术也成为其他国家城市学习的典范。另有32个州已经发布或正在修订或制订本州的气候行动计划。州的气候行动计划通常包括温室气体减排目标，以及州为帮助实现这些目标可以采取的具体行动。③此外，在奥巴马政府上任前，美国国务院与中国发改委即于2008年建立了美中绿色合作伙伴关系计划

---

① Harald Fuhr, et al., "The role of cities in multi-level climate governance: local climate policies and the 1.5 ℃ target", p.2.

② The Executive Office of the President, the White House, *The President's Climate Action Plan*, Washington D.C., June 2013, pp.12—13, 21.

③ The Center for Climate and Energy Solutions (C2ES), "U.S. State Climate Action Plans", https://www.c2es.org/document/climate-action-plans/.

(EcoPartnerships),致力于通过加强两国地方政府关系来寻求清洁能源、气候变化以及环境的最佳解决方案。①2015 年 9 月,为落实两国气候合作顶层设计的相关要求,中美气候智慧低碳城市峰会(U.S.-China Climate-Smart Low-Carbon Cities Summit)如期举办,进一步增进了中美两国城市之间的双边气候合作。奥巴马政府的气候动能延续到拜登新政府,并得到进一步强化。2021 年 1 月 20 日甫一上任,拜登迅即宣布美国将重返《巴黎协定》,并取消从加拿大进口沥青砂油的基斯顿输油管计划(keystone XL)。1 月 27 日,拜登政府颁布《关于应对国内外气候危机的行政命令》,从美国外交政策和国家安全、国内政策措施两个层面部署美国应对气候变化的行动。该行政令推出了联邦清洁电力和汽车采购战略,要求美国的州和城市逐步换置清洁和零排放车辆,以推动 2035 年前电力部门实现零排放。行政令还取消了直接对化石燃料的补贴,继续加强对清洁能源的大力投资,并要求传统能源州向清洁能源发展转型。②

另一方面,《清洁电力计划》要求提高现有天然气发电厂的发电量,以开发风电和光伏为代表的可再生能源发电替代燃煤电厂发电,并严格要求控制燃煤发电厂的碳排放量,将美国发电企业的减排标准由到 2030 年碳排放量较 2005 基准年下降 30%上调到 32%。③同时,该计划要求各州政府必须实行对燃煤发电厂的设限。为达到预期目标,联邦政府灵活制定了排放标准,对先锋州即提前达到可再生能源部署以及低耗能标准的州给予奖励,对依赖传统能源的州采取强制性措施要求其实施。尽管遭到 28 个州的反对,并被联邦最高法院于 2016 年 2 月下令暂缓执行,《清洁电力计划》的最终方案还是得以颁布,并激励了州的能源与气候政策创新。据统计,有将近 30 个州制定了不同程度的可再生能源投资组合标准,④就连得克萨斯州和科

---

① The U.S.-China EcoPartnerships, "Mission", https://ecopartnerships.lbl.gov/about.

② The White House, "Executive Order on Tackling the Climate Crisis at Home and Abroad", Washington D.C., January 27, 2021, https://www.whitehouse.gov/briefing-room/presidential-actions/2021/01/27/executive-order-on-tackling-the-climate-crisis-at-home-and-abroad/.

③ 杨强:《美国气候政治中的权力分立与制衡:以奥巴马政府"清洁电力计划"为例》,《国际论坛》2016 年第 2 期,第 66 页。

④ Fatima Maria Ahmad, "From Coast to Coast: Offshore Wind Energy Expands in the United States", the Center for Climate and Energy Solutions (C2ES), April 2019, https://www.c2es.org/document/from-coast-to-coast-offshore-wind-energy-expands-in-the-united-states/.

罗拉多州的可再生能源的份额，尤其是风能，也有显著提升。得克萨斯州是美国最大的褐煤生产地，在风能方面居全美之首，太阳能排名第9。①科罗拉多州拥有丰富的化石燃料，却是风能制造和发电领域的领导者，该州的风力发电量位居全美第10。②

二、严格等级制带来的消极制约

在联邦政府消极应对气候变化的情况下，严格的等级制对次国家行为体的气候政策及参与国际气候合作造成极大的负面影响。特朗普政府对气候变化议题持否定态度。在国内，特朗普政府从白宫网站删除了有关气候变化的一切信息，并大幅缩减美国环境保护署的编制及财政预算，取消对清洁能源的碳税抵免，转而推动传统能源的发展；国际上消极应对气候变化，执意退出《巴黎协定》。概括地看，特朗普政府的所作所为从法理和治理实践两个层面，严重干扰了美国的州和城市参与全球气候治理的进程。

加州在应对气候变化上一直处于领导者地位，其制定的汽车温室气体排放标准相继被其他很多州采纳。而且根据1970年《清洁空气法》赋予的豁免权，加州可以制定比联邦政府更严格的汽车排放标准。国会虽然批准了其他州可以采用加州标准，但是没有形成相应的联邦法规。特朗普抓住这一法理上的"漏洞"，就职初期就宣布打算降低加州根据《清洁空气法》豁免所采用的汽车温室气体排放标准。加州随即与福特、本田、大众和宝马公司签署了一项自愿协议，以逐步提高燃油效率标准。③此举令特朗普政府感到非常尴尬。作为回应，特朗普政府的司法部对这项自愿协议发动了激进的法律攻击，指控汽车公司与加州共同达成的协议违反了美国反托拉斯法。继而，特朗普政府公布了有关国家汽车燃油经济性标准的新规《安全汽车规则》，撤销了加州汽车排放标准制定权，并根据国会在《能源政策和保护法》中的授权，重申联邦政府为汽车和轻型卡车制定全国统一的燃油经济性和温室气体排放标准的权力，强调州和地方政府不得制定各自独立的燃油经济性标准，包括影响燃油经济性标准的州法律。美国交通部长就此表示，此

---

① The Climatenexus, "State-by-State: Texas", https://climatenexus.org/climate-change-us/state-impacts/#texas.

② The Climatenexus, "State-by-State: Colorado", https://climatenexus.org/climate-change-us/state-impacts/#colorado.

③ Anna M. Phillips, Tony Barboza, "California reaches climate deal with automakers, spurning Trump", *Los Angeles Times*, July 25, 2019, https://www.latimes.com/politics/story/2019-07-25/california-reaches-climate-deal-with-automakers-spurning-trump.

种名为“一个国家计划规则”的最后行动“符合特朗普总统的承诺，即在美国各地建立统一的车辆燃油经济性标准，确保没有任何一个州有权选择不遵守国家的规则，也没有任何一个州有权将其政策强加于这个国家的其他地区”①。在治理实践上，特朗普政府的羁绊和限制更是对美国次国家行为体参与国际气候合作造成釜底抽薪式的打击。例如，原定于2017年在波士顿举行的第三届中美气候智慧低碳城市峰会未能按期举行，两国政府高层协议框架下的城市双边气候合作严重受挫；同时，始于2011年亚太经合组织会议的夏威夷州与中国的清洁能源技术合作，也因特朗普政府的上任而不复存在。

综上，多层级等级维度治理方式的核心在于联邦政府的强制约束力，它要求地方政府绝对服从，联邦政府的权威不能被取代，国家在气候治理中仍然扮演着关键的角色。值得注意的是，在联邦政府消极无为的情况下，次国家行为体并非完全束手无策，其对等级制的精准把握可以为自己参与全球气候治理提供更好的依据。如何灵活设定权限范围，既满足自身治理权力的需要又不会触碰联邦政府的法律法规底线，这是美国次国家行为体参与全球气候治理时需要精进的课题。

本 章 小 结

气候变化及其治理是一个复杂的、多层次的过程。其影响是全球性的，不能在单一的、离散的范围对美国次国家行为体参与全球气候治理加以考察，而是需要将政府之间的各种关系结构及权力的分配等纳入新的概念框架。②源于联邦制的制度设计，美国国家行为体与次国家行为体各有各的权限，传统上次国家行为体在气候治理领域享有较高的自由度。在联邦政府不作为的情况下，作为气候行动的关键参与者，州、城市及跨国城市网络在气候治理中发挥了十分突出的作用。当然，在探讨这些次国家行

① The U.S. Department of Transportation, “Trump Administration Announces One National Program Rule on Federal Preemption of State Fuel Economy Standards”, September 19, 2019, https://www.transportation.gov/dot5919.

② Michele M. Betsill and Harriet Bulkeley, “Cities and the Multilevel Governance of Global Climate Change”, p.154.

为体在气候治理中的创新性的同时，同样不能忽视联邦政府的角色。联邦政府是否以及何时介入，将会大力推动或严格限制次国家行为体的行动及创新。

参照美国次国家行为体既有的气候治理实践经验，并借鉴马克斯、贝茨和克恩等人的理论资源，本章提出了适用于分析美国次国家行为体参与全球气候治理的理论框架，即内涵更新、外延扩展的多层级治理理论分析框架。这一新的多层级治理理论重点关注在全球气候治理进程中次国家行为体与联邦政府如何建立互动关系以及跨国城市网络这种新的权力领域如何构建，它包含水平、垂直和等级三个维度的治理方式。在水平维度治理方式下，美国次国家行为体可以绕过联邦政府，直接通过学习、经验交换等途径横向参与国际气候合作。这也是当下次国家行为体参与气候治理的主要方式，州通过成立区域网络、城市通过姐妹城市关系及跨国城市网络各自发挥其在全球气候治理中的影响和作用。在垂直维度治理方式下，州及跨国城市网络可以在联邦政府缺位的情况下纵向参与国际气候合作。经济实力强大且经验丰富的州能够起到引领乃至补位的作用，而跨国城市网络可以指导国际政策的制定及建立新的权威。在等级维度治理方式下，尽管总体上次国家行为体的气候治理能动性日益凸显，但在相当程度上还是要受到联邦政府法律法规的严格限制，联邦政府的权威及中心作用即便在其角色缺位的情况下仍不可小觑。故而，在此治理方式下，次国家行为体需在保证自主权的同时，不触碰联邦政府的法令底线。

在多层级治理体系下，美国次国家行为体参与全球气候治理的作用是互补的。[①]一个层级政府作用的发挥并不必然减弱另一个层级政府的影响力。次国家行为体越来越多地参与全球气候治理，也不一定导致国家权威的丧失，相反其作用却明显受到美国政治周期更替的影响。随着拜登政府的履新，气候政策重回联邦政府的工作重点。拜登政府奉行“内政即外交、外交即内政”的执政理念，将抗击气候变化列为其政府的第一要务，宣称美国将在“强调高标准、强调抗御能力、强调适应能力”三个方面进行努力，并“将为各种适应和抗御计划大幅度提高财政流量，包括采取优惠的财政措施”。而且，联邦政府还将与美国地方政府、社区以及各种双边和多边机构

① Taedong Lee and Chris Koski, “Multilevel governance and urban climate change mitigation”, p.1512.

发展更大程度的合作,共同改善抗御工作的质量。①

拜登政府的气候新政,无疑为全球气候治理和美国国内气候行动重新注入了暌违已久的动力和活力,既在水平、垂直、等级三个维度上为美国次国家行为体的气候行动提供了激励,也为重启国际气候合作创造了有利条件,某种程度上还为中美关系再出发开辟了空间。

① [美]约翰·克里:《2021年气候适应峰会开场致辞》,2021年1月25日,美国驻华大使馆和领事馆网站,https://china.usembassy-china.org.cn/zh/opening-statement-at-climate-adaptation-summit-2021-cn/。

第六章　中美在G20机制下的气候合作①

随着全球经济一体化的不断发展,国际金融危机不时出现,深刻影响着各国经济与金融市场的走向,这呼唤着发达国家和新兴经济体协调一致的应对。作为应对全球性金融危机的磋商性机制,西方七国集团(G7)倡议设立了二十国集团(G20)这一国际经济合作论坛。美国同时作为G7和G20的发起国,它在这一机制中扮演着何种角色,成为评估这一机制的影响力和有效性的重要因素。2016年9月,G20第十一次领导人峰会在中国杭州举行。美国在此次峰会中发挥的作用,以及此次峰会对中美关系产生的影响,自然吸引了国际社会的关注和热议。美国对于中国不断深入参与国际经济治理有着复杂的情绪,一方面敦促中国在参与全球治理中承担更多的国际责任,另一方面又不希望中国在其中扩大影响力。2017年汉堡峰会是特朗普参与的首场G20领导人峰会,但其反全球化理念不利于其他成员国希望借助此次峰会达成更积极共识的愿景。本章以美国与G20机制的关系为切入点探讨美国对该机制的认知和影响,并在理念和实践层面分析美国对G20杭州峰会和汉堡峰会采取的政策举措。

第一节　G20机制的缘起与美国的角色

二十国集团起源于1999年七国集团财政部长会议,由七国集团成员国美国、英国、德国、法国、意大利、日本和加拿大,加上中国、俄罗斯、阿根廷、澳大利亚、巴西、印度、印度尼西亚、韩国、墨西哥、沙特阿拉伯、南非、土耳其和欧盟组成。在2008年金融危机爆发前,G20仅举行财长和央行行长会

① 本章原文为《美国对G20的认知与政策反应:以G20杭州峰会与汉堡峰会为例》(《国际观察》2018年第2期,与耿召合作),收录本书时有所增补改动。

议，就国际金融货币政策、国际金融体系改革、世界经济发展等问题交换看法。①2008年金融危机爆发后，G20在美国的推动下升级为领导人峰会，开始在全球经济危机治理方面发挥重要作用。

从成立之初作为危机应对机制到如今逐渐变成发达国家与主要新兴经济体参与国际经济治理的协商性论坛，G20的一个突出特点便是非强制性，这种特性使得其对于各成员在很大程度上依靠道德约束，也便于各成员能够更加清晰地界定自身参与国际经济治理的意图和目标，尤其是使得G7成员国与新兴经济体得以开诚布公地探讨各自在经济与发展等重大议题上的观点和看法。

随着2008年金融危机的爆发，G20的重要性得到提升。由于七国集团深陷金融危机不能自拔，中国、印度、巴西等新兴经济体逐渐成为带动世界经济增长的引擎，并通过G20在应对全球金融危机和加强全球金融架构方面发挥了至关重要的作用。从2009年开始，G20动员了数万亿美元的财政刺激，重建了对国际金融体系的信心，并承诺防止后退到保护主义和以邻为壑的政策。G20领导人还发起了改革，包括推出历史性的2010年国际货币基金组织配额和治理改革一揽子计划，赋予国际金融机构对变化的世界以更强的反应能力。G20已采取措施制定财务条例，加强在税务问题和财务透明度方面的合作，以防止另一次金融危机，并解决诸如气候变化和全球卫生安全等关键挑战。②G20在金融危机应对方面的作用逐渐增强，从而演变成新兴经济体参与全球金融与经济治理的一个重要平台。与此同时，处于危机之中的美国也乐于看到这个包含着主要新兴经济体国家的国际论坛的出现，希望能够通过这个平台平衡发展中国家与发达国家之间的利益分配，调动其中的金融和经济资源为己所用。因此，在2008年世界金融危机发生后的几年时间里，美国总体上对G20采取积极参与的态度，推动其成为涵盖世界主要经济体的国际经济组织。

可见，G20机制的兴起凸显了全球经济和政治重心从西方向新兴国家的转移，映衬出国际经济政策协调的有效性和合法性日益依赖于新兴经济

① 《二十国集团》，2016年G20峰会官网，http://www.g20.org/gyg20/G20jj/201510/t20151027_871.html。

② The White House, "FACT SHEET: The 2016 G-20 Summit in Hangzhou, China", September 5, 2016, https://www.whitehouse.gov/the-press-office/2016/09/05/fact-sheet-2016-g-20-summit-hangzhou-china.

体的贡献的现实，同时也意味着全球治理机制从正式机制向灵活的、非正式机制和多边有限成员组织的转变。在奥巴马政府任内，美国对 G20 机制采取的政策目标变得较为务实，承认其在世界经济乃至国际社会中的重要地位和作用，将其视为应对国际金融危机、加强国际经济合作的主要平台。① 不过，美国并没有因深陷金融危机而放松对 G20 机制的掌控。保证美国对于 G20 机制的主导权与美元在国际金融治理中的首要地位，以及克服金融危机影响、推动经济复苏和繁荣，是美国积极参与 G20 机制的基本出发点和关键战略目标。

G20 机制的成长伴随着美国政策的演变。面对金融危机的迁延和国内形势的发展变化，美国的自利倾向愈益明显，要求 G20 在议程设置等方面配合美国政策。虽然金融改革仍是重要议题，但汇率及贸易问题亦成为美国关注的重点。美国大量发行美元，输出国内通货膨胀，主张通过"经常项目设限"来解决贸易失衡问题。②中国作为 G20 成员中美国贸易逆差的最大来源，其时又正值主办 G20 峰会，自然成为美国在该机制中双边互动的主要对象。美国试图在通过参与杭州峰会加强主导 G20 议题的同时，也希望借助中美首脑会晤，与中国进一步明确参与国际经济治理的职责，推动世界经济复苏和发展。美国认为在开放、一体化、公平竞争条件下的全球经济环境是符合其自身利益的。在杭州峰会上，奥巴马重申美国支持一个开放的、一体化的全球经济，支持建立公平的竞争环境，为工人和企业提供公平的竞争机会。作为回应，G20 领导人在解决腐败、逃税和避税以及其他破坏全球金融体系完整性的挑战方面，已经采取重要举措。③

第二节 美国在 G20 机制中的作用模式

为了在新兴经济体与西方发达国家之间搭建全球经济与金融治理的对

① Stewart M. Patrick, "The G20 and the United States: Opportunities for More Effective Multilateralism", the Council on Foreign Relations, October 28, 2010, http://www.cfr.org/international-organizations-and-alliances/g20-united-states-opportunities-more-effective-multilateralism/p23272.

② 房广顺、唐彦林：《奥巴马政府的二十国集团战略评析》，《美国研究》2011 年第 2 期，第 71 页。

③ The White House, "FACT SHEET: The 2016 G-20 Summit in Hangzhou, China".

话与协商平台，美国倡导和发起创立了G20机制。但在美国的政治文化中，其对参与国际组织及多边机制始终抱持模棱两可的态度和根深蒂固的怀疑情绪。“大多数美国人相信国际组织，但是只把它当成鼓吹美国人的价值观的一种途径，而不是损害自己的价值观来迎合大多数国家。”①这种行为特征也体现在美国与G20机制的关系上。十多年来，美国对于G20的态度一直在积极与消极之间徘徊。此种态度的变化伴随着其国家利益的变迁，也与美国在国际格局中的地位的起伏以及世界经济的走势有关。尤其值得注意的是，2016年特朗普当选美国总统，为美国参与G20机制带来了新的变化。特朗普涵盖现实主义、实用主义以及反多边主义的外交理念，给美国与G20的关系增加了更大的不确定性。综括来看，美国在G20机制中的作用表现出以下三个基本特征。

一、主导性

G20机制的创立，源于美国对G7全球治理机制的扩充和增容。因此，美国一开始便主导着G20的初创和发展。正是在美国的力推下，二十国集团才从成立之初的各国央行行长和财长会议机制升格为领导人峰会。美国对G20的主导有着明确的目标指向，即克服和超越固有国际金融治理机制的不足和有限性。美国希望主要新兴经济体深度参与国际金融治理，以缓解西方发达国家的负担，提升国际金融危机治理的有效性。

随着2008年金融危机的逐渐消退以及发达国家经济的缓慢复苏，美国的领导力虽然有所削弱，但在很大程度上依然主导着世界经济的发展，其在G20机制中仍然居于优势地位。特别是在国际金融领域，美元在国际货币体系中的主导权始终没有受到太大的影响。在2011年G20戛纳峰会上，美国虽然表示希望中国在危机期间增强对世界经济的引领作用、促进国际金融稳定，但美元的世界货币地位依然稳固。由此可见，美国希望G20超越危机管理而成为全球经济的一个常设的经济监督组织，能够打破僵局，并通过针对关键经济议题的领导人协定推动全球经济的进步。②但这种全球经济的增长不是以牺牲美国的世界经济地位为代价的，尽管在金融危机时

① [美]爱德华·C.勒克：《美国政治与国际组织》，裘因、邹用九译，北京：新华出版社2001年版，第9页。

② Stewart Patrick, “The United States and the G20”, Background paper prepared for the Stanley-CICIR-CAP, Workshop on China, the US, and the G20, Santa Monica, California, February 15—17, 2012, p.1.

期美国希望中国能够发挥引领世界经济增长的作用。一旦世界经济回稳，美国一定会寻求重新主导国际经济治理。

二、协商性

在G20机制从创立到壮大的过程中，美国一直推动协商一致原则在G20决策程序中的运用，协商一致原则由此在G20应对世界金融危机中发挥了重要作用。G20采用协商一致的决策程序有利于最大限度地维护G20"非正式对话"性质。投票制固然可以提高G20决策的效率，但会破坏G20的协商精神。如果G20采用投票的方式在某些议题上作出具体的决策，有可能导致世界上一些中小国家的反对，并对其合法性产生质疑，这也与G20在全球经济中发挥"领导人引领"的定位不符。①鉴于此，美国希望这一原则在应对国际金融危机中继续发挥有效的作用，以期新兴经济体带动西方七国集团经济复苏和发展。在G20机制逐渐向全球经济治理模式转换的过程中，协商一致原则也需要美国和中国予以支持和维护。尤其是考虑到G20机制约束性较弱的特点，协商一致原则在现阶段及可见的将来仍是十分必要的。

三、变化性

从G20机制创立初始，伴随国际金融格局的变迁以及美国内外政策的影响，美国对该机制的态度呈现动态变化的特征，在积极与消极之间游离。美国的对外战略奉行实用主义，只要能够实现经济复苏，它对从G20峰会上受到的制约就有可能从比较谨慎变成满不在乎的态度。②然而，危机影响的不断消退使美国自信心大为恢复，其对世界多极化的抵触可能重新抬头，对G20的态度同样会发生变化。在经济持续向好和国内政治变迁的背景下，美国对G20的政策立场或许会趋于强硬，倾向于阻止新兴经济体影响力的进一步扩大。这正是当下美国对外政策政治中的一个明显的趋势。特朗普上台执政后，美国对包括G20在内的诸多多边机制的态度发生了重大变化。早在竞选总统期间，特朗普"美国优先"(America First)和"让美国再次伟大"(Make America Great Again)的竞选口号就是其处理内政外交事务的核心原则。这种以反全球化和孤立主义为导向的外交观念表明，特朗

---

① 朱杰进：《G20该如何机制化》，《解放日报》2011年11月3日，第6版。

② 《社评：美国对G20冷热，都绕不开新兴国家》，环球网，2013年9月7日，http://opinion.huanqiu.com/editorial/2013-09/4332497.html。

普并不看重多边机制对全球贸易之类的国际事务的重要作用，相反其更注重双边外交能否为美国带来切实的利益。对于 G20 这样融合全球主要发达国家和发展中国家的重要多边组织，特朗普关注的重点在于该组织能否有助于美国国内经济的重振，气候变化、环境保护、疾病防控等全球性问题并不是其核心的关切。同时，特朗普试图把美国从纷繁复杂的非传统安全议题中解脱出来，退出《跨太平洋伙伴关系协定》(TPP)与《巴黎协定》都是其独特外交思维的显著实践，即便这使得美国与其传统盟友的贸易关系陷入僵局。①特朗普多次声言，他不会允许其他国家再次利用美国。无论是《跨太平洋伙伴关系协定》、《北美自由贸易协定》(NAFTA)还是《巴黎协定》，只要他认为其他国家在利用美国，美国就会退出协议或重新谈判协议。在特朗普看来，这是美国保护自己利益的做法，也是在为美国工人和工业界而战，为保护"美国制造"而战。②

对于中国在 G20 机制中影响力和地位的上升，美国表面上欢迎中国对 G20 机制的深度参与，但实际上并不希望中国冲击美国在诸如 G20 之类的国际机制中的主导地位。此外，在关税贸易、网络安全、南海争端等其他热点问题领域的竞争和冲突或明或暗地影响着中美两国在全球治理方面的协调与合作。因此，中美关系的发展变化也是影响美国对 G20 态度的一个重要变量。

第三节　中美在 G20 杭州峰会及汉堡峰会上的气候合作

面对当前全球经济增长乏力的困境，美国暨 G20 成员希望在国际投资合作、多边贸易机制改革、应对气候变化等方面达成有效的机制性协定，助力世界经济增长。中国作为世界经济增长的引擎，且作为 2016 年 G20 领

① Nic Robertson and Angela Dewan, "G20: World leaders at odds with Trump on trade, climate", CNN, July 8, 2017, http://edition.cnn.com/2017/07/08/europe/g20-trump-merkel-trade-climate-change/index.html.

② The White House Office of the Press Secretary, "President Donald J. Trump's Weekly Address", July 7, 2017, https://www.whitehouse.gov/the-press-office/2017/07/07/president-donald-j-trumps-weekly-address.

导人峰会轮值主席国,有责任为国际经济治理带来新的机遇。在杭州峰会上,中国考虑到 G20 处理宏观经济与市场稳定议题比贸易发展议题更为有效的机制特点,提出"构建创新、活力、联动、包容的世界经济"的主题,并在数字经济创新、气候变化、基础设施建设等技术性层面,以及国际投资、人才创业等政策性层面设计具体议题,推动成员国协商与讨论。①2017 年的汉堡峰会延续杭州峰会的成果,进一步加深了相关议题的讨论。例如在国际贸易领域,中美两国借助峰会机制,同意继续扩大世界贸易组织(WTO)的议题范围。纵观 G20 杭州峰会及汉堡峰会公布的一系列成果文件,美国在这两次峰会上发挥了如下几个方面的影响。

一、推动中美两国共同在 G20 机制中发挥主导作用

中美两国"共治"世界的 G2 概念早在 2009 年中国经济总量达到世界第二时便由美国经济学界提出,意在促使中国为全球治理承担更大责任。在 2009 年 G20 伦敦峰会上,时任世界银行行长罗伯特·佐利克指出:"没有一个强劲的 G2,那么 G20 将看不到希望。"②但是中国并未认可这一说法,提出"中美新型大国关系"的概念。如今在 G20 框架内,美国依然希望 G2 能够逐渐获得中国的认可,以期在多边框架内通过与中国的协调获取更多的国家利益。而中国领导人相信世界经济面临的挑战赋予了 G20 更大的责任,中国有信心利用 G20 的集体领导力,在设置杭州峰会议程尤其是在致力于全球宏观经济稳定、遵循全球金融安全网行动以及新的全球增长和发展措施方面迅速行动。③可见,中美两国需要在"中美新型大国关系"和"中美共治"之间找到一个平衡点,推动双边关系在全球治理领域取得进展。在杭州峰会上,双方积极评价中美新型大国关系建设取得的重要进展,同意按照两国首脑达成的共识继续共同努力构建这一关系,保持密切高层沟通和机制性对话,提升战略互信,进一步深化各层面的协调与合作,同时以建设性方式管控分歧和敏感问题,推动中美关系持续健康稳定发展。④中美新

---

① "China's G20 Presidency: Comparative Perspectives on Global Governance", the Brookings Institution, March 22, 2016, https://www.brookings.edu/events/chinas-g-20-presidency-comparative-perspectives-on-global-governance-2/.

② 徐凡:《美国与 G20:全球治理视域下的战略选择》,《延边大学学报(社会科学版)》2015 年第 1 期,第 69 页。

③ Gregory T. Chin and Hugo Dobson, "China's Presidency of the G20 Hangzhou: On Global Leadership and Strategy", *Global Summitry*, Vol.1, No.2, Winter 2015, p.156.

④《中美元首杭州会晤中方成果清单》,人民网,2016 年 9 月 4 日,http://world.people.com.cn/n1/2016/0904/c1002-28689887.html。

型大国关系或可成为两国合作参与全球治理的可行模式。在汉堡峰会上，这一模式虽然由于特朗普的“内向”眼光而受到影响和冲击，但却以中欧合作的另一种方式进一步发挥了其在G20机制中的领导力。

二、提升美国主导新贸易体制的能力

在贸易发展领域，G20成员希望通过贸易部长会议和系列工作组会议，就加强G20贸易投资机制建设、促进全球贸易增长、支持多边贸易体制、促进投资政策协调与合作、促进包容协调的全球价值链等议题展开深入讨论，争取实现加强G20贸易投资领域合作、支持多边贸易体制作出更多贡献、推动全球贸易投资恢复强劲增长这三个主要目标。①近年来，G20领导人峰会一直冀望重树对多边贸易体制的信心，其中一个重要方面便是G20成员同意终止包括非关税在内的保护性贸易措施，以及围绕全球价值链的扩张和治理打造多边贸易体制和世界贸易组织的未来。②

在杭州峰会期间，美国一方面仍然与中国就传统多边贸易体制地位问题达成共识；但另一方面，随着地区多边贸易体制的发展，美国也有意弱化类似于WTO这样的传统全球性贸易体制，通过另一种形式推动其主导的新型多边贸易体制，如TPP和《跨大西洋贸易与投资伙伴关系协定》(TTIP)。尽管两者的原产地原则与G20强调的全球价值链原则不符，并不利于世界经济的平稳发展，但两者作为美国在太平洋和大西洋地区力推的新型多边贸易体制，美国自然希望利用它们突破现有国际贸易与金融体系的束缚，借以在国际贸易与金融治理领域制定更加符合美国利益的规范机制。因此，在杭州峰会期间，奥巴马多次宣介TPP的优势，一再强调该协定的开放性贸易不仅符合有关国家的利益，能够提高劳工标准和环境标准，保护知识产权，为美国企业创造公平的竞争环境，还可以鼓励各国的结构性改革，重振各国经济。③该协定已然成为美国在复杂动荡时期为世界经济秩序提供领导力的试金石，其提供的产业链已成为生产和贸易的主要驱动力，对

① 《日媒关注中国将主导G20会议：重点协调利害关系》，参考消息网，2016年2月22日，http://www.cankaoxiaoxi.com/china/20160222/1081582_3.shtml。

② Mike Callaghan, “What Will Define Success at the Brisbane G20 Summit?”, Council of Councils, the Council on Foreign Relations, November 3, 2014, http://www.cfr.org/councilofcouncils/global_memos/p33705.

③ The White House, “Press Conference by President Obama after G20 Summit”, September 5, 2016, https://obamawhitehouse.archives.gov/the-press-office/2016/09/05/press-conference-president-obama-after-g20-summit.

新兴经济体的冲击越来越强烈。通过该协定,美国可以展现其在协商制定贸易规则上的号召力,进而设计出新形式的多边贸易体系。①

但是,特朗普执掌白宫后,美国重塑国际多边贸易体制的努力遭到重挫。特朗普政府宣布退出 TPP,转而谋求以传统的双边自由贸易安排来促进美国的经济外交目标。故而在汉堡峰会上,全球贸易体制的调整和创新几无进展。囿于其国内政治变化的制约,美国与国际多边贸易体制的关系似乎注定波折不断,也许要经过一个政治轮回,最终才能达到一个新的平衡点。

三、在具体的议题领域发力

(一)推动世界经济的数字创新与可持续发展

数字经济作为利用数字与信息技术带动经济发展的一种新方式引起各国的关注。中美两国信息产业巨大,通过数字与信息技术发展经济是两国互动以及多边国际合作的新领域。美国借助杭州峰会向 G20 成员表达了推动创新和数字经济的意愿。2015 年 G20 安塔利亚峰会的主要突破在于,确认了网络空间中负责任国家的重要义务与和平时期的准则,G20 杭州峰会做出了额外的突破性政策承诺,旨在促进创新和数字经济作为全球经济增长与发展最重要的驱动力。②这一设想得到了 G20 成员的广泛响应。成员认识到数字经济工作组在 G20 发挥了独特的作用,有助于讨论信息通信技术带来的机遇和挑战。G20 将促进成员与其他国家的沟通与合作,确保信息通信技术带动数字经济的发展,促进全球经济增长。③美国还在促进金融包容议题上发挥了一定的作用,G20 成员认可了一套高级别的数字金融包容性原则和附加指标。在汉堡峰会上,各成员进一步确认 G20 要为数字经济发展提供有利条件。鉴于有效的竞争机制能够促进投资和创新,各成员将继续推动各利益攸关方的有效合作,鼓励开发和利用市场及行业领先的数字化生产国际标准。为促进信息和通信技术的相互操作性和安全性,G20 成员同意,产品和服务是以开放、透明度、共识和标准的原则为基础的,

① Mireya Solís, "The high stakes of TPP ratification: Implications for Asia-Pacific and beyond", the Brookings Institution, March 10, 2016, https://www.brookings.edu/articles/the-high-stakes-of-tpp-ratification-implications-for-asia-pacific-and-beyond/.

② The White House, "FACT SHEET: The 2016 G-20 Summit in Hangzhou, China".

③《二十国集团数字经济发展与合作倡议》,2016 年 G20 峰会官网,http://www.g20.org/hywj/dncgwj/201609/t20160920_3474.html。

不应成为贸易、竞争或创新的障碍。①

此外，美国在杭州峰会期间也提出了对于可持续发展的建议。美国与各成员国认识到落实2030年可持续发展议程和《亚的斯亚贝巴发展筹资行动议程》的重要性，肯定执行"2030年议程"的坚定承诺。美国还在推动食品安全、农业农村和可持续发展等方面表达了关注，希望促进农业可持续发展，减少最贫穷国家民众的饥饿和营养不良问题。②

（二）应对气候变化

在G20杭州峰会期间，中美两国领导人分别交存了两国加入气候变化《巴黎协定》的批准文书，意味着这两个全球最大的碳排放国在抗击气候变化问题上达成深刻的共识。《巴黎协定》是世界各国确立减少碳排放目标的章程，中美两国携手批准此协定凸显出双方在应对气候变化上采取了实质性的举措。正如奥巴马所言："尽管我们在其他问题上存在分歧，我们愿意在这一领域一起工作，激励全世界（在气候变化问题上）树立雄心和采取行动。"③中美两国在气候变化议题上的重要举措使得《巴黎协定》的有效性与约束性大为提升。美国制定了在2025年排放水平比2005年下降26%—28%的目标，奥巴马政府《总统气候行动计划》的提出和实施为美国落实这一承诺提供了一种途径。未来几年的持续努力对于实现这些目标以及将外部因素纳入能源系统都至关重要，有助于最终实现全球气候变化减缓目标。④

在中美两国的示范下，G20领导人在杭州峰会上就气候行动保持了强劲势头。首先，在促进能源效率方面，G20欢迎在能源效率上各国合作所取得的进展，并着重指出正在努力提升重型车辆的燃油效率。自G20运输任务组2014年成立以来，美国一直担任主席，领导小组工作，包括最近完成第二阶段提升重型车辆效率和温室气体排放标准，预计将减少11亿吨碳排

① G20 Germany 2017 Hamburg, "G20 Leaders' Declaration", G20, July 7/8, 2017, https://www.g20.org/Content/EN/_Anlagen/G20/G20-leaders-declaration.pdf?_blob=publicationFile&v=1, p.5.

② The White House, "FACT SHEET: The 2016 G-20 Summit in Hangzhou, China".

③ "Breakthrough as US and China agree to ratify Paris climate deal", *The Guardian*, September 3, 2016, https://www.theguardian.com/environment/2016/sep/03/breakthrough-us-china-agree-ratify-paris-climate-change-deal.

④ The White House, "The Economic Record of the Obama Administration: Addressing Climate Change", Council of Economic Advisers, September 2016, p. 59, https://www.whitehouse.gov/sites/default/files/page/files/20160921_record_climate_energy_cea.pdf.

放,同时为车主节省170亿美元。其次,G20成员希望在气候变化议题上达成更多的相关协议,期待在《蒙特利尔议定书》和国际航空理事会(ICAO)的关键谈判中取得成功。美国打算继续与G20和全球伙伴合作,通过一项关于《蒙特利尔议定书》的氢氟碳化合物减排修正案,以在本世纪末避免全球0.5℃的升温,并采取基于市场的措施解决国际航空理事会的航空排放问题。再次,G20认识到与私营部门合作扩大绿色金融的重要性,希望加强与私营部门合作应对气候变化。这补充了正在进行的改进气候财务公开的工作。①

颇具戏剧性的是,美国国内政治光谱的变迁又一次给全球应对气候变化的集体行动增加了不确定性。特朗普政府2017年6月宣布退出《巴黎协定》,并宣称在保证对美国公平且不影响美国民众就业的前提下,修改协定相关条款,方可重新加入。这难免为G20汉堡峰会的召开蒙上一层阴影,对各成员国在峰会达成更为广泛的共识产生了一定的阻力,也令美国与其他成员国的关系受到影响,并使特朗普政府在气候变化领域陷入空前孤立。不过,仅仅从特朗普退出《巴黎协定》就认为美国与其他各国的环境保护政策背道而驰,未免过于轻率。有观点认为,特朗普退出协定或许只是一种象征性的姿态,若此举影响到美国的国际地位,他不会就此一意孤行。②也有美国学者认为,虽然特朗普宣布将停止履行《巴黎协定》的承诺,但美国正致力于采取一种降低排放的新方式,实现向低碳经济转型,并希望在液化天然气和节能循环热电厂等领域成为全球的领导者。③随着新能源成本的降低,美国可能会重返《巴黎协定》。

正是基于这一背景,G20汉堡峰会宣言中仍以包括美国在内20个成员领导人的名义指出《巴黎协定》是不可逆转的,并重申发达国家履行《联合国气候变化框架公约》的重要性。通过提供各种实施方法,包括借助财政资源协助发展中国家采取有关减缓和适应行动,以符合巴黎气候变化大会的成果及经济合作与发展组织(the Organization for Economic Co-operation

① The White House, "FACT SHEET: The 2016 G-20 Summit in Hangzhou, China".

② Ruairí Arrieta-Kenna, "Rebuking Trump on Climate, the G20 Proved 'Soft Power' Works", Vox, July 11, 2017, https://www.vox.com/energy-and-environment/2017/7/11/15948118/g20-climate-trump-soft-power.

③ Homi Kharas, "The G-20 Steadily Progresses", the Brookings Institution, July 11, 2017, https://www.brookings.edu/blog/future-development/2017/07/11/the-g-20-steadily-progresses/.

and Development, OECD)发布的《投资气候,投资增长》(Investing in Climate, Investing in Growth)报告,G20 领导人重申对《巴黎协定》的坚定承诺,强调根据不同的国情,迅速按照共同但有区别的责任原则和各自的能力执行这一协定。为此,G20 领导人同意将《G20 汉堡气候和能源增长行动计划》(the G20 Hamburg Climate and Energy Action Plan for Growth)作为峰会宣言的附件。①

(三) 推动国际货币基金组织改革,支持将人民币纳入特别提款权

在国际货币基金组织(IMF)改革方面,中国一直是积极主动的,要求提高新兴经济体在其中的份额比例,以反映其在当今世界经济中的地位。在 G20 杭州峰会上,美国也支持 IMF 的相关改革议程。中美双方支持以 IMF 为核心的全球金融安全网,赞同 IMF 份额调整、提高新兴市场和发展中国家的份额占比,维护 IMF 的现有贷款能力,维持和进一步提升新兴经济体在国际市场上的活力。

对于 IMF 将人民币纳入特别提款权(Special Drawing Right, SDR)货币篮子的决定,美国也予以支持。双方同意对扩大 SDR 的使用进行研究及探索相关举措,包括更广泛地发布以 SDR 作为报告货币的财务和统计数据,以及发行 SDR 计价债券。②SDR 作为 IMF 创设的一种用于补充成员国官方储备的国际储备资产,既不是一种货币,也不是 IMF 的债务。设立 SDR 的目的在于补充国际储备的不足。③显然,将人民币纳入 SDR 有助于人民币的国际化与人民币汇率的稳定,缓解中国经济下行的潜在压力。

(四) 规范税收与打击腐败

G20 杭州峰会对非法资金流动与反腐议题达成广泛的共识。美国意识到,与腐败紧密相关的逃税行为不仅严重影响其国内财政收入和税收公平政策,对全球经济增长也造成了极大的负面影响。美国也希望在 G20 框架内促进中国在该问题上的改革,加强社会安全网络的建设,减少相关行业的过剩产能;同时开放服务业竞争和市场主导的信贷分配,以应对不断上升的企业债务风险和银行系统风险。④于此,国际税收议题不再只是经合组织

---

① G20 Germany 2017 Hamburg, "G20 Leaders' Declaration", p.10.

② 《中美元首杭州会晤中方成果清单》,人民网,2016 年 9 月 4 日。

③ 张涛、陶坤玉、胡志浩:《SDR 助推国际货币体系改革》,《第一财经日报》2016 年 9 月 4 日,http://www.yicai.com/news/5086837.html。

④ David Lawder, "U.S. Treasury readies new tax rules as G20 vows to fight evasion", Reuters, April 16, 2016, http://www.reuters.com/article/us-imf-g20-usa-idUSKCN0XD0S3.

的核心议题。G20 探讨国际税收议题不仅能够促进国际税法的现代化，也有助于国际协商的进步。①因而在杭州峰会期间，美国推动国际税收议题在 G20 议程中发酵，宣称其支持一个公平的现代国际税收制度。G20 成员支持国际税务合作，并呼吁实施“税基侵蚀和利润转移”(Base Erosion and Profit Shifting，BEPS)方案，这将有助于确保公平和有效的全球业务税制。各国还呼吁尚未通过 BEPS 一揽子计划的相关国家和地区通过这一方案，并加入 G20 或经合组织关于 BEPS 的包容性框架。②G20 汉堡峰会宣言也明确表明公平与现代化的国际税收制度对国际税务合作有着重要意义。G20 欢迎关于增值税政策的国际合作，宣布仍然致力于实施 BEPS 一揽子计划，并鼓励所有相关司法管辖区加入包容性框架。③同时，G20 还将继续致力于提高全球国家税收制度的透明度、公平性、可靠性以及税务诚信，继续执行 G20 国际税收议程，并就数字技术对税收的影响进行讨论。④

在打击腐败问题上，美国持积极的态度，中美两国首脑在杭州峰会上就此达成共识。G20 汉堡峰会也指出，腐败是增长和发展的障碍。它破坏了国家机构的信誉，阻碍了社会市场经济，并造成重大的经济损失。G20 将夯实和扩大打击腐败的现行原则。⑤鉴于此，中美决定加强两国反腐败和执法部门间的信息交流和个案合作，重申将发挥中美执法合作联合联络小组(Joint Liaison Group on Law Enforcement Cooperation，JLG)反腐败工作组的主渠道作用，积极探索提升合作效果的方式方法。中美还就加大反洗钱和返还腐败资产合作达成共识，商谈相互承认和执行没收事宜以及资产分享协议，并同意协商制定劝返程序。此外，双方支持 G20 领导人峰会通过的《反腐追逃追赃高级原则》，承诺共同推动《二十国集团 2017—2018 年反腐败行动计划》的落实。两国将进一步加强在《联合国反腐败公约》、G20 和亚太经合组织等多边框架下的反腐败合作。⑥

---

① Mike Callaghan，“What Will Define Success at the Brisbane G20 Summit?”.

② The White House，“FACT SHEET：The 2016 G-20 Summit in Hangzhou，China”.

③ G20 Germany 2017 Hamburg，“G20 Leaders' Declaration”，p.7.

④ G20 Germany 2017 Hamburg，“Priorities of the 2017 G20 Summit”，G20，https://www.g20.org/Content/DE/_Anlagen/G7_G20/2016-g20-praesidentschaftspapier-en.pdf?_blob=publicationFile&v=1，p.6.

⑤ Ibid.，p.11.

⑥ 《中美元首杭州会晤中方成果清单》，人民网，2016 年 9 月 4 日。

（五）促进基础设施建设

在世界经济增长乏力的背景下，基础设施建设仍不失为治疗经济疲软的一剂良药。当前基础设施不足和老化虽然阻碍着几乎所有G20成员的经济发展，但预期低迷的全球需求和缓慢的世界经济增速，也创造了增加基础设施投资的绝佳时机。基础设施建设在2014年G20布里斯班峰会上就是一项重要议题，在那次峰会上G20发起了《全球基础设施倡议》。在2015年土耳其峰会上，G20领导人制定了基础设施“投资议程”，各成员更注重基础设施投资的质量，尤其希望借助私营部门的融资，并优先选择能够较为明显地促进经济增长的基础设施项目，以期产生较大的社会网络效益。①

为了提振美国经济，奥巴马政府一直寻求推动国内基础设施建设，在2015年签署了促进交通基础设施建设的法案。中国为了拉动经济增长，也在不断加大对国内外基础设施建设的投入。显见，中美两国在促进基础设施建设方面有着较大的共同利益与目标期待。2016年2月，在上海举行的G20财长和央行行长会议启动全球基础设施互联互通联盟倡议。②在G20杭州峰会上，中美就通信领域的基础设施建设达成一定的成果。双方承诺，与世界贸易组织协定相一致，以非歧视方式对待商业领域通用信息通信技术的流转和安全关切。③峰会发表的公报也重申继续促进基础设施投资。公报支持11个多边开发银行提出的《支持基础设施投资行动的联合愿景声明》，鼓励多边开发银行最大限度地提高基础设施项目质量与项目储备、加强新老多边开发银行的合作；提升发展中国家基础设施投资的有利环境，推动高质量基础设施投资，确保经济效率，从而落实和优化该国的经济和发展战略。基础设施互联互通是实现可持续发展和共同繁荣的关键，G20将加强基础设施互联互通项目的整体协调合作。④汉堡峰会确认了杭州峰会关于基础设施建设的标准和目标，尤其强调非洲在其中的重要作用，峰会公报明确表示完全欢迎非洲联盟的2063议程以及《非洲基础设施发展纲要》（Programme for Infrastructure Development in Africa，PIDA）。⑤

---

① Gregory T. Chin and Hugo Dobson，“China's Presidency of the G20 Hangzhou：On Global Leadership and Strategy”，p.159.

② 韩冰：《G20勾勒国际投资多边合作蓝图》，《IWEP国际经贸评论》，2016年5月17日，http://www.thepaper.cn/newsDetail_forward_1470532。

③ 《中美元首杭州会晤中方成果清单》，人民网，2016年9月4日。

④ 《二十国集团领导人杭州峰会公报》，2016年G20峰会官网，http://www.g20.org/hywj/dncgwj/201609/t20160906_3392.html。

⑤ G20 Germany 2017 Hamburg，“G20 Leaders' Declaration”，p.13.

（六）保障女性权益

在G20汉堡峰会上，美国为借助金融手段保障女性权益积极发声，促进峰会在该议题上取得丰硕的成果。峰会期间，特朗普出席了女性创业金融活动并致辞。他宣布，作为促进女性经济权力全球倡议的一部分，美国将承担5 000万美元，以增强女性在现代经济中的权力。①特朗普认为，女性创业金融活动将有助于推动世界各地女性的经济权力，而且赋予女性权利也是美国核心价值观的一部分。当然，特朗普之所以积极支持这一议题，其女儿伊万卡功不可没。特朗普也自豪地声称伊万卡是杰出女性创业的强有力倡导者，称赞其为女企业家金融倡议努力工作。②

美国维护女性权益的努力得到G20汉堡峰会的肯定和支持。峰会发布的优先事项报告明确表示，G20承诺在2025年前将男女就业差距减少25%。在2017年，G20应审查女性就业状况，加强审议工作，着力提高女性就业质量，包括女性收入、工作保障、社会保障和工作条件。特别是在发展中国家，数字化转型正在为女性创造新的就业前景，女性却往往被排除在获取及使用信息和通信技术之外。G20将着手解决这个问题。③

（七）打击恐怖主义

由于近年来恐怖主义日益猖獗，反恐议题在汉堡峰会上得到各成员的极大重视。相对于贸易、气候等争议较大的议题，G20成员在反恐方面分歧较小，因而反恐被提到了优先关注的位置，这有效积累了各方的互信。④汉堡峰会发布的优先事项报告提出要进一步打击恐怖主义融资洗钱以及非法资金流，G20成员需要各国政府及相关机构更好地合作，尤其是在公司、信托、基金会和其他法律安排的实益所有权方面提升合作透明度。具体来看，为了加强打击恐怖主义融资，G20的目标是确保全面执行"金融行动特别工作组"(the Financial Action Task Force, FATF)的建议。G20领导人一致支持这一努力。⑤

① The White House, "The G20 Summit: Day Two", July 9, 2017, https://www.whitehouse.gov/blog/2017/07/11/g20-day-2.

② The White House Office of the Press Secretary, "Remarks by President Trump at Women's Entrepreneurship Finance Event", July 8, 2017, https://www.whitehouse.gov/the-press-office/2017/07/08/remarks-president-trump-womens-entrepreneurship-finance-event.

③ G20 Germany 2017 Hamburg, "Priorities of the 2017 G20 Summit", p.10.

④ 朱杰进:《G20汉堡峰会:分歧、化解路径及启示》,《当代世界》2017年第8期,第23页。

⑤ G20 Germany 2017 Hamburg, "Priorities of the 2017 G20 Summit", p.11.

对于美国来说，反恐一直是其外交政策的重要议题。特朗普政府明确表示，击败“伊斯兰国”以及其他激进组织是美国对外战略的当务之急，必要时美国会积极实施联合军事行动。同时，特朗普政府谋求打造反恐“统一战线”，与盟友和伙伴合作，寻求切断恐怖组织资金，扩大情报共享，并通过网络手段打击恐怖组织的宣传和招募行动。①

综上，在G20杭州峰会与汉堡峰会上，美国与G20成员尤其是新兴经济体在诸多具体议题上达成共识，并鼓励新兴经济体在具体领域发挥更重要的作用。但从宏观层面分析，美国关注的重点在于如何使其自身以及G7在G20机制内乃至全球经济治理格局中的地位得到保障。鉴于此，美国通过以上各种方式，诸如呼吁中国承担更大的全球治理责任，推动TPP、TTIP等地区多边经贸体制在G20议程中发挥作用，以及提出各类具体经贸议题等，都旨在实现这个目标。然而，美国对国际组织和多边机制的政策深受其固有的政治文化和现实政治过程的影响，这使美国的全球参与总是显得“半心半意、若即若离”。在特朗普任内，美国对多边机制的轻视达到一个新高度，相继退出TPP和《巴黎协定》，给全球各类国际组织和多边主义的发展带来了新的变化。一方面，美国主动弱化自身在其中的主导地位，留下的真空将会被中国、欧盟、俄罗斯等填充。另一方面，美国仍是当今全球体系中唯一的超级大国，其对待多边机制的态度在一定程度上势必影响G20等多边机制对各项议题的看法，譬如美国处理气候变化的方式就迫使G20摆脱以前反对保护主义的承诺。②因此长远来看，虽然美国作为体系大国必将试图重新主导多边机制，但未来数年内伴随美国政治钟摆的变化，包括G20在内的国际多边机制会迎来一定的震荡。

本章小结

作为涵盖了世界主要发达国家和新兴经济体的全球性论坛，G20正在从经济危机应对机制向全球经济治理机制转变。这一转变本身凸显了美国

---

① The White House, “America First Foreign Policy”, https://www.whitehouse.gov/america-first-foreign-policy.

② Lawrence Summers, “Donald Trump's alarming G20 performance”, *Financial Times*, July 10, 2017, https://www.ft.com/content/ea2849ea-6335-11e7-8814-0ac7eb84e5f1.

对G20机制生发演变的主导性影响。作为中国2016年最重要的主场外交活动,G20杭州峰会对于世界经济的增长起到有目共睹的引领和带动作用。随着中国在G20等多边经济治理机制中扮演越来越重要的角色,美国既防范中国在G20日渐上升的影响力对其在该机制中的领导地位形成冲击,又希望中美主导G20能够为这个机制带来新的发展机遇,推动世界经济的增长,进而为其国内经济发展创造良好的环境。这种欲拒还迎的心理使得美国在G20的某些具体议题领域——如货币改革、基础设施建设等——能够与中国等成员国达成较为成熟的共识,协力促进世界经济的稳定增长和全球的可持续发展。

但也应当注意到,在西方七国集团尤其是美国经济缓慢复苏的背景下,G20达成协议与共识的道义性大于强制性的决策特点渐为美国政治文化所难容,美国当下对G20机制的关注明显弱于2008年金融危机时期。美国国内政治的嬗变以及国际形势的演进也为美国对G20的态度增添了新的变数。总体上,未来美国政府的经贸政策趋于保守,有可能会寻求通过运行时间长、机制更为成熟的G7来发挥美国在国际经贸与金融治理中的作用,这势必将对G20框架下的中美关系产生不确定的影响。尤其是特朗普政府的反全球化态度,使美国在G20汉堡峰会上的存在感降低,更加深了外界对美国G20政策倾向的疑虑。而相较共和党政府,拜登政府秉持民主党多边外交传统,更为倚重G20机制,以期解决国际金融与世界经济治理中的一些难题。例如在2021年G20罗马峰会期间,拜登和与会的其他14国领导人以及欧盟领导人一致同意,就新冠肺炎疫情导致的供应链中断问题促成更大范围的国际合作,计划加强并使得整个供应链生态系统更加多样化,内容涉及从对某些原材料的依赖到制造、运输和分销等多个方面。概言之,未来美国对G20的政策取向取决于美国国内外环境的变化以及中美关系的发展走向。

第七章 中国与国际能源署关系论析（经验启示一）[①]

自改革开放以来，随着中国经济的持续快速增长，能源在中国的对外关系中扮演着越来越重要的角色。中国能源需求和消费的急剧上升，推动中国在许多双边场合和多边论坛与相关国家或地区进行密切的外交互动（或合作或冲突），由此导致能源问题成为当今中国外交的一项极为重要的内容。从时下世界能源地缘格局和国际政治大势来看，能源有可能成为制约中国进一步发展的瓶颈之一。因此，研究中国与国际能源组织的关系，探寻中国能源安全之道，显然是一个具有重大现实意义的课题。

第一节 中国对国际能源署的认知

一、国际能源署机制

国际能源署是一个旨在实施国际能源计划的政府间自治机构，于1974年11月在发达国家俱乐部经济合作与发展组织的框架下成立。国际能源署在经济合作与发展组织的31个成员国（经济合作与发展组织目前共有38个成员）之间开展能源合作计划，通过协调成员国的能源政策，确保为成员国公民提供稳定的、清洁的、可负担得起的能源。其基本宗旨包括：维护和改进旨在应对石油中断问题的系统，发展石油供应方面的自给能力；通过促进与石油生产国和其他石油消费国的合作关系，在全球背景下倡导合理的能源政策；建立和运营一个关于国际石油市场的长期信息系统，提供共享市场情报；通过发展替代性能源和提高能源的使用效率，改善全球能源供需

① 本章原文为《中国与国际能源机构：一项规范研究》（《国际观察》2009年第4期），收录本书时有所增补改动。

结构；倡导能源技术的国际合作；帮助实现环保政策和能源政策的整合。①

国际能源署是西方发达国家能源消费国组织，它的成立是西方发达的能源消费国对20世纪70年代初世界石油危机的反应，其最初的职能主要是在石油供应紧急时期协调成员国的能源政策，并对石油输出国组织（Organization of Petroleum Exporting Countries，OPEC）进行制衡。该机构强调能源供给来源的多样化，致力于完善应急反应机制、共同加强能源需求管理、维护世界能源市场的稳定等。其中，应急反应机制是该机构的重点，也是西方发达国家集体能源安全保障体系的核心。②随着国际能源市场的发展演变，国际能源署的职能也相应地发生变化。如今，它的使命已扩展到平衡的能源政策制定领域，即能源安全、经济发展和环境保护领域。

为履行其宗旨和职能，国际能源署着眼于从机制建设和组织建设两个层面夯实基础。在机制建设层面，一是建立石油储备体系。国际能源署要求其经合组织成员国必须建立战略石油储备，这是真正意义上的现代石油储备的开始。国际能源署应对历次石油危机的经验表明，建立必要的战略石油储备，不仅可以在石油供应短缺时实现石油共享，并防止石油供应中断对国家经济造成损失，还可以在国际能源市场价格趋高的情况下起到平抑油价的作用。国际能源署成员国建立石油储备的义务已法制化，各国都出台了相关的法律，为本国建立战略石油储备奠定法律基础。此外，作为建立石油储备体系的补充，大多数国际能源署成员国在发生危机时都拥有法定权力实施限制需求措施和提高其国内石油的产量，尽管成员国除非绝对必要不愿使用这项权力，且它们增加产量的总能力是微不足道的。③二是建立能源合作机制。合作是政策协调过程的结果。当一国政府推行的政策被别国政府视为能够促进它们自己的目标时，政府间的合作就会发生。国际能源署的政府间合作机制被证明是有效的。国际政治经济学的自由制度主义认为，国际能源署的合作机制减少了信息不对称，降低了成员国达成协议过程中存在的风险。而且，信息还是监督成员国遵守协议的有效途径。当成员国背叛协议时，就会在组织中丧失信誉而导致自己的利益受损。在国际

① 通过总结1993年6月国际能源署部长级会议达成的国际能源署能源政策共享目标而得出，参见“Shared Goals”，http://www.iea.org/about/sharedgoals.htm。

② 赵宏图：《国际能源组织与多边能源外交》，《国际石油经济》2008年第10期，第14页。

③《国际能源机构与能源供应安全》，陈丽萍译，《国土资源情报》2001年第9期，第53、54页。转引自Energy Economist，May 2001。

能源署的几项主要工作职能中，信息体系被认为是处理危机的最有效手段之一。在1990—1991年的危机中，国际能源署的信息体系还扩展到石油公司和消费者，有效地降低了市场的不确定性。至今，国际能源署的信息发布仍是世界石油市场重要参考指标以及协调与石油输出国组织关系的重要手段。国际能源署对石油消费国消费量的预期是石油输出国组织成员国核定产量的根据之一。①

在组织建设层面，国际能源署建立的组织机构主要有三个。一是部长理事会，是国际能源署的最高权力机构，由各成员国政府的能源部长或高级官员为代表组成。部长理事会由煤炭工业顾问委员会和石油工业顾问委员会协助工作，这两个委员会均由该行业的经理人员组成。二是管理委员会，它是部长理事会的执行机构，由各成员国的主要代表一人以上组成。三是秘书处，由管理委员会任命的执行干事(executive director)领导，包括五个办公室：长期合作办公室，非成员国家办公室，石油市场和紧急防备办公室，经济、统计和情报系统办公室，能源技术、研究与发展办公室。欧盟委员会也参与国际能源署的工作。

国际能源署现由31个成员国(member countries)、13个联系国(association countries)和5个正在申请加入的国家(accession countries)组成。该机构与各国政府和行业合作，在执行干事的领导下由秘书处负责开展日常工作，如能源研究、数据编纂、最新能源政策分析成果的发布和公共传播、向有关方面提出政策建议等，旨在为所有人打造一个安全和可持续的能源未来。国际能源署的工作重点集中于气候变化政策、市场改革和能源技术合作，以及将其活动范围扩展至世界其余部分，特别是像中国、印度、俄罗斯及石油输出国组织成员国这样的能源消费和生产大国。②

二、中国对国际能源署的认知

通常情况下，不同的国家对国际机制采取不同的认知方式，不同的认知方式导致国家采取不同的措施来处理与国际机制的关系。归纳起来，国家与国际机制或国际秩序的互动大致分为三种类型，即参与、修正、分离。第一种“参与”，主要是指国内战略接受了国际主导原则、规则和规范，也就是

① 罗晓云：《国际能源机构在石油危机中的表现及其对我国的启示》，《南方经济》2003年第1期，第79页。

② IEA, “Mission”, https://www.iea.org/about/mission.

融入赫德利·布尔(Hedley Bull)所称的“国际社会”。采取这种互动方式的国家被视为“安于现状的”“满足的”或“保守的”国家，它们愿意在国际体系范围内活动。第二种“修正”，包括“不满现状的”“革命的”“修正主义的”国家，这些国家试图重塑国际体系。这种修正主义方式容易引发与保持现状国家的冲突；第三种“分离”，采用这种互动方式的国家，会努力拆除自己与国际机制或国际组织的联系，或者将自己与主流的国际规则和惯例相分离。①

依据上述国家对国际机制认知的三种类型，并揆诸中国与国际组织互动的经验现实，可以发现中国与国际组织的关系模式也不外乎“参与、修正、分离”的范畴。从中国国内的政治氛围及由此形成的国际战略来看，新中国成立以来中国与美国主导的国际组织的关系，经历了一个“从拒绝到承认、从扮演一般性角色到争取重要位置”的曲折过程。这一过程直接折射出中国领导人对外部世界看法的变化，反映了中国对国际组织需求增长的现实。随着中国越来越深地融入国际社会，中国与国际组织关系的重要性日益凸显。国际组织不仅构成中国外交的一个重要组成部分，同时也是国际社会接触中国的必要途径之一。经过多年努力，中国与绝大多数全球性和区域性国际组织或建立了直接的合作关系，或发展了形式灵活的联系(如以观察员身份参与国际组织的活动或会议)。在21世纪的今天，中国与国际组织的关系已成为国际共同体一个不可或缺的部分。②

中国对国际能源署的认知以及在此基础上对其采取的政策立场符合中国与国际组织关系发展演变的一般模式，但在具体细节上又表现出个案差异。一方面，国际能源署最初是经济合作与发展组织在美国的倡议下，为与代表石油生产国利益的石油输出国组织相抗衡而建立的组织，它是实行市场经济和多元民主的石油进口国的能源安全俱乐部，代表石油消费国的利益。③作为社会主义国家、最大发展中国家，中国在外交战略理念上显然难以完全认同国际能源署。④另一方面，国际能源署毕竟是重要性不断上升的

① [美]杰弗里·勒格罗：《意图转变：中国的崛起与美国的应对》，载朱锋、[美]罗伯特·罗斯主编：《中国崛起：理论与政策的视角》，上海：上海人民出版社2008年版，第166页。

② 王逸舟：《中国与国际组织关系研究的若干问题》，《社会科学论坛》2002年第8期，第7、9页。

③ [俄]斯·日兹宁：《国际能源政治与外交》，强小云等译，上海：华东师范大学出版社2005年版，第89页。

④ 国际能源署客观上也为其成员国资格设立了条件，有关这一点详见本章后面的论述。

国际行为体,它通过国际协调促使能源领域的利益相关者的行为趋于一致,从而使采取具有可操作性的措施实施在国际协调中达成的共识和履行国际协议成为可能。鉴于此,中国从政策实践的角度也坦率地承认,“国际能源机构作为国际性能源组织,在协调能源政策、优化能源结构、提高能源效率、保护生态环境、建立石油储备和收集能源信息等方面做了大量卓有成效的工作”①。从这样的认知出发,中国政府高度重视国际能源署在能源安全领域的作用。自20世纪90年代中期以来,中国与国际能源署特别是在石油安全及石油储备方面开展了一系列对话和合作。

第二节 中国与国际能源署的关系模式

近年来,为因应国内外能源形势的变化,保障国家能源安全,中国与外部世界在能源领域的互动与联系显著增多,成为国际能源合作的积极参与者。通过与国际能源署的合作,中国不仅能够与主要的能源出口国和进口国建立沟通和协调,推动国际能源市场的稳定,而且可以利用国际组织的制度化力量减少与其他国家可能因能源问题而出现的冲突。当然,合作并不意味着没有冲突,相反,它是与冲突联系在一起的,并说明了努力克服潜在或现实冲突的必要性。正如罗伯特·基欧汉(Robert Keohane)指出的,合作需要通过谈判的过程(即通常所谓政策协调)将各个独立的个体或组织(并不一定总是处于和谐的状态)的行动变得互相一致起来。合作只会在行为者认为他们的政策处于冲突或潜在冲突的情况下而不是和谐的情况下才会发生。因而合作不应被视为没有冲突的状态,而应被视为对冲突或潜在冲突的反应。②从这个意义上说,合作的参与者之间既有冲突利益又有互补利益,国际合作的目标是使行为体的行动协调一致,从而实现各个行为体的共同利益。而当行为体调整其行为以适应其他行为体的偏好时,合作就得以实现。③

① 新华社北京2006年10月31日电,《发改委:第一期国家石油储备基地建设进展顺利》,http://gov.people.com.cn/GB/46737/4984516.html。

② [美]罗伯特·基欧汉:《霸权之后——世界政治经济中的合作与纷争》,苏长和等译,上海:上海世纪出版集团2001年版,第62、64页。此处引文有所改动。

③ Robert O. Keohane, “International Institutions: Two Approaches”, *International Studies Quarterly*, Vol.32, No.4, December 1988, p.380.

对于中国与国际能源署的关系模式，可以按照中国在相关国际组织中的角色定位及该组织的类型这两个参数来加以分析。一般而言，国家在国际组织中扮演的角色可以划分为主要参与者、重要参与者、一般参与者，这些角色在国际合作中的重要性依次降低。判断一个国家参与国际组织的程度的标准在于，该国是否该组织的成员以及是否与该组织缔结实质性合作协议。至于能源领域的国际组织，如果按照参与国家的类型和合作的程度划分，则可分为同盟型、协作型、协调型和对话型四类，其合作程度由高到低，依次递减。若参与国家同为能源进口国或能源出口国，则该组织往往为同盟型和协作型，也有可能是协调型。若某一组织既包括能源进口国也包括能源出口国，则通常为协调型和对话型。由此，根据中国所参与的国际组织的类型和在其中的角色定位，可以将中国参与国际能源合作评估为三个等级，即实质性合作、一般性合作和对话性合作。如果中国在同盟和协作型组织中作为主要或重要参与者，则可以认为中国与这些国际组织有实质性的合作；如果中国在同盟或协作型组织中担任一般成员，或者中国在协调和对话性机构中作为主要或重要成员，那么中国与这些国际组织有一般性合作；如果中国在协调或对话型国际组织中仅仅作为一般成员，可以说中国与这些国际组织只有对话性合作。①

国际能源署属于同盟型国际组织，而中国不是国际能源署的成员国，只是一般参与者，与其进行一般性合作。国际能源署于 1996 年开始与中国建立起联系，当年 10 月，国际能源署执行干事罗伯特·普里德尔（Robert Priddle）访华，并与中国政府签署《关于在能源领域进行合作的政策性谅解备忘录》，加强双方在能源节约与效率、能源开发与利用、能源行业的外围投资和贸易、能源供应保障、环境保护等方面的合作。②12 月，双方共同举办能源研讨会，随后启动各种层面、各个领域的讨论。1997 年，国际能源署邀请中国国家计划委员会副主任叶青以观察员身份参加当年 5 月在巴黎召开的该机构部长理事会会议。叶青在会上发言指出，中国将一如既往鼓励和支持中国能源行业扩大对外开放，中国希望不断加强同国际能源署的合作与交流。2005 年，中国国家发展和改革委员会副主任张晓强应邀出席了当

---

① 管清友、何帆：《中国的能源安全与国际能源合作》，《世界经济与政治》2007 年第 11 期，第 50—51 页。

② 《国际能源机构是什么组织?》，中国能源网，http://www.china5e.com/kb/kbshow.aspx?kbid=f54662b7-e43c-425a-a41c-cbb5d9425fa7。

年国际能源署部长级会议,并做了题为“加强能源合作,实现共同发展”的主旨发言。2006 年 10 月 30 日至 31 日,国家发改委与国际能源署在北京联合主办中国—国际能源机构石油安全研讨会,双方就国际石油市场形势、石油储备政策、石油储备建设和石油储备动用等方面的问题进行了广泛深入的交流和探讨。2009 年 6 月 13 日至 14 日,中国能源研究所与国际能源署在北京联合举办能源技术变革研讨会。2015 年 11 月,中国正式成为国际能源署的联系国。2017 年 2 月,国际能源署与中国国家能源局正式在北京成立了国际能源署中国合作办公室。在中国科学技术部的支持下,科技部管理的国际能源署联络办公室建立了能源技术信息网。该网络作为通向国际能源署能源技术的平台,旨在向中国介绍国际能源署及先进的能源技术和信息。此外,国际能源署还经常提出有关中国能源的研究报告。2000 年 4 月和 7 月,国际能源署先后发布《中国对全球能源安全的追求》和《煤炭在中国能源供应中的应用》研究报告;2002 年 12 月,国际能源署发布题为《开发中国的天然气市场:政策框架与投资条件》的研究报告,为中国天然气和整体能源经济的发展提出了政策建议;2009 年 4 月推出《中国洁净煤战略》报告;2015 年 8 月发布《中国建筑业的能源使用》报告;2024 年 3 月发布《中国热泵的未来》技术报告,等等;在该机构自 1993 年起连年推出的《世界能源展望》中也均有关于中国能源状况的详细阐述。据统计,自 2000 年迄今,国际能源署围绕中国能源市场、能源技术、能源效率和能源投资等议题已发布 80 份年度报告(annual report)、国家报告(country report)或技术报告(technology report)。①

上述事实表明,中国尽管早已与国际能源署开展了一些合作,但总体上合作局限于沟通和对话层次,水平还有待于提高。在很大程度上,这要归因于国际能源署成员国身份认同的条件限制。国际能源署要求其成员国必须具备两个条件:第一,国际能源署是在经济合作与发展组织的框架下成立的,原则上只有经合组织成员国,也就是所谓市场经济国家才可以成为国际能源署成员国;第二,成员国必须具备 90 天纯进口量的战略石油储备。这是国际能源署成员国的一项最重要的义务,因为“IEA 成员国政府认识到,在大多数情况下,及时地通过市场启用这些储备,特别是在石油供应中断的

① IEA,“Reports”,China,https://www.iea.org/analysis?type = report&country%5B0%5D = china.

早期启用,是恢复供应、减少损失的最快捷、最有效的途径”①。一旦出现石油供应危机,经国际能源署协商同意,成员国将拿出这部分石油储备,来平抑国际市场油价。

目前,中国不被在国际能源署中发挥主导作用的美国认可,也不具备90天纯进口量的战略石油储备。中国难以成为国际能源署的成员国。

另一方面,中国与国际能源署互动关系的这种状况,从中国国际组织外交的视角来看,也是中国参与全球层面能源合作的缩影。在全球层面的能源合作中,中国基本上被排斥于主要的能源组织之外。自2013年“一带一路”倡议提出以来,中国与有关国家、国际组织和区域组织新建能源合作机制40余项,签署能源合作文件100多份,成为推动全球能源合作的活跃力量,②但上述局面至今并无实质性改变。是故,中国虽然是位居世界前列的能源进口和消费大国,但对于全球性国际能源组织而言,中国还是个次要的参与者,缺乏足够的发言权和影响力。中国开展双边和区域层次的能源合作较为活跃,但由于缺乏国际组织的合作框架,参与国际能源组织和多边能源合作机制框架下的能源对话与合作进展相对缓慢,且多为被动应付,少有主动出击。中国与全球层面能源组织的这种互动模式事实上也是中国与国际能源署关系的写照。

第三节　中国加入国际能源署之规范分析

国际能源组织在当今国际能源合作与多边能源外交中发挥着举足轻重的作用。“在当今的国际能源市场,离开国际组织开展能源合作几乎等于空谈。从一定意义上来说,国际组织的建立意味着国际能源合作的开展及合作机制的建立。”“一国参与国际组织的状况和在其中的角色、地位决定着该国进行国际能源合作的能力和程度,也决定了其在国际能源领域的发言权和影响力。”③可以说,多边国际合作是目前国际能源合作中最为重要的合

① 陈新华:《能源改变命运——中国应对挑战之路》,北京:新华出版社2008年版,第137页。

② 是说新语:《国际能源合作,要“走进去”更要“走上去”》,求是网,2021年11月26日,http://www.qstheory.cn/laigao/ycjx/2021-11/26/c_1128102915.htm。

③ 国家发展和改革委员会能源局:《中国参与国际能源组织的合作现状》,http://nyj.ndrc.gov.cn/gjjlyhz/t20060717_76588.htm。

作方式,而作为屈指可数的全球性国际能源组织之一,国际能源署恰恰就是为世界能源消费大国提供多边外交合作的最重要场所。在国际能源署的机制框架下,以推动能源对话与合作、缓解能源供需矛盾和解决能源争端等为重点的国际多边能源外交日趋活跃,为中国保障自身能源安全提供了一个可能的选择。

历史上,中国确实曾被某些国际组织所排斥,但随着中国在世界能源市场乃至国际体系中地位及影响力的急剧上升,主要国际能源组织对中国的态度均发生了明显的变化,中国已成为许多国际能源组织积极争取的对象。2007 年 11 月,国际能源署执行干事田中伸男(Nobuo Tanaka)在北京对记者表示,希望中国加入国际能源署,认为中国加入该署并不意味着中国要成为经合组织成员。在谈及将中国或印度正式纳入该组织所面临的困难时,田中伸男重申,正式成员国资格的门槛很高,但国际能源署在吸收这些国家时应非常注重实效,可以先授予中国观察员资格。2010 年 3 月,国际能源署再次呼吁让中国加入该组织,并警告称随着经合组织能源需求的锐减,亚洲国家的能源消费却日渐增长,该组织很可能会失去重要性。田中伸男表示:"目前,我们的重要性已经遭到质疑,因为能源消费已转移到非经合组织国家内。在许多方面,中国一直都在同我们进行密切合作,但我们仍希望中国能加入我们的队伍。"①

与国际能源署的呼吁相应,2008 年 5 月,美国助理国务卿兼国际能源署特使丹尼尔·沙利文(Daniel S. Sullivan)在美国商会(U.S. Chamber of Commerce)21 世纪能源协会(Institute for 21st Century Energy)举办的一次商业会议上表示,希望中国加入国际能源署的紧急集体回应机制,帮助稳定国际石油市场。沙利文称,国际能源署的一项主要职能是,在出现危机威胁要中断石油供应时,协调发放国家石油储备,以帮助稳定石油价格。比如,为应对 2005 年美国遭受"卡特里娜"飓风的袭击,国际能源署就采取了这一做法。"这一做法使石油市场得以平静下来,而这一做法无疑为美国和其他诸如中国这样的石油消费大国带来了实质性的利益。对中国和印度等世界主要经济体来说,准备最终加入国际能源署并成为其正式成员是相当重要的一件事情。""中国的参与对中国是有利的,对国际能源署也是有利

① Carola Hoyos, "China invited to join IEA as oil demand shifts", *The Financial Times*, March 30, 2010.

的。中国或许可以考虑发表一份声明，表示其希望成为国际能源署的一个成员国。"沙利文认为，中国加入国际能源署，有助于加强该署应对能源价格不断攀升的能力，从而将使它变得更加强大。尽管中国不是经合组织成员国，但鉴于中国在全球能源问题上的重要性，如果中国有意加入，国际能源署可以考虑修改组织章程，接纳中国和印度这样的具有重要能源地位的发展中经济体。沙利文还说，中国已经参加一些国际能源署的能源应对和清洁煤的项目，两者关系得以强化，这逐步为中国加入国际能源署铺平了道路。①国际能源署和美国政府的提议表明，国际社会日益明显地认识到，没有中国的参与，保持国际能源供应安全的任何协调努力可能都无济于事。

事实也是如此。中国现在已是仅次于美国的世界第二大能源消费国和石油进口国，2010 年超过日本成为世界第二大经济体，可以说，没有中国的加入，国际能源署就是不完整的。关于中国加入国际能源署，国内学者的观点基本上分为两派。一派认为，中国短期甚至中长期都不太可能成为经合组织成员国。根据人均 GDP 衡量，中国还不能算是经济强国，况且加入经合组织也要承担相应的责任，故而中国在加入国际能源署问题上应该抱着量力而行的原则。另一派则指出，按照中国经济的发展势头，至少中国加入经合组织并且成为国际能源署成员国的条件越来越成熟。能源是中国经济发展的重要一环，中国与国际能源署、石油输出国组织等国际能源组织加强合作，对能源供应安全只有好处没有坏处。

那么，中国到底是否应该加入国际能源署？这要从中国加入该组织的利弊得失分析。与中国的密切交往是国际能源署 2015 年部长级会议通过的开放政策的核心组成部分。正是在那次会议上，中国成为首个国际能源署联系国。②对于中国而言，深化与主要国际能源组织的合作乃至加入国际能源署，不仅是应对日益严峻的能源挑战的需要，而且在战略、外交和经济社会等许多方面也有着重要意义。一是从战略上看，国际能源治理格局的变革势在必行，在全球化时代国际能源署需要中国的合作。正如国际能源署和美国的呼声所显示，如果中国加入国际能源署，该机构则将变得更为强大，其应急反应机制就会更加协调和有效。反之亦然，加入国际能源署有助

① 《美国呼吁中国加入国际能源署　以稳定石油市场》，http://www.in-en.com/article/html/energy_0921092144190172.html。

② 经济合作与发展组织（OECD）：《中国与经合组织互惠互利的伙伴关系》，2018 年 3 月，第 58 页。

于从一个侧面增加中国在国际体系中的话语权,为中国崛起创造条件,赢得战略主动。随着中国的持续快速发展,中国成为了越来越多的全球性国际组织的成员,加入国际能源署既是与中国的大国身份相称的逻辑必然,也是中国塑造国际体系、使之带有中国元素并实现自身主体性的重要战略步骤。

二是从政治外交上看,加入国际能源署可以在很大程度上减弱国际社会特别是西方国家对中国挑战现行能源体制或国际秩序的担心。能源问题已逐渐扩展至政治安全领域,对中国外交带来诸多挑战,"中国能源威胁论"一度成为"中国威胁论"的核心内容。美国等西方国家宣称,中国日益增长的能源需求推动了世界能源价格屡创新高,加剧了未来为保障石油资源供应而产生的竞争,中国能源政策一心要"锁定"有限的世界能源供给,并试图把西方国家的消费者排挤出能源市场。简言之,"中国能源威胁论"认为,一方面,中国能源需求上升促发的能源外交对全球地缘政治产生了巨大冲击;另一方面,中国能源重商主义对世界能源格局产生了不利影响,是世界能源市场的不稳定因素。①此种论调产生的根本原因在于,"中国目前不是具有法律约束力的主要国际能源组织的成员,游离于西方主导的国际能源合作体系之外,往往被视为体系、规则和国际惯例的'破坏者'"。鉴于此,无论中国采取何种能源政策(包括建立国际通行的战略石油储备、推动节能减排等),进行怎样的对话、沟通与解释,在没有进入现有国际能源体制、接受西方普遍认可的法律和规则约束的情况下,都难以从根本上消除西方的担心和怀疑。②中国加入国际能源署,有助于缓解中国在寻求能源安全的过程中招致的地缘政治指责和压力。此外,加入诸如国际能源署之类的长期能源政策对话合作机制,中国可以避免为同一个议题分别与多个国家逐一开展对话。这样既能加强中国对国际局势的了解,就共同关心的问题进行深入探讨,还可以积极吸取其他国家的经验和教训,从而有助于完善本国的能源政策。③

三是从经济社会层面来看,加入国际能源署,建立起与主要石油消费国的对话机制,也是中国进一步发展的需要。中国由于长期游离于国际能源机制之外,在国际能源市场博弈中处于劣势,讨价还价能力严重不对称,常

① Antonie Halff, "Africa on My Mind: The Panda Menace", *The National Interest*, July/August 2007, p.35.

② 赵宏图:《国际能源组织与多边能源外交》,第15—16页。

③ 陈新华:《能源改变命运——中国应对挑战之路》,第38页。

常在国际能源供应大幅减少或中断、能源价格狂飙中蒙受惨重损失。这要求中国依靠自己的力量摆脱被动，同时借助能源领域的国际合作寻求主动。国际能源署在应对历次石油危机中通过与石油输出国组织的合作发挥了重要作用。从某种程度上说，参加国际能源署才有真正意义的国际能源合作。中国加入国际能源署，可以通过该机构与发达国家进行实质性合作，实现石油价格、供给、储备等方面的信息、技术和集体安全保障措施的共享，增强能源供应的安全和稳定性，减少输出国敌意中断供应的可能性，克服"信息不畅导致进口成本过高，经验不足导致战略储备长时间缺位，技术落后导致高污染"的弊端，①从而降低危机对本国经济和社会的负面影响，更好地维护本国的能源安全和国家利益。在能源投资和贸易领域，则可享受更多的多边、有约束力的法律和政治等保障，减少有关国家对中国能源企业特别是国企的各种歧视或不公平待遇。近年来，中国海外能源投资大幅度增加，与对象国之间因投资引起的各种纠纷与争端显著增多。在解决问题方面，多边能源合作机制要远比双边合作机制成本低、风险小。同时，加入国际能源署和多边能源合作机制，也将促进中国能源政策和相关法律制度及能源市场体系的完善，有助于进一步改善国内投资和贸易环境，增强国际社会投资和贸易的信心，吸引与增效节能、开发新能源、环境保护等有关的资金和技术。②

当然，对于加入实质性国际能源组织，中国还缺乏足够的物质和心理准备。"在观念上，对于各种国际组织的约束以及大国主导等有着各种各样的顾虑和担心。在认知层面上，对众多的国际组织缺乏足够的研究与了解。在组织和机制上，多年来国家缺乏统一的能源管理以及对外合作机构。"③这决定了中国加入国际能源署将不得不付出相应的边际成本。长期以来，在是否加入由发达国家主导的国际组织的问题上，中国一直十分谨慎，而且中国坚持自己为发展中国家及发展中世界的支持者的坚定立场。所以，中国若加入国际能源署，很可能会被外界视为中国调整身份定位，试图跻身世界富国俱乐部和发达国家行列，这将对中国以发展中国家作为自我定位的外交大战略的实施产生某些消极影响，"使自身独立自主的外交政策和代表

---

① 《中国与国际能源署试探深度合作》，http://finance.people.com.cn/GB/1038/59942/59955/4983101.html。

② 赵宏图：《国际能源组织与多边能源外交》，第15页。

③ 同上文，第16页。

发展中国家的形象严重受损”。①一旦加入国际能源署,在拥有权利的同时,承担的义务也会相应增加。由于要接受其规则的约束,并且由于经验不足而缺乏机制和议程创设能力,一段时期内中国可能在国际能源署框架内丧失话语主动权,处于被动的地位。在一些具体问题上,中国外交将面临棘手的考验。中国作为发展中国家的定位已经对它在诸多重大国际事务的博弈中发挥了积极的作用,比如全球气候变化问题,正是发展中国家的身份使得中国在减排上执行了比发达国家要低的标准。中国加入国际能源署将使中国外交在全球气候变化博弈上面临的不确定性大大增加。

总之,中国加入国际能源署所牵涉的国内外变局从广义上说是中国与国际组织进行正反向互动的一个典型缩影。虽然各国政府是以各自的利益为行动基准,而且强势政府对国际机制的影响要远远大于国际机制对政府的影响,但国际组织通过将各国官员聚集在一起商讨共同的问题而在世界政治中结成了潜在的联盟。②早在 1974 年,罗伯特·基欧汉和约瑟夫·奈(Joseph S. Nye)就曾预言,“国际组织将涉及需要核心部门进行合作的政府间事务”③。国际能源署正是这样一个组织。国际能源署是旨在协调发达工业国家的能源政策而建立的,而能源是一个综合性的领域,具有“高政治”属性,涉及经济增长和国家安全的根基,能源政策的制定和实施影响到成员国政府和社会中的诸多因素。对国际能源署的研究证明,在政策实施层面政府间关系要强大得多,也就是说,国际能源署秘书处与国家机构的关系或国家机构之间关系的政策意义要远远强于国际能源署管理委员会的政策制定层面。无论怎么发展,国际能源署也不会变成一个可以对一国政府政策指手画脚的超国家组织;反之为了增强影响力,国际能源署必须与政府合作,尤其是与大国政府以及政府内部的能源政策部门进行合作。④中国加入国际能源署势必有助于提升自己对国际能源市场的影响,维护国家能源安全,也将推动能源政策的国内整合以及国内治理的良性发展。

---

① 吴磊:《能源安全与中美关系:竞争·冲突·合作》,北京:中国社会科学出版社 2009 年版,第 237 页。

② Robert O. Keohane, “The International Energy Agency: State Influence and Transgovernmental Politics”, *International Organization*, Vol.32, No.4, Autumn 1978, pp.929—930.

③ Robert O. Keohane and Joseph S. Nye, “Transgovernmental Relations and International Organizations”, *World Politics*, Vol.27, No.1, October 1974, p.54.

④ Robert O. Keohane, “The International Energy Agency: State Influence and Transgovernmental Politics”, pp.950—951.

本章小结

鉴于能源需求日益增长，能源利益不断扩大，并考虑到深化全方位国际能源合作、缓解西方对挑战现有能源及国际秩序的猜疑的现实需要，中国加强同诸如国际能源署或石油输出国组织这样的国际能源组织的协调与合作将是大势所趋。中国应在战略上重视国际能源署在国家多边能源外交中的作用，把国际能源署作为深化与国际能源组织合作、融入多边能源合作机制和国际能源秩序的突破口。中国加入国际能源署的方向是合理的，因为该组织的规划、机制符合国际市场准则和惯例，值得中国学习。况且，中国目前已经被邀请向国际能源署部长理事会和管理委员会派遣观察员，双方都从日益密切的合作关系中得到了好处。因此，中国应进一步加强对主要国际能源组织和多边能源合作机制的研究和了解，同时充分做好加入这些组织的政策、法律乃至人员准备。

中国加入国际能源署的选择，实际上是一个国家在国际机制内的权利与义务平衡的问题，没有哪个国家只享受权利而不承担义务，或只承担义务而不享受权利。中国需要慎重地权衡利弊，力争达到权利与义务的平衡，若有把握做到权利与义务的大致相称即可考虑加入。在目前尚不能加入国际能源署的情况下，中国与国际能源署的合作可以考虑采取具有现实可能性的两种方式进行。第一，国际能源署可以重新把自己定位成关注国际能源政权制度的主要国家的集合体，而不是经合组织的国家。假如现在的成员国接受这种定义，中国就会成为国际能源署的一员，参与其所有活动，并承担处理能源供给中断的责任。第二，中国以非正式成员国或特别伙伴身份积极参与国际能源署的某些合作机制，比如不妨建立 90 天纯进口量的战略石油储备，参与国际能源署紧急共享体系，在石油供应不稳定的时期与国际能源署一起采取共同行动。或者与国际能源署达成某种互信协议，互换信息和专家，提高透明度，消除技术转让、研究和开发的障碍，以及在有关石油储备管理方面开展更广泛的政策合作，并在此基础上承担相应的国际义务。①

---

① 有关中国与国际能源署合作方式的设想，可参见管清友、何帆：《中国能源安全的新思路》，中国社会科学院世界经济与政治研究所全球能源政策研究项目阶段性成果之三，http://news.xinhuanet.com/fortune/2006-10/29/content_5262583.htm。

第八章　跨国城市网络与美国气候治理合作（经验启示二）①

全球气候治理的复杂性以及美国联邦政府不时的角色缺位，凸显了城市，特别是跨国城市网络在气候治理中的地位和作用。在理论上，多层级治理理论以新颖的分析视角展现了跨国城市网络在气候治理中的横向影响。C40 城市气候领导联盟作为最重要最活跃的跨国城市网络之一，通过信息共享、能力建设实施和制定规则三种方式，把这种横向影响转变成美国气候治理的实际效应。参与 C40 网络的美国城市通过 C40 建立了新的权威，提升了在全球的影响力，在塑造、创新城市自身气候政策的同时，弥补了联邦政府在气候治理中的缺位，从国内和国际层面“自下而上”地推动了美国气候治理的发展。

第一节　问题的提出与理论分析框架的构建

气候变化是全球治理议程上最紧迫的问题之一，而长期以来全球应对气候变化的政策和立法却主要依靠联合国达成的一系列国际条约和国家制定的战略。然而，事实证明这种应对方式的效果差强人意，迄今国际社会未能采取一致的气候行动以有效降低温室气体排放水平。同时国家之间的利益博弈，造成零和讨价还价的局面，导致相关的排放大国不愿采取有效的气候行动。为尝试改变这一局面，2015 年达成的联合国气候变化《巴黎协定》提出国家自主贡献减排模式，该模式具有“自下而上”的特征，将城市和地方政府、企业以及其他非国家行为体纳入其核心，肯定了地方政府在全球气候

① 在本章的研究过程中，焦莉协助搜集和整理了文献资料，并参与撰写了相关内容，特此致谢。

治理中的重要地位和作用。①国家自主贡献减排模式假定，城市可以帮助弥合《巴黎协定》商定的国家预期总贡献与将温度变化保持在 1.5 ℃以下所需的实际减排要求之间的差距。②

在全球化时代，城市越来越被认为是国际舞台上重要的参与者。面对国际气候政策停滞不前的现状，城市不仅开始将自己定位为全球气候治理的实施者，而且也是全球气候治理的核心参与者或推动者。③传统上，城市囿于规模小、权力有限等局限性，较长时间被视为政策的接受者。但随着许多先驱城市越来越多地参与跨国网络，城市得以在与全球环境问题有关的研究和政策团体中日益受到重视。跨国城市网络自愿将城市聚集在一起，促进城市间的互动、接触和交流，以此作为增加政策参与和措施流动性的有效手段。C40 城市气候领导联盟作为跨国城市网络之一，是当下应对气候变化的全球领先城市网络。C40 不仅构成为交流气候变化专业知识而聚集的城市的交往空间，而且也是代表主要城市之间联系的催化剂。显然，对于气候治理这样复杂多维的全球性议题，仅只关注国家的角色是不够的，其他一些参与者——公司、志愿协会、民间团体和地方政府等——也变得十分重要，因此必须将城市(气候)治理作为一种多部门、多层次和多参与者的现象进行分析。④在这个意义上，多层级治理理论恰正提供了一个合适的解释框架。该理论被认为是规范的治理体系，也是分析气候变化问题的多维性质的理论框架。

多层级治理一词起源于欧盟研究，现已成为各种政治环境和政策制定的常用概念。该概念最早由加里·马克斯基于欧盟国家政府的作用减小、新的治理体系正在形成的背景提出，用以对欧盟结构政策进行分析。这一理论自提出后不断被阐发及扩展。利斯贝特·霍格和加里·马克斯发展了

① Thomas Hale, "'All Hands on Deck': The Paris Agreement and Nonstate Climate Action", *Global Environmental Politics*, Vol.16, No.3, 2016, p.13.

② Vanesa Castán Broto, "Urban Governance and the Politics of Climate change", *World Development*, Vol.93, 2017, p.1.

③ David J. Gordon, "Between local innovation and global impact: cities, networks, and the governance of climate change", *Canadian Foreign Policy Journal*, Vol.19, No.3, 2013, p.291.

④ Eva Gustavsson, Ingemar Elander, and Mats Lundmark, "Multilevel governance, networking cities, and the geography of climate-change mitigation: two Swedish examples", *Environment and Planning C: Government and Policy*, Vol.27, 2009, p.62.

两种不同的多级治理方式,即一是构想将权限分散到有限级别的非重叠司法管辖区(类型一),在这种嵌套的解释中,存在着不同的治理层次,国家在与国内和国际层面谈判中保留中央权威,国家行政人员和国家仍是治理体系的重要组成部分。从另一个角度观察,地方政府拥有一定程度的独立性,例如在美国,学者注意到地方政府越来越独立于联邦政府,甚至在联邦政府缺位时代行国家治理职能。二是描述涉及国家和非国家行为体的众多重叠的、功能特定的司法管辖区(类型二),国家和非国家行为体之间的互动产生新的权威领域。类型二被认为与水平/跨国网络治理具有明显的相关性。对于气候变化这个没有地理边界和体制结构的领域的治理,哈丽雅特·巴尔克利和米歇尔·贝茨在沿用马克斯等人的多层级治理理论方法的同时,认为只有通过多层级的方法来捕捉社会、经济和政治动态,才能更好地理解城市与全球气候变化多层级治理之间的关系,并提出跨国网络是多层级治理理论类型二发展的缩影。①

多层级治理理论着重强调政府的垂直层级和水平组织的治理形式之间的联系,这为理解在一定规模内及跨区域环境治理的方法提供了一个很好的切入点。虽然起源于欧盟治理实践,但是多层级治理理论具有广泛的适用性,尤其是对于诸如美国这样权力分散的联邦制国家。关注美国地方层级气候变化政策的最早著作主要集中在类型一的范畴,侧重探讨在联邦行动付之阙如时州和地方行动之间的相互作用。而跨国城市网络专门作为气候行动场所的出现,虽然引起了人们对水平治理(类型二)的关注,但这方面的研究仍相对欠缺。其实,水平治理才是影响美国气候变化政策的源泉。②根据类型二,水平扩散/水平治理意指良好实践的转移、经验复制和政策流动性,这主要通过城市双边互动以及城市网络安排得以实现。具体地说,水平合作治理着眼于地方行为体(城市、地方企业和民间社会组织)与国家边界之内和之间的地方和国际行为体之间的互动,彰显了城市实施治理的自主权。在跨地方关系的多层级治理体系中,跨国城市网络合作主要发生在水平治理的范畴,也就是其更关注本地参与者与国家边界外的其他参与者

① Michele M. Betsill and Harriet Bulkeley, "Cities and the Multilevel Governance of Global Climate Change", *Global Governance*, Vol.12, 2006, pp.141—159.

② Taedong Lee and Chris Koski, "Multilevel governance and urban climate change mitigation", *Environment and Planning C: Government and Policy*, Vol.33, 2015, p.1501.

的交互。①

学术界对跨国城市网络 C40 在气候治理中作用及影响的理论和实证研究主要包括以下几个方面。首先，从网络与城市的关系入手，界定跨国城市网络以城市为中心的发展特性。米歇尔・贝茨和哈丽雅特・巴尔克利肯定了多层级治理理论的水平治理模式在地方气候保护中的重要性，并在总结前人研究的基础上指出水平治理模式主要由跨国城市网络所主导，跨国城市网络作为政策协调机制促进了城市信息和经验的交流。②诺亚・托利(Noah J. Toly)指出，跨国城市网络为城市间对话和全球影响力的汇集提供了机会，突出了城市在世界上的存在和影响。③韩柯子和王红帅通过分析马斯亚斯・科尼格-阿尔基布吉的"治理安排"得出，跨国城市网络在气候治理中具有三个有效作用机制，一是高公共性，在全球、地方层面均使得气候治理得以有效开展；二是低授权性，使得城市保留治理主体的独立性，并同时使城市更认可跨国城市网络的规范；三是高包容性，跨国城市网络在增强国际影响力、促进国际认同等方面扮演着重要角色。④对于作为全球应对气候变化的领先网络之一的 C40，米歇尔・阿库托(Michele Acuto)认为，C40 通过将气候变化视为一个城市驱动的问题加以阐述，为城市成员提供了一定的资源和支持，以"有效实施以城市为中心的气候倡议"，从而获得了广泛的关注。⑤

其次，突出 C40 在促进更大的地方活动方面的作用。一些学者阐明，跨国城市网络具有明显的能力朝着真正解决问题的方向来刺激城市参与气候治理，并且通过规范、实践和思想的传播在特定方向上指导着成员城市。李泰东和克里斯・科斯基强调，在应对气候变化方面，城市通过加入跨国城

① Taedong Lee and Ha Yoon Jung, "Mapping city-to-city networks for climate change action: Geographic bases, link modalities, functions and activity", *Cleaner Production*, Vol.182, 2018, p.97.

② Michele Betsill and Harriet Bulkeley, "Looking Back and Thinking Ahead: A Decade of Cities and Climate Change Research", *Local Environment*, Vol.12, No.5, 2007, p.449.

③ Noah J. Toly, "Transnational Municipal Networks in Climate Politics: From Global Governance to Global Politics", *Globalizations*, Vol.5, No.3, 2008, p.341.

④ 韩柯子、王红帅：《气候治理中的跨国城市网络：特点、作用、实践》，《经济体制改革》2019 年第 1 期，第 80 页。

⑤ Michele Acuto, "The new climate leaders?" *Review of International Studies*, Vol.39, No.4, 2013, p.840.

市网络 C40,以克服国家面临的集体行动的困难。跨国城市网络在提供援助并提升次国家行为体解决国际问题知名度方面的重要性日益上升。①城市可以在 C40 的会议、峰会、活动等场合与其他城市进行直接交流,也可以通过 C40 网站发布的有关规划指南和最佳实践的官方出版物间接与其他城市进行交流。②可见,C40 发挥了催化剂的作用,不仅促进会员城市内部的互动交流,以满足它们的特定需求,而且为非 C40 城市提供灵感,让其复制 C40 城市的气候行动,由此凸显了其行动的全球相关性。此外,面对许多城市政府资源有限,执行项目往往需要在资金、时间、人力资源和技术方面付出相当大成本的现实,C40 不断寻求外部合作伙伴,使城市克服这些限制,以推动政策和项目的进一步实施。③

第三,聚焦 C40 在全球气候治理中日益扩大的作用。学界分别从 C40 自身建设、地方、国家以及全球层面分析 C40 所扮演的角色。戴维·戈登(David J. Gordon)和克雷格·约翰逊(Craig A. Johnson)指出,C40 正在动员城市参与全球应对气候变化的斗争,这有助于建立测量、报告和验证减排量的能力。④索菲·布特里吉耶(Sofie Bouteligier)认为,C40 在气候治理领域的贡献之一在于,通过实施试点项目,展示可能推动世界其他城市倡议的特定解决方案,并激发以市场为基础的方法来解决环境问题。因此 C40 具有产生全球实践的潜力。⑤德里克·布罗霍夫(Derik Broekhoff)等主张,跨国城市网络可以起到鼓励、促进政府提高国家政策野心的作用,跨国城市网络有能力成为政府的"关键实施者"和"战略伙伴"。⑥李昕蕾和任向荣考察

① Taedong Lee and Chris Koski, "Mitigating Global Warming in Global Cities: Comparing Participation and Climate change Policies of C40 Cities", *Journal of Comparative Policy Analysis: Research and Practice*, Vol.16, 2014, p.475.

② David J. Gordon, "Between local innovation and global impact: cities, networks, and the governance of climate change", p.294.

③ Sofie Bouteligier, *Cities, Networks, and Global Environmental Governance: Spaces of Innovation, Places of Leadership*, New York: Routledge, 2012, pp.84—86.

④ David J. Gordon and Craig A. Johnson, "City-networks, global climate governance, and the road to 1.5 ℃", *Current Opinion in Environmental Sustainability*, Vol.30, 2018, p.35.

⑤ Sofie Bouteligier, *Cities, Networks, and Global Environmental Governance: Spaces of Innovation, Places of Leadership*, p.112.

⑥ Derik Broekhoff, Peter Erickson and Carrie M. Lee, "What Cities Do Best: Piecing Together an Efficient Global Climate Governance", Stockholm Environment Institute Working Paper, No.2015-15, 2015, pp.6—7.

了C40在全球气候治理中的功能，主要有四个方面，即C40的组织形式和行动目标旨在全球气候治理中发挥次国家层面的领导作用；C40的行动议程将充分利用城市的各种技术信息资源、发挥最优实践交流放在首位；C40在内部协调和外部交流上强调观念流和规范的凝聚力；C40通过与各种外部行为体的合作来促进自身杠杆作用的发挥。①

最后，勾画跨国城市网络在美国气候治理中的角色。美国联邦政府气候角色的长期缺位，为跨国城市网络在美国气候治理中发挥作用创造了有利的空间和舞台。李泰东和克里斯·科斯基用多层级治理理论分析美国气候治理行动，表明既要考虑城市对气候行动的横向影响，也要考虑国家、州政府对城市的纵向影响。他们认为，在推动地方层面的气候行动时，水平影响强于垂直影响，即城市网络在激励美国城市减缓气候变化方面仍可能发挥重要作用。②虽然作者没有直接提及C40网络，但其相关研究仍为考察C40在美国气候治理中的角色预设了框架和路径。

通过文献梳理可以发现，跨国城市网络在气候治理实践中一直发挥着重要且独特的作用，但对其的研究仍处于不足的状态，③尤其是从多层级治理理论视角对C40在美国气候治理中角色的探讨更是少之又少。鉴于跨国城市网络主要以水平扩散方式开展气候合作，且在地方气候行动中水平作用超过垂直影响，本章采用多层级治理理论的类型二暨水平治理模式，重点分析跨国城市网络C40在美国气候治理中的作用及角色。

多层级治理理论概念突破了以国家为治理主体的窠臼，将国家以下各层级行为体纳入考察范畴，有助于发掘和扩大城市及地方政府的全球治理角色，从而推动全球气候治理模式的变革。为验证该理论假设，本章选择美国作为实践对象，探讨跨国城市网络C40在气候治理中发挥的作用及产生的影响。这一研究路径的设计，主要基于以下几个原因。

首先，多层级治理理论假设相当程度上契合了美国的气候治理实践。美国作为联邦制国家，地方政府具有一定的自治权，可以在全球气候治理中

① 李昕蕾、任向荣：《全球气候治理中的跨国城市气候网络——以C40为例》，《社会科学》2011年第6期，第43—45页。

② Taedong Lee and Chris Koski, “Multilevel governance and urban climate change mitigation”, p.1501.

③ Harald Fuhr, Thomas Hackmann, and Kristine Kern, “The role of cities in multi-level climate governance: local climate policies and the 1.5 ℃ target”, *Current Opinion in Environmental Sustainability*, Vol.30, 2018, p.3.

采取独立行动,并在气候政策中分配适当的资源与要素。美国地方政府与联邦政府之间的垂直互动固然适用于多层级治理理论的分析框架,但是在该理论范畴中,城市之间通过姐妹城市关系以及参与跨国城市网络的这种水平合作影响更加不容忽视。事实上,美国的城市及城市网络在激励减缓气候变化的行动上发挥了更重要的作用。①例如,由美国市政府引领的3 800多名领导人,签署了《我们仍在》宣言,承诺继续实现《巴黎协定》的减排目标。《我们仍在》也是美国为实施气候行动而成立的最大部门。②

其次,由于美国联邦政府在应对气候变化问题上长期处于缺位的状态,地方政府在气候治理中的角色和作用日益受到关注。特朗普宣布美国退出《巴黎协定》,并否定气候变化议题,将国家在全球气候治理中的缺位推到极致。在国家气候角色缺位的背景下,美国的地方政府、民间组织和私营部门介入以填补这一空白。如今,跨国网络、私人和地方各级治理实践充斥着全球气候治理领域。而跨国城市网络通过公私参与者之间的网络和机构将地方与全球联系起来,从而创造了新的权威领域。通过跨国气候变化治理,新的参与者加入了治理气候变化的过程,并获得授权,成为权威性参与者。它们通过制定气候变化框架以及日常商定的规则和规范来行使权力。③

第三,多层级治理理论可以较好地分析,为什么在联邦政府消极应对气候变化的情况下,城市反而越来越积极地参与全球气候治理。通过参与跨国城市网络,美国的市政府越来越多地参与到全球气候治理的行动中。跨国城市网络是多层级治理类型二的缩影,它创造了一个新的权威领域,城市可凭依进行气候变化治理,且不受特定规模(以美国为例,指不受联邦政府、州政府)的约束。④于此,跨国城市网络不仅有望帮助推进《巴黎协定》的目标,而且可以提供在全球范围传播的政策创新、实验和最佳做法等。⑤

---

① Taedong Lee and Chris Koski, "Multilevel governance and urban climate change mitigation", p.1501.

② "We Are Still In", Declaration, https://www.wearestillin.com/we-are-still-declaration.

③ Michele M. Betsill, "Trump's Paris withdrawal and the reconfiguration of global climate change governance", *Chinese Journal of Population Resources and Environment*, Vol.15, No.3, 2017, p.189.

④ Michele M. Betsill and Harriet Bulkeley, "Cities and the Multilevel Governance of Global Climate Change", *Global Governance*, Vol.12, 2006, p.151.

⑤ Johannes Urpelainen and Thijs Van de Graaf, "United States non-cooperation and the Paris agreement", *Climate Policy*, Vol.18, No.7, 2018, p.847.

第二节　跨国城市网络参与国际气候治理的方式

城市一直处于应对全球气候治理挑战的最前沿。当城市试图保护其居民、改善气候变化的消极影响时,它们即开始寻求建立政治权威并制定有关外交和安全的独立政策,这些事务传统上则被视为国家政府核心职责的问题领域。城市处于城市化和全球化的交汇处,日益参与国际事务。全球城市是展示国家和国际组织如何不再是世界政治中唯一解决问题的部门。[①]城市加入跨国城市网络的原因主要有两方面。一方面,环境问题的跨国性质使其很难仅通过基于国家的治理形式进行监管,因而城市通过加入跨国城市网络寻找联合力量,来增强自己处理跨国环境问题的能力,比如获取知识技术、财政资源等。另一方面,通过建立并参与跨国城市网络以代表自身在全球范围的集体利益,城市不再像在国家和国际行为体之间演出的全球游戏中的被动参与者那样行事。[②]联合国监督下的《2015 年后发展议程》首次明确地将城市问题视为未来发展议程的核心。2015 年的可持续发展目标,也首次明确地将城市目标纳入其中。[③]随后《巴黎协定》再度强调了国家以下各层级行为体实施气候行动的重要性。城市及跨国网络日益被视为气候变化行动的战略舞台,解决气候变化的城市治理进程也重新配置了气候变化政治。[④]

跨国城市网络主要通过多层级治理理论中的水平扩散方式发挥作用。气候政策可以从一个城市转移到另一个城市。经验借鉴和城市之间的竞争也是水平扩散的主要驱动力。如果一个城市实施了一项新政策,并且证明是有效的,那么网络中其他城市可能会采用它。在跨国网络中,当地领导人

① Michele Acuto, "City Leadership in Global Governance", *Global Governance*, Vol.19, No.3, 2013, p.495.

② Ash Amin and Nigel Thrift, "Citizens of the World: Seeing the City as a Site of International Influence", *Harvard International Review*, Vol.14, 2005, p.17.

③ Clive Barnett and Susan Parnell, "Ideas, implementation and indicators: epistemologies of the post-2015 urban agenda", *Environment & Urbanization*, Vol.28, No.1, 2016, p.88.

④ Vanesa Castán Broto, "Urban Governance and the Politics of Climate change", p.1.

可以分享彼此的想法和成功经验,并从其他人的活动和专业知识中进行学习。概言之,跨国网络主要通过信息共享、能力建设和实施、规则制定三种方式发挥作用。①

第一,信息共享是许多跨国网络的核心。信息是引导城市实现跨国网络目标的主要资源。城市通过交流知识、分享经验、提供最佳实践等来增强自身应对气候变化的有效性。跨国城市网络的建立通常是为了明确的创建目的以及分享"最佳"或"良好"做法,换言之,有机会了解其他地方的"哪些做法可行"是城市参与跨国网络的一个关键动力。②跨国城市网络所共享的信息,主要包括建议以及有关如何使用共享方法、技术或获得技术所必需的最新消息等。最佳实践的共享可为创新方法提供可信度,尤其是一些积极应对气候变化的大城市实施了这些创新方法,其他的会员城市就会相继效仿并学习。由此,信息共享承担着治理功能,不仅被用于指导网络中的成员,还可以通过规范传播、建立共识或改善管理来实现网络中的目标。③例如,C40 网络为城市间提供了合作平台,组织了视频会议和讲习班等,通过一对一或一对多的形式促进会员城市之间的互动和学习。

此外,跨国城市网络会举办一些国际会议、研讨会等,会员城市的领导人将此视为一个重要的信息共享平台,他们汇集于此,表达自身的想法、经验以及在应对气候变化方面所获得的成就,并通过交流了解其他城市的活动,学习它们的专业知识。通过跨国城市网络,市政当局之间的联系变得比以往更加紧密。例如,地方可持续发展协会(ICLEI)为城市领导人提供了一个平台,以交流在用气候政策方面的最新进展以及在实施阶段遇到的挑战。地方可持续发展协会在全球设有办事处,并在不同的会员城市举行年度研讨会和国际会议,促进城市之间相互学习,为城市气候治理提供建议和解决方案。

第二,能力建设和实施是指通过提供财务、专业知识、劳动力、技术或监管等资源将各成员城市紧密地联系在一起,并加强各成员城市与跨国网络

① Liliana B. Andonova, Michele M. Betsill, and Harriet Bulkeley, "Transnational Climate Governance", *Global Environmental Politics*, Vol.9, No.2, 2009, p.63.

② Kristine Kern and Harriet Bulkeley, "Cites, Europeanization and Multi-level Governance: Governing Climate Change through Transnational Municipal Networks", *Journal of Common Market Studies*, Vol.47, No.2, 2009, p.320.

③ Liliana B. Andonova, Michele M. Betsill, and Harriet Bulkeley, "Transnational Climate Governance", pp.63—64.

的联系，使它们能够获得开展特定项目所需的资源。跨国城市网络可以为会员城市提供额外的财政资源和技术以支持其地方行动，后者不必再依赖于从当地或中央政府获得资源。例如，城市气候保护计划（Cities Climate Protection，CCP）作为减缓气候变化的合法工具，在确保财政资源方面发挥着重要作用，通过游说为会员城市提供从国家或州得不到的部分资源；同时，CCP还向新会员城市提供“支持服务包”，其中包括由网络专家提供计划方面的技术指导，并包含进一步的建议。C40 建筑能源 2020 项目，不仅为会员城市从领先的建筑能效研究机构分配一位技术官员，以指导能源效率和技术援助的提供，而且定期举办研讨会、培训和面对面的知识分享论坛，从而加强会员城市之间的联系并增强其业务能力。如 C40 与奥雅纳工程咨询有限公司（Arup）长时间保持着密切的合作伙伴关系，自 2011 年以来，奥雅纳公司与 C40 合作创建了《大城市气候行动报告》，通过分析 C40 网络中大城市市长为应对气候变化所采取的行动，进而为会员城市提供创新和可持续的解决方案。①跨国城市网络还从研究机构获得专业的研究报告，作为会员城市的行动目标等。由于跨国城市网络已经与国际组织、跨国公司、民间组织、基金会等建立联系，它还有助于发挥将城市与跨国气候变化体制综合体中其他参与者联系起来的功能。通过这些网络向其他治理行为体传播有关城市气候变化实践的知识，城市有可能塑造其他行为体的规范和实践。②

第三，规则制定是指通过表彰、基准和认证等手段对网络内部管理进行干涉，并约束会员城市，进而为气候治理作出贡献。这种约束手段不同于国家法规或国际法，以严格的等级制要求城市服从，而是一种软性的规定，可能与现有的国际或国内规则并行出现，或者是在国际或国内缺乏规则制定的情况下作为一种替代方式出现。③这意味着，在美国联邦政府缺位的情况下，诸如 C40 这样的跨国城市网络可以建立新的权威，通过规则制定来指导美国会员城市积极采取气候行动。表彰手段是指对会员城市不同类型的表现提供各种奖励，包括为良好案例制定标准或为特定奖项设立竞争，如气

① C40 Cities, “Our Partners & Funders”, https://www.c40.org/partners.

② Noah J. Toly, “Transnational Municipal Networks in Climate Politics: From Global Governance to Global Politics”, p.344.

③ Liliana B. Andonova, Michele M. Betsill, and Harriet Bulkeley, “Transnational Climate Governance”, p.65.

候联盟(The Climate Alliance)为欧洲各城市制定了“气候之星”奖,以表彰城市和地区在可持续发展、清洁能源、交通等方面的成就。基准手段有明确的标准,力求让所有会员城市都参与进来。例如,CCP 网络从建立之初就设立了一系列基准,包括制定排放清单、设定减排目标、制定行动计划、实施政策和检测进展等。而认证手段是通过建立指标或者在网站上监视和披露会员城市的减排效果,对符合标准的会员城市加以认证,并授予标签。认证手段主要为了增强成为会员城市的声誉而存在,更具有干预效果,尤其是在促进落后城市采取行动方面。不过,认证手段相较于前者适用性较弱,因为跨国城市网络没有权力强迫会员城市参加认证活动,并在必要时对其会员城市实施制裁。因此,认证手段仍然局限于那些在应对气候变化方面最活跃的城市。这些城市已经在气候治理领域取得了一定的成就,通过参加认证,可以提升其正面形象。①

第三节　C40 与美国气候治理合作

“国家在说话,城市在行动。”②城市将自身定位为创新者而不是谈判者,尝试各种减少排放的方法,并通过跨国治理网络彼此进行富有成效的合作。作为跨国城市网络的一个范例,C40 由伦敦市长和气候组织于 2005 年发起成立,18 个城市参与创建,在气候变化治理方面一直享有全球领导地位。与其他跨国城市网络不同的是,C40 是由城市自发成立的。③其成员数量有限并且只能通过接受邀请的方式加入,主要由满足特定 GDP 和人口门槛的全球城市组成。C40 已是一个由 96 个全球城市组成的跨国城市网络,会员城市在经济发展水平、人口规模、地理位置等方面具有相当大的多样性,代表了 7 亿以上的人口和全球经济的四分之一,其致力于在地方层面实现《巴黎协定》中最雄心勃勃的目标。④C40 当下拥有 16 个子网络,涵盖成

① Kristine Kern and Harriet Bulkeley, “Cites, Europeanization and Multi-level Governance: Governing Climate Change through Transnational Municipal Networks”, p.323.

② Thomas Hale, “Transnational Actors and Transnational Governance in Global Environmental Politics”, *Annual Review of Political Science*, Vol.23, 2020, p.206.

③ Taedong Lee and Susan van de Meene, “Who teaches and who learns? Policy learning through the C40 cities climate network”, *Policy Sciences*, Vol.45, No.3, 2012, p.201.

④ C40 Cities, “About C40”, https://www.c40.org/about.

员最优先考虑的缓解、适应和可持续发展主题。通过帮助城市复制、改善和加快气候行动，C40 网络展现了最大的气候影响潜力。

C40 建立的初衷只是为城市提供一个交流气候治理实践的论坛，城市可以通过 C40 举办的活动、峰会彼此直接交流经验，或者通过 C40 的《良好实践指南》间接合作。从 2007 年开始，C40 建立了许多针对特定问题的子网络，如电动汽车、三角洲城市与适应等，成功地促进了城市之间的互动和交流。自 2011 年以来，C40 网络进行了强化，要求其所有会员城市每年都要向其披露全市范围内的温室气体排放量，以及进行公众传播和绩效跟踪。C40 还与世界银行、碳披露项目（Carbon Disclosure Project, CDP）、奥雅纳工程咨询有限公司等建立一系列战略合作伙伴关系，不仅将获取外部财政资源和专家知识能力联系起来，帮助解决会员城市的当务之急，使城市制定符合网络规范的标准和目标，而且增强了 C40 的权威性和城市绕过国家层面采取气候行动的合法性。2011 年，C40 与克林顿气候倡议（Clinton Climate Initiative, CCI）正式合并，同时获得了彭博慈善基金会的资金支持，进而增设了大量正式和常设组织职位，提高了网络的机构能力。在此基础上，C40 创建了十多个针对特定问题如交通、清洁能源、固体废物等的计划子网络，建立了会员城市管辖权能力、权限和行动的数据库，并在每个网络安排一位经理来定期组织会议，以促进城市之间的交流和学习，共享专业知识和经验。由于参与 C40 网络，有 70%的 C40 城市已经实施新的更好或更快的气候行动。C40 旨在将城市官员与世界各地的同僚联系起来，以帮助提供应对气候挑战的解决方案；通过展示领先的全球城市的想法和解决方案来激发创新；根据类似项目和政策的经验为城市同行提供建议；通过利用城市的集体声音来影响国家和国际政策议程并驱动市场。①

截至目前，已有 14 个美国城市加入了 C40 网络（迈阿密和凤凰城于 2020 年刚加入 C40，故暂不考虑其作用和影响）。这些城市在其行政区域内代表着 7%的美国人口，如果把大都市纳入其中，C40 城市则占美国人口的 25%。②基于此，C40 可谓对美国的气候治理及相关政策行动发挥着重要作用。

首先，C40 为美国城市气候治理提供信息共享。

---

① C40 Cities, "Networks", https://www.c40.org/networks.

② C40 Cities, *Arup: How U.S. Cities Will Get The Job Done*, p.4.

C40为知识、经验交流和行动协调提供了一个坚实的平台。一方面，会员城市已开展超过14 000个基于城市的气候行动。会员城市既可以通过C40系列的会议、峰会、讲习班等活动与其他城市进行交流，也可以通过C40网站上有关规划指南和最佳实践的官方出版物间接与其他城市进行交流。①C40还融合了一些最具全球影响力的市长，并与主要的国际企业和慈善机构保持紧密的合作关系。通过这种厚实的合作结构，C40发展了自己的外交角色形象。会员城市也利用C40加强协调，鼓励知识交流和建立"网络外交"。网络外交的发展超越传统国际关系以国家为主导的范畴，增强了城市参与全球气候治理的能力。

由于拥有重要的资产，C40网络中的美国城市与非C40城市相比，具备更大的制定自己的愿景并采取气候行动、实施气候政策的权力(比平均水平高出约10%)。美国C40城市是应对全球气候变化最活跃的城市代表之一，就已经采取的行动及实施的投资规模而言，其已在C40特定网络中展现出气候领导作用。②它们有的已经形成最佳实践案例供其他城市复制学习，有的通过会议或具体项目等将自身的优秀知识和经验分享给其他城市。例如在资源浪费网络(Waste to Resources)中，旧金山和纽约在"设定雄心勃勃的目标"内容中，分别制订了"到2020年实现零浪费"计划；在"通过监管和公共采购支持循环经济"内容中，奥克兰实施了零废物项目；以及在"提高认识以促进交通工具温室气体低排放以及资源用量减少"中，休斯敦启动了重用仓库计划。这些城市以其良好做法，向美国其他城市分享最佳经验，并推动废物管理向资源管理的转型。在私人建筑节能网络中，芝加哥、纽约和休斯敦各自分享了它们的思想及经验。该网络为市长与私营部门之间的协调创造了一个平台，以提高建筑物的能源效率。

另一方面，通过举办或参加C40的活动，美国市长可以交流经验想法和解决方案以获得有用的见解和灵感，并在其他城市中增加自己的影响力。以芝加哥市长于2017年12月4—5日主办全球市长气候与能源大会北美气候峰会为例，此峰会包括来自美国、加拿大和墨西哥的市政领导人，阐明了对《巴黎协定》的承诺，并共同签署《芝加哥气候宪章》，就城市采取的气候

① David J. Gordon, "Between local innovation and global impact: cities, networks, and the governance of climate change", p.294.

② C40 Cities, *Arup*: *How U.S. Cities Will Get The Job Done*, pp.4, 5.

计划和政策交流互通了经验。芝加哥在这次峰会上向世界展示城市对气候治理的影响，并为其他市长提供了交流的机会，在继续履行《巴黎协定》减排承诺的同时，确保美国仍在减排方面保持全球领先地位。①此外，美国城市还可以通过C40的特定网络，与其他城市共享创新并相互学习。在零排放车辆网络中，纽约借鉴了波哥大和阿姆斯特丹的宝贵经验，制定了充电基础设施战略，同时也分享了纽约为使20%的新型非街道停车电动汽车充电器准备就绪而采取的行动。

其次，C40为美国城市气候治理提供技术和资源。

在能力建设和实施方面，C40网络不仅是信息交流的场所，而且也是提供专业知识和技术指导、财政资源等要素的所在地。C40的基本体系结构由特定问题的网络组成，旨在为会员城市提供一定的资源和支持，以有效实施以城市为中心的气候倡议。②当一个城市成为C40成员时，C40员工将与该城市的代表一起进行详细分析，以确定该城市需要解决的当务之急和偏好。其后，该市将选择加入符合其利益的特定网络。每个网络都有一个负责日常运营的经理，为该网络的一部分城市组织会议和讲习班，推广新想法并收集资源以满足城市的需求。C40的气候行动计划资源中心为城市提供广泛的专业知识、技术资源和工具，以支持城市采取符合实现《巴黎协定》目标的行动。C40还为会员城市提供技术援助和资金支持。例如，由8个试点城市组群共同发起的《2020年最后期限：城市将如何完成工作》，确定了C40城市在1.5℃和2℃下在剩余的全球碳预算中所占的份额，为城市建立了一个共同的气候行动计划框架，以促进城市实现《巴黎协定》的目标。C40城市融资机构为城市减缓气候变化和适应力项目提供融资渠道，使城市能够利用大量公共和私人资金来开展绿色基础设施项目。此外，C40通过与私营部门如彭博慈善基金会、儿童投资基金会、克林顿基金会以及其他跨国市政网络建立合作或伙伴关系，也能得到必要的知识、资金支持，进而为城市提供多边金融机构的资源。

---

① The Office of the Mayor, Chicago, "Mayor Emanuel, Global Covenant of Mayors for Climate and Energy, and C40 Cities Leadership Group Announce Chicago Will Host Inaugural North American Climate Summit and 2017 C40 Cities Bloomberg Philanthropies Awards", September 18, 2017, https://www.chicago.gov/city/en/depts/mayor/press_room/press_releases/2017/september/GlobalClimateSummit.html.

② Michele Acuto, "The new climate leaders?", p.840.

美国城市由于自身权力范围有限,其在具体实施气候行动时会面临资金、技术和知识等方面的掣肘。C40 可以通过上述渠道为美国城市提供关键的资金和技术资源支持,以促进 C40 美国城市采取更雄心勃勃的气候行动。自特朗普宣布退出《巴黎协定》后,美国 C40 城市加快其气候行动的步伐,通过 C40 提供的平台,实施新的政策和计划,重申履行《巴黎协定》规定的减排承诺。2017 年 10 月,洛杉矶和西雅图签署 C40 的《无化石燃料街道宣言》,承诺从 2025 年起仅购买零排放公交车,并在 2030 年之前消除指定区域的排放。2012 年至 2016 年,C40 推动其会员城市芝加哥与慈善基金会和当地环境组织建立了合作伙伴关系,为成功实施《芝加哥气候行动计划》和《可持续芝加哥行动议程》提供至关重要的能力、专业知识和资金的支持,使芝加哥在公共资源有限的情况下仍能追求环境领导地位。C40 对芝加哥的主要贡献有:支持芝加哥可持续发展战略的制定和实施、加强和扩大影响巨大的芝加哥能源计划、制定创新的可持续性倡议、管理重要的伙伴关系、促进跨城市的经验教训共享等。①

与此同时,美国城市还可以通过 C40 的《优良做法指南》《城市 100》(Cities 100)报告和具体项目计划制定等,在自身享有优势的项目中发挥示范作用,在薄弱项目中学习其他城市的最佳做法,从而能够采取"比单独行动更快、更低成本、取得更大影响"的气候行动。②在 2019 年的《城市 100》报告中,美国城市除了没有出现在可持续污染管理领域,在可持续交通、可持续金融、建筑节能、清洁能源、气候行动计划、适应性与韧性等领域均成为其他城市学习的典范。③而针对自己的薄弱领域,C40 美国城市与其他具有丰富经验的城市进行交流互动。例如,面对洪水、极端天气的严重影响,纽约市与哥本哈根相互借鉴经验,分享成功的气候解决方案。纽约市向哥本哈根学习管理暴雨的经验,其实施的"暴雨恢复规划研究"就是基于哥本哈根的方法,这种方法还为该市带来二氧化碳封存、生物多样性增加等额外的好处。④

---

① C40 Cities, "Case Study, City Adviser Case Study Series: City of Chicago-Sustainability Strategies and Energy Programs through Direct Support Partnership", November 24, 2016, https://www.c40.org/case_studies/city_adviser_chicago.

② C40, *Roadmaps for Successful Climate Action: C40 Cites Share 100 Case studies Proven to Work*, March 1, 2016, p.1.

③ Realdania, C40 Cities, and Nordic Sustainability, *Cities 100*, 2019, p.3.

④ Sustainia, C40 Cities, and Realdania, *Cities 100*, 2017, p.77.

第三，C40 在规则制定中规范美国城市的气候行动。

在规则制定方面，C40 通过提供有关城市个体绩效的信息来促进模仿，并将其作为一种规范传播机制。C40 城市通过采用气候战略并定期报告其基准测试系统的关键组成部分来实现这一目标。C40 通过社区规模的温室气体排放清单全球协议（Global Protocol for Community-scale GHG Emission Inverntories，GPC）建立基准年排放清单和碳披露项目以比较城市之间的绩效结果，以及通过“特大城市的气候行动”调查，设定减排目标并跟踪其绩效，遵循国际公认的温室气体核算和报告原则，以确保城市之间温室气体排放量的一致和透明。此外，还通过气候变化适应监测、评估和报告（Climate Change Adaptation Monitoring，Evaluation and Reporting，CCAMER）框架来对城市气候变化行动进行监测和评估，以帮助城市提供气候适应依据，并协助和激励针对 C40 城市和非 C40 城市的气候变化适应计划。①

稳健的标准化测量、数据收集、报告和透明度对于跟踪温室气体减排进展以及帮助推动城市走向低碳未来至关重要。作为 C40 工作的重要支柱，CDP 为城市提供测量、管理和公开其环境数据的全球平台，夯实已建立的报告框架和证据基础，城市及其主要合作伙伴可利用该框架追踪减排量、适应进展并分享最佳实践。CDP 每年与 800 多个城市合作，测量和公开环境数据，以管理排放、增强抵御能力。②2017 年有 533 个城市，代表 6 亿人口，通过该系统进行了报告。③自《巴黎协定》达成以来，参加 CDP 的城市增长了 10 倍，城市的参与度正在迅速提高。旧金山自 2011 年起持续向 CDP 报告其气候数据，旧金山环境部也使用 CDP 的数据，来解决诸如如何应对气候变化和提高居民生活质量的挑战，通过可视化来制订当地的气候行动计划，并传达该市的减排进度。在此期间，旧金山的温室气体排放量比 1990 年减少了 28%，而其 GDP 增长了 78%，人口也增长了近 20%。④CDP 还为非 C40 城市提供了一个披露平台，公开报告本地排放和治理数据，并在 C40 和非 C40 城市之间促进健康的竞争。这一方面可以吸引非 C40 美国城市的加入，进而促进非 C40 城市采取积极的气候行动；另一方面，C40 美国城

① Climate Action Planning，C40 Cities，“Monitoring，Evaluating and Reporting Adaptation”，https://resourcecentre.c40.org/resources/monitoring-evaluating-and-reporting.

② CDP，“Cities”，https://www.cdp.net/en/cities.

③④ C40，“C40 Blog：How data is empowering city climate action”，August 30，2017，https://www.c40.org/blog_posts/how-data-is-empowering-city-climate-action.

市可以识别落后城市,并采用“胡萝卜+大棒”的组合来促使这些城市采取更多减缓和适应行动,增强其气候行动的透明度、问责制和可信度。

此外,C40 美国城市通过 GPC 和 CCA MER 确保问责制的建立以及激励其他城市采取气候行动。例如,芝加哥-C40 伙伴关系,推动和跟踪特定目标和成果的进展,为高层战略制定和审查流程作出了贡献,并通过 C40 和碳披露项目的报告,确保了透明度和问责制。①C40 明确提出采用问责制作为胁迫不积极成员的一种手段。通过报告进展情况,C40 城市要求自己和其他会员城市对实现其设定的目标负责,并在采取实际、可衡量的行动方面继续展示前所未有的全球领导地位。②美国城市已将 C40 的这种规则制定方式应用到具体的项目发展中。例如,在建筑节能项目中,芝加哥已经采用能源绩效对标要求建筑报告其能源绩效,从而有利于城市识别出潜在的改造对象。随着城市寻求设置可靠的节能基线,以及为地方政府提供可靠的数据支持,这种以数据为导向的方法也被其他城市广泛采用。

第四,项目运作制提升了 C40 气候行动的成效。

“建筑能源 2020”项目是当下 C40 重要的项目之一,通过与主要利益攸关者合作,为城市之间的合作搭建平台。C40“建筑能源 2020”项目于 2017 年启动,支持全球 50 多个最大城市制定政策和采取行动以紧急减少现有建筑的碳排放量,并确保所有新建筑低排放或者零排放,从而避免碳锁定。它还将通过安装太阳能电池板或收集废热,帮助城市将建筑作为低碳能源的来源。“建筑能源 2020”项目也是中美气候合作的重要项目之一,为中美城市共享最佳实践和策略提供了平台。“C40 中国建筑项目”(C40 China Building Program, CBP)是 C40“建筑能源 2020”项目的重要组成部分,成为中美城市合作的典范。中美城市合作于 2018 年 9 月 27 日正式启动,旨在建设中国试点城市有效执行建筑节能政策的能力,并且通过政策的实施与其他国家的城市分享经验和最佳实践案例。“C40 中国建筑项目”不仅为会员城市从领先的建筑能效研究机构中分配一位技术官员,以指导其提高能源效率和实施技术援助,而且定期举办研讨会、培训和面对面的知识分享论坛,从而加强会员城市之间的联系并增强其业务能力。该项目选择北京、

① C40 Cites, “Case Study, City Adviser Case Study Series: City of Chicago-Sustainability Strategies and Energy Programs through Direct Support Partnership”.

② David J. Gordon, “The Politics of Accountability in Networked Urban Climate Governance”, *Global Environmental Politics*, Vol.16, No.2, 2016, p.92.

福州、青岛和上海作为试点城市,后者各自实行“超低能耗建筑”“可再生能源建筑应用”“现有住宅建筑”和“中国好建筑行动试点”计划作为重点合作方向,在此过程中美国城市分别为中国城市进行技术指导并做经验分享。

第五,C40 借美国政治周期轮替发挥新的气候能动作用。

随着拜登上台执政,美国业已重返《巴黎协定》,气候变化再度成为美国联邦政府的重点议程。拜登政府颁布《关于应对国内外气候危机的行政命令》,从美国外交政策和国家安全、国内政策措施两个方面部署美国应对气候变化的行动,并明确了将对开发零排放车辆、清洁能源发展等领域加强投资与补贴。在这种新的政策导向下,一种可能性是在国际层面,拜登政府将直接向 C40 等跨国城市网络提供财政援助,推动气候变化跨国城市网络的建立并与跨国网络保持密切联系,以进一步扩大美国城市的创新能力并缩小不同城市实施气候行动的差距。另一种可能性在于,拜登政府在国内对美国城市采取气候行动给予更大力度的技术、资金支持,并批准美国城市参与国际气候谈判的要求。因此,在新的技术援助及资金支持下,越来越多的美国城市将自愿加入诸如 C40 之类的跨国城市网络,进而有望成为全球气候治理的关键参与者。这不仅有助于跨国城市网络整合为一个更协调有序的系统,而且也向将城市纳入国家气候治理的合法地位迈出重要的第一步。显见,跨国城市网络与美国联邦政府呈现相互加强的趋势。将为 C40 的美国会员城市以及非会员城市的气候行动提供一个有利且更具前景的发展空间,C40 对气候议程的积极有效参与亦将更好地帮助美国实现碳减排目标。

第四节 C40 对美国气候治理的影响

水平扩散是实际影响城市采取气候政策的关键。对于没有国家承诺的城市而言,它可以通过加入网络,独立作出有关气候政策的决定。①在美国,在联邦政府在全球气候治理中长期缺位的情况下,美国城市一直积极支持气候行动和相关政策,并在跨国城市网络中发挥着领导作用。美国一些城

① Kaveh rashidi and Anthony Patt, “Subsistence over symbolism: the role of transnational municipal networks on cities’ climate policy innovation and adoption”, *Mitigation and Adaptation Strategies for Global Change*, Vol.23, 2018, p.519.

市已经作出承诺,要在特朗普政府逆转气候政策后继续履行美国联邦政府加入《巴黎协定》时的减排承诺。美国城市并自我界定为有能力推动经济和社会转型,通过诸如《全球气候与能源市长公约》《新城市议程》以及为达到可持续发展目标所做的努力等举措来实现21世纪中期的目标,从而在各个问题领域都表现出希望和乐观的精神。①概言之,C40对美国气候治理的影响主要有以下四个方面。

第一,C40有助于突破美国两党的政治极化,使城市摆脱政党纷争造成的限制,积极采取气候行动。在美国气候政治生态中,共和党领导人大多对气候变化持否定态度,更强调传统能源的发展,如共和党总统特朗普上任后立即宣布退出《巴黎协定》,并在国内大力开发传统能源。而民主党领导人更注重气候变化议程,力推清洁能源及绿色经济的发展,如民主党总统拜登甫一上任即积极促进美国各个层级的气候行动。对于美国两党政治对美国气候政策的不确定性影响,C40能为美国城市提供一个超越基于联邦政府的法规或政府间条约和组织的新方法来实现其目标。一则C40可以将美国城市与其他非国家行为体如环保组织、NGO、绿色私营企业等结合在一起,为美国城市调配绿色发展所需的必要资源,共同实现气候治理目标。②二则C40在政治表达上更为有效,不仅为美国城市提供了一个提升其国际合法性的机会,而且提高了它们的决策独立性。即使面对美国联邦政府消极应对气候变化的局面,参与C40的美国城市亦可完全绕过联邦政府,作为环境问题治理的关键实施者来采取积极有效的气候行动。三则,C40还可以通过自身在全球气候治理中的领导地位,增强美国城市之间紧密的合作关系并汇集其力量,使美国城市获得政策和市场上的特权,推动其继续实现《巴黎协定》的减排目标。

第二,C40促进了美国城市气候政策的发展。C40在促进、支持和实施气候行动中发挥着关键作用。C40为美国城市提供相关资源和知识,有助于城市学习政策和开发新的治理方法。C40可以重新转换先有的联系和完善规划实践,促进以气候为中心的、协同城市间的合作和再开发模式,将美国城市的政策重点如土地使用权转移到最新的临时项目中,并通过提供资

① David J. Gordon, *Cities on the World Stage*, Cambridge: Cambridge University Press, 2020, p.3.

② Thomas Hale and Charles Roger, "Orchestration and transnational climate governance", *The Review of International Organization*, Vol.9, 2014, p.63.

源推动城市采取更多的气候行动。同时，还能充当美国城市建立和实施特定于城市的规范、做法和自愿性标准的渠道，增强城市吸引私营部门和公共资金投资以实现可持续发展的能力，帮助城市采取不受国家政府限制的气候行动。①由于C40网络的活动是针对具体问题的，城市参与也是在自愿基础上进行的，因此，美国城市可以在它们能提供关键的专业知识领域作出贡献，并执行最适合其发展需要的方案。此外，它们的参与也受到了C40规模优势的激励，这些优势包括汇集大型市政资源、交流最佳实践模式，以及通过集团的私人盟友获得特权和技术服务等。例如，C40通过其网络和项目平台，增加美国城市与其他地区的城市学习交流的机会；通过包括私营部门、慈善基金会、开发银行、环境团体等伙伴关系，向美国城市提供气候政策发展所必备的资源，并弥补城市所欠缺的能力，进而促进城市气候政策的发展。显然，C40的决策风格侧重于共享环境政策和信息，以促进公私伙伴关系。C40不依赖传统的政权建设，它强调的是差异带来的生产力（以及它自身展现出来的学习潜力）和城市间竞争的激励机制。通过C40网络，美国城市还可以获得作为全球竞争对手的城市的规划状况，并将全球行动与全球竞争力有效结合起来。②因此，城市会制定独特的标准和做法来满足其需求和优先事项。C40还可以通过碳披露项目、C40城市奖等措施吸引非C40城市积极参与。如果所有的美国城市都遵循C40城市的行动路线，通过对建筑物、垃圾和交通采取类似的气候行动来实现深度、有效的减排，那么美国完全可以为全球碳减排作出重要贡献。③

第三，C40提升了美国城市的国际地位。C40提供城市间的对话机会，提升了城市的全球影响力。通过网络，城市之间的联系更加紧密。④城市之间可以不受地理范围的限制，彼此交流的机会增加。它们也可以参加国际论坛，在国际议程中提升城市和城市地区的形象，并赢得有影响力的参与者的兴趣。⑤跨国城市网络经常与大学、研究机构、非政府组织、私人部门等联

① Harriet Bulkeley, "Cities and the Governing of Climate Change", *Annual Review of Environment and Resources*, Vol.35, 2010, p. 237.

② Michele Acuto, "The new climate leaders?" pp.849, 850.

③ C40 Cities, *Arup*: *How U.S. Cities Get The Job Done*, p.10.

④ Noah J. Toly, "Transnational Municipal Networks in Climate Politics: From Global Governance to Global Politics", p.352.

⑤ Vanesa Castán Broto, "Urban Governance and the Politics of Climate change", pp.6—7.

合起来,为城市应对气候变化提供必要的资源。C40有助于美国城市克服国际政策制定和本地执行之间的国内分歧所设置的障碍。一则由于C40已经成为环境政治中有影响力的角色,并与全球市场、其他城市、基金会等保持相互联系,美国城市可以通过C40网络中嵌入的这些联合力量,绕过联邦政府和预算的限制,发挥气候治理的能动性。二则城市领导人参与一些网络也可以宣传自己的城市,C40为他们提供了一个能够进行外交活动的平台。诸如纽约这样的大城市与其他地方政府结盟,或与企业和国际组织(克林顿基金会或世界银行)签署谅解备忘录的能力,已经超出传统的世界政治中国际关系的维度。[①]三则美国C40城市在制定标准和最佳实践方面具有明显的优势,可以通过成为《优良做法指南》和《城市100》的经典案例,供其他地区的城市学习和模仿,进而增强其在某些领域的国际影响力。四则通过C40网络,美国城市得到重视并获得授权,既可以通过制定气候变化政策框架和日常规范来行使权力,又能超越地理范围的限制,与其他地区城市紧密联系在一起。这不仅为其提供城市间对话的机会,而且也产生了全球影响力。[②]

第四,C40有助于填补美国联邦政府的缺位,建立新的权威。跨国网络的结构不仅可以扩大其治理范围,而且使自己成为跨国气候治理的"必由之路"。通过开发特定的示范项目,城市网络能够将气候辩论去政治化,从而开辟干预的空间,并基本消除异议声音。由此,网络为"实践行动"创造了行动力。[③]例如,特朗普宣布美国退出《巴黎协定》后,通过C40的"截止日期2020"项目,C40的美国城市奥斯汀、波士顿、洛杉矶、纽约、费城、波特兰和华盛顿特区承诺在2020年前实施雄心勃勃的气候行动计划,该计划概述了到2050年城市将在解决包容性的同时实现零排放和提升应对气候变化的能力。针对特朗普从白宫网站删除一切有关气候变化内容的做法,包括波士顿、芝加哥、休斯敦、新奥尔良、波特兰、旧金山和西雅图等在内的C40美国城市决定,将已删除的信息上传到其城市的网站。可见,C40有能力成为国家政府的战略伙伴及其政策的关键实施者,而不只是单纯

---

① Michele Acuto, "The new climate leaders?" p.852.

② Noah J. Toly, "Transnational Municipal Networks in Climate Politics: From Global Governance to Global Politics", p.352.

③ Yonn Dlerwechter and Anne Taufen Wessells, "The uneven localisation of climate action in metropolitan Seattle", *Urban Studies*, Vol.50, 2013, p.1368.

自主追求减排。①

本章小结

气候变化是一个复杂的、多层次的过程，依靠过去国际、国家、地方这种对行为体的传统划分已经不足以应对气候变化。全球环境政治现在不仅仅是由国际谈判和国家政策制定就能解决的问题，而是需要在地方进行。作为人口聚集、经济生产力、创新和消费的重要场所，同时也是温室气体排放的主要来源，城市在全球气候治理中的地位越来越重要。城市已经发展成为一种半自治的治理体系，与国家和国际市场驱动的体系重叠但不可还原，其作用是独立于其他治理参与者而产生的。主要通过跨国城市网络如 C40 的形成和转型，城市进而实现了治理行为的传播和协调。

多层级治理理论突出了世界政治中多种形式的政府和治理。应对气候变化的全球进程并非"自上而下"地运行，而是通过地方"水平"地发挥作用。②水平扩散有助于更好地理解城市如何依靠跨国城市网络在气候治理中扮演重要的角色。跨国城市网络的重要性就在于交流知识和信息的能力，以及就特定问题的性质制定规范的能力。而通过网络提供的财政和政治资源，城市得以有效地参与网络互动，最大限度地发挥气候治理职能。③

城市网络对特定问题产生了较公开的政治立场，试图将城市定位为解决气候变化问题的关键地点，甚至反对国家政府的政策立场——最显著者莫过于美国，如是对城市治理的战略重要性提出了更高要求。④特朗普政府宣布退出《巴黎协定》，只关注气候治理"自上而下"的过程，越来越多的美国

---

① Derik Broekhoff, Peter Erickson, and Carrie M. Lee, "What Cities Do Best: Piecing Together an Efficient Global Climate Governance", p.15.

② Clive Barnett and Susan Parnell, "Ideas, implementation and indicators: epistemologies of the post-2015 urban agenda", *Environment & Urbanization*, Vol.28, No.1, 2016, p.92.

③ Michele M. Betsill and Harriet Bulkeley, "Transnational Networks and Global Environmental Governance: The Cities for Climate Protection Program", *International Studies Quarterly*, Vol.48, No.2, 2004, p.471.

④ Mike Hodson and Simon Marvin, "'Urban Ecological Security': A new urban paradigm?" *International Journal of Urban and Regional Research*, Vol.33, 2009, p.193.

城市却反其道而行之,通过水平治理来继续履行《巴黎协定》的减排目标。加入 C40 的美国城市凭借信息共享、资源技术平台和政策制定来增强其应对气候变化的能力。这种新的治理方式不仅推动了美国城市气候政策的发展,而且增强了美国城市的全球地位,并在很大程度上弥补了美国联邦政府在气候治理上的缺位。

尽管跨国城市网络在全球气候治理中的作用日益重要,但不可否认的是,国家的治理主体地位短期内不会被取代。一方面,美国政治极化的演进和加剧,对包括 C40 在内的美国气候治理体系和进程造成不可忽视的消极影响,使其始终面临某种不确定性。另一方面,C40 的内在不足为其气候角色的发挥设定了限度。C40 实施规则和监督执法主要采取非强制性手段,这将导致会员城市在实际采取治理行动时的差距;跨国城市网络与联邦政府日益紧密的关系是一把双刃剑,可能诱使美国城市忽略 C40 的"中介作用",直接从联邦政府索取资源,从而损害 C40 的规则和规范;[①]C40 面临扩大规模行动以实现更有意义影响的挑战。当这种规模的扩大超过城市的治理水平时,C40 因没有影响国家政策制定的实质性权力而无法协调会员城市朝着一致目标前进;[②]C40 创新政策可能加大会员城市与非会员城市的矛盾和差距。加入 C40 的气候变化先锋城市积极创新,通过信息共享发挥影响力,非会员城市(落后城市)则由于缺乏强制性或指导性的领导以及激励措施而更加消极地应对气候变化。凡此种种不一而足。C40 只有设法突破这些内外部制约,才有可能进一步加强其气候角色、扩大影响。

---

① Thomas Hale, "Transnational Actors and Transnational Governance in Global Environmental Politics", p.210.

② Emilia Smeds and Michele Acuto, "Networking Cities after Paris: Weighing the Ambition of Urban Climate Change Experimentation", *Global Policy*, Vol.9, 2018, p.554.

第九章 政治极化背景下美国民主党的气候治理（经验启示三）①

进入21世纪以来，美国受气候变化带来的严重实质性影响越发显著。尤其是近年来，美国气候灾害的发生频率持续上升，受灾人数和财产损失屡创新高。仅2021年，全美就有约700人死于气候灾难，是美国近十年灾害死亡人数最多的年份。其中，美国沿海地带更是气候灾害的重灾区。与过去相比，由于水资源利用模式变化、海岸线侵蚀、海平面上升和风暴潮等危害，沿海地区更加容易受到气候变化的影响。②面对如此情形，以民主党为首的亲气候力量积极进行气候治理，不但在立法维度推动气候治理法律化，还在行政维度寻求气候治理行政化。

然而，历史经验昭示，美国气候问题涉及利益范围广泛，并不容易解决。半个世纪以来，美国国内的气候力量进行了不懈努力，但始终进展不大，主要原因在于气候问题不是一个单一社会问题，其影响已渗透至美国政治、经济、文化以及社会等领域。值得注意的是，随着近年来美国发生多起重大自然灾害，国内各股政治势力（尤其是民主党及其内部各个派系）就气候问题进行多番博弈，并最终达成初步共识，使得这一问题迎来转圜。其中，《通胀削减法》的通过更是促使美国气候立法迎来了一次小高潮。然而，该法案的签署能否成为美国气候治理的新起点？如果是，应如何看待这一法案的历史意义？如果不是，又如何评估其不足之处？未来民主党气候治理将走向何方？本章拟对这些问题进行深入探讨。

---

① 本章原文为《政治极化背景下美国民主党气候治理的动因、路径与前景》（《美国问题研究》2023年第2辑，与刘春朋合作），收录本书时有所增补改动。

② Susanne C. Moser, et al., "Coastal Zone Development and Ecosystems", in Jerry M. Melillo, Terese Richmond, and Gary W. Yohe, eds., *Climate Change Impacts in the United States: The Third National Climate Assessment*, USA: Washington, D.C., 2014, pp.579—618.

第一节　民主党气候治理的背景与动因

近年来,随着美国国内政治生态的演变,气候问题的政治性越加凸显,并日益撕裂美国社会。①美国社会各界对于气候问题的诸多讨论,大多围绕气候应对的强度而展开。一方面,以民主党为首的气候进步派普遍把应对气候变化作为贯穿整个社会治理的关键。另一方面,以共和党为首的气候保守派则将气候的"去监管化"视为自身的使命。双方以此不断拉锯,形成一种独特的"政治风景"。其中,民主党气候治理的理念和行动因其日渐鲜明的进步色彩而尤为引人注目,个中原因可以归结为三个方面。

一、自然灾害频发的外部环境

长期以来,人类活动引起的气候变化已经或正在导致世界范围内极端天气频繁发生,造成越来越多的生命和财产损失。其中,美国是受气候变化影响最严重的国家之一。此前研究表明,20 世纪 80 年代,美国平均 82 天就会发生一次损失 10 亿美元的气候灾害,在 2017 年至 2021 年间已缩短为 18 天,年均损失超过 1 000 亿美元。2022 年,美国经历了 18 起不同的天气和气候灾害,经济损失至少 1 800 亿美元。这使得 2022 年成为与 2017 年和 2011 年并列第三高的自然灾害年,发生灾害次数仅次于 2020 年的 22 起和 2021 年的 20 起。②随着气候变化的加剧,美国沿海地区首当其冲。例如,2022 年 9 月,飓风"伊恩"(Hurricane Ian)侵袭佛罗里达州,造成 750 亿美元的经济损失。③进入 2023 年后,各类级别飓风登陆美国的次数持续上升。截至 2023 年 6 月 6 日,美国共发生 649 起飓风事件。仅在 1 月,侵袭美国的飓风即高达 128 起,是 1991 年有记录以来第二高的月份。④

---

① Paul Krugman, "Climate Politics Are Worse Than You Think", *The New York Times*, July 19, 2022, A19.

② Adam B. Smith, "2022 U.S. billion-dollar weather and climate disasters in historical context", *Climate gov*, January 10, 2023, https://www.climate.gov/news-features/blogs/2022-us-billion-dollar-weather-and-climate-disasters-historical-context.

③ Max Zahn, "Hurricane Ian could cause $75 billion in damage", *ABC News*, October 4, 2022, https://abcnews.go.com/Business/hurricane-ians-damage-reach-65-billion/story?id=90693223.

④ Center for Disaster Philanthropy, "2023 US Tornadoes", June 7, 2023, https://disasterphilanthropy.org/disasters/2023-us-tornadoes/.

面对气候变化带来的重大灾难，美国民间开始更多地关注气候问题，并自下而上形成一股强大的气候力量。2021 年 3 月，美国忧思科学家联盟(Union of Concerned Scientists，UCS)发布了一封由 1 000 多名科学家签名的信件，敦促拜登总统及其政府承诺到 2030 年将美国温室气体排放量在 2005 年的水平上至少减少 50%。他们认为，气候变化的加剧将对美国水源供应、粮食生产分配、能源运输、公共卫生、国际贸易和国家安全造成负面影响。如果不能及时采取行动，美国将面临严重后果。①此外，美国多地民众也走上街头，抗议政府的不作为，要求国会采取积极行动应对气候变化。2022 年 4 月，全美爆发的“为我们未来而战”(Fight for Our Future)集会活动就是最新例证。②概言之，气候灾害的频发在一定程度上促进了民主党气候政治的发展，坚定了其气候治理的决心。

二、各股政治势力博弈的结果

新的环境现实为美国国内政治生态的演变注入了新的动力，使气候问题变成美国政治中的“楔子议题”，并成为区别民主、共和两党意识形态的重要标尺和吸引中间选民的重要工具。③从立场来看，民主党人是气候变暖说的忠实信徒和有力支持者。他们认为气候问题时不我待，必须加快气候治理进程。共和党人则对全球变暖持有怀疑态度，主张气候问题必须服从经济问题，即在保证不损害企业，特别是石油与天然气业、矿业、木材业等污染企业利益的前提下，以尽可能低的成本实现减排。然而，由于重大气候灾害的频发，以及随之而来的舆论洪流，在气候议题上美国国内各股政治力量对比发生了微妙变化。一方面，从民主党内部来看，亲气候力量得到进一步发展壮大，尤其是以伯尼·桑德斯(Bernie Sanders)参议员为首的进步派迅速崛起，促使民主党气候理念大幅左转。历史上，进步主义者大多在民主党自由派的旗帜下战斗。但如今，进步派与自由派渐行渐远，他们指责自由派在气候问题上过于保守，主张全面应对气候变化。在进步派的推动下，气候变

---

① “More Than 1 000 Scientists Sign Letter Urging Pres. Biden to Cut Emissions in Half by 2030”, Union of Concerned Scientists, March 30, 2021, https://www.ucsusa.org/about/news/more-1000-scientists-sign-letter-urging-pres-biden-cut-emissions-half-2030-0.

② Coral Davenport, “Calls for Climate Action At Nationwide Gatherings”, *The New York Times*, April 24, 2022, A27.

③ Fredel M. Wiant, “Exploiting factional discourse: Wedge issues in contemporary American political campaigns”, *Southern Communication Journal*, Vol.27, No.3, 2002, pp.277—287.

化、低碳经济和环境正义问题成为民主党的核心政策议程,越来越多的政治精英将绿色发展理念嵌入自己的政策主张,从而形成各式各样的“绿色新政”。①从奥巴马政府到拜登政府,进步派的“气候印记”随处可见,如设置专门气候机构、提升气候战略定位以及推进气候立法进程等。

另一方面,共和党内部“气候觉醒”(climate woke)派的作用同样不可忽视。自2016年以来,随着特朗普对气候变化的公开质疑及其政策部署的“去气候化”,共和党内蛰伏已久的气候力量开始觉醒,并对其政策制定产生了一定影响。这一气候力量主要由保守派、天主教徒和年轻一代的共和党人组成,他们不但认可气候变化的科学基础及其产生的影响,而且希望看到共和党从民主党手中夺取主动权,领导对抗全球变暖的努力。但与自由环保主义分子不同的是,他们提倡所谓“自由企业”(free enterprise)的气候变化解决方案,如碳税征收、投资刺激等。②在共和党“气候觉醒”派的刺激下,民主党为了牢牢把控住“气候流量”这一“政治红利”,在推动气候治理上越发坚定有力。由此可见,随着近年来亲气候力量的崛起,美国气候博弈的局面发生了新的变化,即原有的气候天平已失去平衡,气候进步派参与美国气候治理的能力得到进一步提升。

三、气候舆情塑造的民意基础

在20世纪80年代中期前,美国民众对全球变暖的认识和关注非常有限。1982年有关民调发现,全美只有12%的人认为“温室效应”非常严重,36%的人对于气候变化并不了解。直到1988年,美国民众将詹姆斯·汉森(James Hansen)③的言论与当年发生的异常灾害联系起来,才对气候变化形成初步认识。此后,民众对于气候变化的关注度呈现上升趋势,并在次年达到一个峰值。④到2007年,随着联合国对气候问题介入的加深,民众对气

---

① 史泽华:《美国“绿色新政”的兴起、实践与困境》,《当代美国评论》2021年第4期,第71页。

② Emily Flitter, “Republican green groups seek to temper Trump on climate change,” *Reuters*, March 3, 2017, https://www.reuters.com/article/us-usa-trump-green-republicans-idUKKBN16R0ZJ.

③ 詹姆斯·汉森系美国哥伦比亚大学的一名兼职教授,曾在美国国家航空航天局(NASA)工作,以对气候学的研究而知名。他从1988年开始进行气候变化相关研究,提高了公众对全球变暖及其危害的认识。1988年,汉森在美国国会听证会上向议员警示燃烧化石燃料等人类活动可能导致的全球变暖风险,成为第一位拉响全球变暖警报的科学家。

④ Richard J. Bord, et al., “Public perceptions of global warming: United States and international perspectives”, *Climate Research*, Vol.11, No.1, 1998, p.76.

候变化的关心人数达到41%的历史高点。然而,由于此后经济议题上升为主要焦点,气候问题随之进入"低谷期"——美国民众对气候变化的担忧人数于2009年下降至36%。"低谷"一直持续到2015年,美国同意签署联合国气候变化《巴黎协定》。数据显示,从2015年到2017年,关心气候变化的美国民众数量强势反弹,从32%上升至45%。①2022年中期选举前,更有50%的美国选民表示,气候问题是影响其投票选择最重要的议题之一。②

2021年1月,随着拜登入主白宫,美国的气候舆情进一步朝着有利于民主党的方向发展。民调显示,在环境保护和气候应对问题上,有将近一半的美国选民更加信任民主党。③这意味着,未来民主党在与共和党的政治博弈中已占得部分先机。换言之,随着民间气候舆情的进一步发酵,选举政治议程必然有所变化,即在未来的选举政治中,两党政治精英倾向于以气候问题为竞选焦点,力争吸引更多中间选民。④而民主党的亲气候立场势必有助于聚合更多选民群体,进而构建一个足够胜出的选民联盟。反之,部分政客的气候努力也对美国气候舆情的发展作出了不小贡献。例如,2006年5月,美国前副总统戈尔出版了《难以忽视的真相》(*An Inconvenient Truth*)一书,对美国民众了解全球变暖、唤醒其气候意识起了很大作用。⑤

第二节 民主党气候治理的特征与路径

气候变化被民主党选定为与共和党划清意识形态界限的重要标尺和巩

---

① Lydia Saad, "Global Warming Concern at Three-Decade High in U.S.", Gallup, March 14, 2017, https://news.gallup.com/poll/206030/global-warming-concern-three-decade-high.aspx.

② Maxine Joselow, "Half of voters say climate change is important in midterms, poll finds", *The Washington Post*, October 10, 2022, https://www.washingtonpost.com/politics/2022/10/10/half-voters-say-climate-change-is-important-midterms-poll-finds/.

③ "Climate Change: A Guide for Advocates", *Navigator*, July 22, 2022, https://navigatorresearch.org/wp-content/uploads/2022/07/Navigator-Update-07.22.2022.pdf.

④ Meagan Carmack, et al., "Electoral appeal of climate policies: The Green New Deal and the 2020 U.S. House of Representatives elections", *PLOS Climate*, Vol.1, No.6, 2022, p.3.

⑤ Andrew C. Revkin, "'An Inconvenient Truth': Al Gore's Fight Against Global Warming", *The New York Times*, May 22, 2006, https://www.nytimes.com/2006/05/22/movies/22gore.html.

固自身基本盘的重要筹码。现阶段,民主、共和两党在政治光谱上的距离越来越大,从枪支暴力到堕胎问题,从预算法案到税收政策,从移民问题到气候变化,双方在各种问题上的明争暗斗此起彼伏、愈演愈烈。从民主党这一端来看,自2008年以来,其气候治理的进步性成分持续上升,并在拜登政府时期达到一个新高度。

一、民主党气候治理的特征

近年来,随着民主党党内政治力量分化组合的持续演进,进步派力量有了重大提升,其气候理念逐渐在民主党主流气候叙事中挺立潮头。然而,尽管进步派不断为民主党气候治理赋予更多进步主义的内容,但在气候理念上进步主义始终难以排除党内保守政策取向的影响,两者相互作用,共同塑造着民主党气候政治生态。

首先,民主党的气候治理同时蕴含着进步主义与保守政策取向。在美国的气候语境中,进步主义通常意味着对环境问题的反思、崇尚更活跃的政府、扩大立法维度以及促成全面且积极的综合性气候治理体系。进步主义在美国诞生于18世纪末到19世纪初,表现为联邦与州政府规模扩张、行政权力集中化、经济与社会管制加强、文官制度改革以及联邦预算体制更新。当前,美国进步主义的话语叙事也在强势回归,其在民主党气候政治生态上表现为更激进的气候主张,涵盖碳排放和贫富差距、种族歧视等社会问题。①尽管如此,气候目标的"预期矮化"以及动力不足,又显示出民主党气候治理蕴含的保守取向。以西弗吉尼亚州联邦参议员乔·曼钦(Joe Manchin)为代表的中右派强调,气候解决并非只有一种方案,常识性的解决方案——战略性与历史性投资——能够在确保美国能源价格合理、可靠、清洁和安全的同时实现气候治理。②基于这一理念,民主党内的中右派始终反对民主党采取更具进步色彩的气候治理路线。需要指出的是,在民主党内部,派系之间的冲突其实是长期存在的。进步派与其他派系(中间派、中右派等)的区分标准通常是发展路线,而非严格意义上的意识形态。也就是说,在气候问

① Lisa Friedman, "What Is the Green New Deal? A Climate Proposal, Explained", *The New York Times*, February 21, 2019, https://www.nytimes.com/2019/02/21/climate/green-new-deal-questions-answers.html.

② Joe Manchin Newsroom, "Manchin Supports Inflation Reduction Act of 2022", July 27, 2022, https://www.manchin.senate.gov/newsroom/press-releases/manchin-supports-inflation-reduction-act-of-2022.

题上，民主党内部各派系大都支持相同的气候目标，分歧只表现为实现这些目标的路线不同。①

其次，民主党气候治理的进步主义取向日益显著。事实上，民主党气候路线的左转与其党内左翼进步主义的崛起密不可分。历史地看，进步主义与美国“镀金时代”的工会运动紧密相关。20 世纪 70 年代后，随着美国政治和社会的日趋保守，进步政治力量开始式微。肇始于 2011 年的“占领华尔街”运动标志着左翼政治在美国的开始复苏，而自称“社会主义者”的桑德斯在 2016 年民主党总统初选中异军突起，进一步扩大了左翼进步主义的力量。此后，不少左翼进步分子积极参与全国、州级、市级议会议员和其他公职的竞选并获胜，对民主党左转起了重大推动作用。在气候理念上，他们以“绿色新政”(Green New Deal)②为纲领，致力于实现美国经济脱碳的同时减少经济不平等。值 2021 年民主党重掌“府院”之际，进步派全面推出自己的气候主张，并裹挟拜登政府利用行政权威强力实施。例如，在就任美国总统首日，拜登就叫停了美加之间的“拱心石”(Keystone XL)输油管道项目。而这一项目正是左翼进步派一直致力于取消的愿望清单之一。通过对拜登政府气候政策的分析可以发现，拜登提出的大多数气候计划，如强调绿色复苏、气候正义以及加强资金导向等，与左翼进步分子倡导的清洁能源、经济平等等并无二致。显见，民主党的气候治理的确在相当程度上表现出向进步主义过渡的趋势。

二、民主党气候治理的路径

伴随美国国内党争及政治极化的加剧，民主党的气候理念持续左转，并推动其气候治理路径的转变。这一转变反映了多年来民主党内部力量此消彼长的结果。自 2016 年以来，由于选民结构的变化，民主党在整体上呈现出进一步自由化甚至激进化倾向。民调显示，自称自由派的群体占民主党选民的比例从 2003 年的 29%上升至 2021 年的 50%，相应地温和派从 43%下降至 37%、保守派从 24%降至 12%。③在自由派势力抬头的情况下，民主

① Julius Krein, “The Other Realignment”, *American Affairs*, Vol.6, No.3, 2022, pp.177—195.

② Ray Galvin and Noel Healy, “The Green New Deal in the United States: What it is and how to pay for it”, *Energy Research & Social Science*, Vol.67, 2020, p.1.

③ Lydia Saad, “U.S. Political Ideology Steady; Conservatives, Moderates Tie”, Gallup, January 17, 2022, https://news.gallup.com/poll/388988/political-ideology-steady-conservatives-moderates-tie.aspx.

党的气候治理路径加速向进步主义方向演变。

第一,治理方式上,提升行政干预能力,以"全政府"方式应对气候变化。不同于共和党人的"自由放任"治理理念,民主党人长期以来都是"大政府"理念的有力践行者。他们认可政府角色的积极意义,主张政府介入美国社会各领域、各层级的治理。始于罗斯福新政时期以政府调节为重要手段的治理模式,恰恰是近些年民主党人力图回归的社会愿景。①因此,在气候议题上,民主党籍总统在主政白宫后通常会通过行政手段,提升整个社会体系的环保架构。实际上,民主党偏向气候治理的行政化是美国国内政治生态演变的必然结果。自2010年以来,美国党争呈现快速极化,两党围绕多个政策议题斗争激烈。在此情形下,民主党意欲推动气候治理只能诉诸行政手段。例如,在2010年因推行"总量管制和交易"规则(cap-and-trade rules)而丧失众议院多数席位后,奥巴马政府就一直试图在气候变化问题上绕过国会,充分利用1970年《清洁空气法》(Clean Air Act),发布一系列针对空气污染的具有里程碑意义的规定,包括控制烟灰和雾霾,以及控制汞和让地球变暖的二氧化碳。②2021年上台伊始,拜登更是签署一系列总统行政令,将应对气候危机贯穿政府的各个部门,力图打造"全政府"的应对之策。③

第二,治理层级上,加强气候问题的国际、地方合作,从水平与垂直层级加强气候治理。在水平层级上,与共和党人相比,民主党人普遍认同气候变化对美国国家利益构成威胁,认定应对气候变化事关美国国家安全和全球领导力,特别重视气候治理的国际合作。例如,拜登政府上台后,积极推出"团结应对策略",通过加强与盟友和伙伴的合作,动员集体行动以应对气候变化。在垂直层级上,民主党主张加强联邦与州、地方的双向联动,提升地方气候领导力。美国气候治理目标的实现需要联邦政府与各州、各市以及农村社区建立起积极伙伴关系。因此,在民主党执政后,联邦政府通常会出

---

① Theda Skocpol and Lawrence R. Jacobs, *Reaching for a New Deal: Ambitious Governance, Economic Meltdown, and Polarized Politics in Obama's First Two Years*, New York: Russell Sage Foundation, 2011, pp.1—5.

② Coral Davenport, "Obama Builds Environmental Legacy With 1970 Law", *The New York Times*, November 26, 2014, A1.

③ The White House, "FACT SHEET: Biden-Harris Administration Strengthens the Federal Government's Resilience to Climate Change Impacts", October 6, 2022, https://www.whitehouse.gov/briefing-room/statements-releases/2022/10/06/fact-sheet-biden-harris-administration-strengthens-the-federal-governments-resilience-to-climate-change-impacts/.

台相应措施,鼓励各州及地方积极参与气候治理过程。如奥巴马政府时期,联邦政府通过推动夏威夷州积极寻求清洁能源技术投资,使其成为美国领先的清洁能源创新实验基地。①另外,在联邦政府气候角色缺位的情况下,作为在野党的民主党领导下的各州及地方政府也会积极采取气候行动,对气候治理起到引领乃至补位的作用。例如,2018 年 9 月,加州州长布朗(Jerry Brown)召集全球各地政府、国际气候变化政策制定者、企业和活动人士参加在旧金山主办的全球气候行动峰会,明确要进一步推动全球气候治理的决心,并指责特朗普政府宣布退出《巴黎协定》的决定损害了美国的国际气候公信力。②

第三,治理手段上,注重软硬兼施,采取"大棒+胡萝卜"的手段推进气候治理目标。长期以来,在应对气候变化上,民主党主张采用"大棒"手段,即通过出台行政法规、征收税赋等强制手段来减少美国碳排放。然而,从效果和影响来看,强制性的气候治理举措并未取得预期结果,反而不时对民主党造成政治反噬,导致选举失利。③因此,为了改变这种状况,民主党在气候治理手段上试图调整方向,以减弱单一强制措施带来的政治冲击。④从 1993 年克林顿政府的《美国气候变化行动计划》到 2009 年奥巴马政府的《美国清洁能源与安全法案》,再到如今拜登政府的《通胀削减法》,民主党的气候治理手段逐渐向"大棒+胡萝卜"的方向转变,即强调行政强制措施的同时,利用税收抵免、低息贷款以及财政补贴等激励措施应对气候变化。当然,尽管民主党在气候治理上愈加重视"胡萝卜"的作用,但其主要手段依然是"大棒"。换句话说,民主党在制定气候政策时,更多强调对气候变化责任体的征税。例如,2021 年 4 月,民主党参议员克里斯·霍伦(Chris Hollen)草拟了一份法案,要求美国财政部和环境保护署确定 2000 年至 2019 年向大气

① The State of Hawaii and the U.S. Department of Energy, *Memorandum of Understanding between the State of Hawaii and the U.S. Department of Energy*, pp.1—6.

② Brad Plumer, "A Local 'Can-Do Spirit' on Climate Change", *The New York Times*, September 16, 2018, A4.

③ Marianne Lavelle, "After 25 Years of Futility, Democrats Finally Jettison Carbon Pricing in Favor of Incentives to Counter Climate Change", *Inside Climate News*, August 12, 2022, https://insideclimatenews.org/news/12082022/after-25-years-of-futility-democrats-finally-jettison-carbon-pricing-in-favor-of-incentives-to-counter-climate-change/.

④ Coral Davenport and Lisa Friedman, "Five Decades in the Making: Why It Took Congress So Long to Act on Climate", *The New York Times*, August 7, 2022, https://www.nytimes.com/2022/08/07/climate/senate-climate-law.html.

中排放温室气体最多的公司,并根据它们的排放量评估费用征收。①

第四,治理模式上,提升气候战略定位,加强与其他社会议题的联动性。近年来,随着民主党在政治光谱上的持续左转,气候问题逐渐被提升至与堕胎、枪支、医疗等社会议题同等的地位。因此,在气候治理过程中,民主党开始尝试将气候问题与其他社会议题同步解决的路径。一方面,民主党致力于提升气候治理在国家安全战略中的地位与作用,以期提高其议程设置的优先排序。例如,拜登曾在 2020 年直言不讳地指出,“气候变化是‘人类生存的重大威胁’,在 8—10 年内,美国将‘越过无法回头的临界点’”。②另一方面,民主党在推动其他社会改革的同时,通常将气候问题与其绑定,以期用“捆绑式”治理模式解决气候问题。从 2021 年美国运输部发布的《气候行动计划》到《基础设施投资和就业法》,再到 2022 年《通胀削减法》中对清洁能源产业、电气化转型、低碳技术、桥梁等基础设施抵御极端天气能力和现代化升级的投资,民主党一直试图将气候应对纳入其他社会改革议程,并着力增强与其他社会议题的联动性。但必须指出的是,这种“捆绑式”的治理模式在推动气候治理的同时,容易导致其他社会议题的失焦。③

第三节　《通胀削减法》:民主党气候治理的新进展

气候治理的立法化一直是民主党的努力方向。早在 1993 年,副总统戈尔就主导推动了一项征收碳税的法案。但法案在民主党占多数的众议院通过之后,就被参议院束之高阁,中途夭折。次年,共和党通过抹黑民主党的

① Lisa Friedman, “Democrats Seek $500 Billion in Climate Damages from Big Polluting Companies”, *The New York Times*, August 4, 2021, https://www.nytimes.com/2021/08/04/climate/tax-polluting-companies-climate.html.

② Brady Dennis, et al., “Biden says the U.S. needs to move off oil to tackle climate change as Trump attacks the plan’s cost, economic impact”, *The Washington Post*, October 22, 2020, https://www.washingtonpost.com/politics/2020/10/22/climate-change-biden-trump-debate/.

③ Savannah Bertrand, “How the Inflation Reduction Act and Bipartisan Infrastructure Law Work Together to Advance Climate Action”, EESI, September 12, 2022, https://www.eesi.org/articles/view/how-the-inflation-reduction-act-and-bipartisan-infrastructure-law-work-together-to-advance-climate-action.

“能源税”计划，首次赢得自1952年以来国会两院的控制权。此后，美国气候立法陷入沉寂，国会气候投票水平创下历史新低。直至2009年，民主党才在奥巴马领导下，试图卷土重来。2021年，拜登上台后，民主党利用控制“府院”的难得机会，大力推动气候立法，以期实现雄心勃勃的气候目标。但因党内派系意见不合，民主党的气候立法始终是“雷声大、雨点小”。其中，最为核心的问题是如何有效协调党内各方利益诉求。因此，在拜登政府积极构建气候治理新框架之际(以“3550”为主要目标的应对气候变化行动框架)，民主党内的进步派与中间派进行了多番博弈，最终就气候问题达成妥协，并以《通胀削减法》(Inflation Reduction Act，IRA)的形式表现出来。2022年8月7日，民主党凭着副总统、参议院议长哈里斯(Kamala Harris)的关键一票以51票赞成、50票反对的结果促使该法案在参议院通过。12日，众议院以220票赞成、207票反对的表决结果通过该法案。投票结果完全按照党派分布划线。16日，拜登正式签署法案，使之成为法律，同时宣称，“有了这部法律，美国人民赢了，特殊利益集团输了”①。

一、《通胀削减法》的气候内容

《通胀削减法》带来了美国有史以来针对气候领域的最大投资计划，使清洁能源、清洁制造等气候相关产业迎来前所未有的机遇。总体上看，《通胀削减法》中有关气候方面的内容主要是通过政策激励和战略投资支持清洁能源发电、家庭节能和经济脱碳。具体而言，法案的气候相关内容主要包括以下几点。②

其一，降低消费者的能源成本。法案将为消费者提供一系列激励措施，以减轻高昂的能源成本，达到缩减开支的目的。例如，法案直接鼓励消费者购买节能电器、新能源汽车和屋顶太阳能，促进家庭绿色节能消费与投资。

其二，保障美国能源安全和国内制造业。法案支持清洁能源生产，并对美国清洁能源制造业进行历史性投资。其中，投资600多亿美元用于美国本土清洁能源制造业，涵盖清洁能源和运输技术的整个供应链。这些制造业激励措施将降低清洁能源和清洁汽车的成本，缓解供应链瓶颈，从而有助

① Amy B. Wang, “Biden signs sweeping bill to tackle climate change, lower health-care costs”, *The Washington Post*, August 16, 2022, https://www.washingtonpost.com/politics/2022/08/16/biden-inflation-reduction-act-signing/.

② The U.S. Senate Democrats, *Summary of the Energy Security and Climate Change Investments in the Inflation Reduction Act of* 2022, pp.1—4.

于缓解通货膨胀,降低未来价格冲击的风险。

其三,实现经济脱碳。法案通过对不同行业的战略投资,大幅减少电力生产、交通、工业制造、建筑和农业等领域的碳排放。例如,法案将向各州和电力公司提供300亿美元的定向赠款和贷款计划,以加快向清洁电力的过渡。

其四,维护社区和环境公平。在与全美各地"环境公平"领导人定期会晤的基础上,法案将向贫困社区投资600多亿美元,确保其能够享受绿色经济发展的好处。

其五,促进农林业和农村社区的韧性建设。法案将对农村社区进行历史性的投资,使其成为不断发展的气候解决方案的一部分。这些投资主要用于发展气候智能型农业、森林恢复和土地保护,并肯定了农业生产者和森林所有者在气候解决方案中的核心作用。

二、《通胀削减法》的气候意义

《通胀削减法》的出台是美国在气候治理上取得的一大突破性进展,对于应对气候危机和推进环境正义,以及确保美国在清洁能源制造领域的世界领导者地位具有不可忽视的作用。

其一,推动美国实现碳减排目标。据美国荣鼎咨询(Rhodium Group)估算,受制于经济增长、清洁技术成本和化石燃料价格等不确定性因素,以2005年为基准,《通胀削减法》将使美国2030年的温室气体净排放量降至32%—42%的区间,与现行减排目标(24%—35%)相比具有约10%的提升。①从绝对值来看,2030年美国的碳排放量将比2005年减少25—28亿公吨,降幅达37%—41%,②这为美国实现《巴黎协定》中的国家自主决定贡献方案(NDC)的目标提供了巨大支持。

其二,促进美国新能源产业发展。《通胀削减法》在新能源产业全链条协同发力,多维度带动美国新能源产业发展,主要包括对新能源产业直接补贴,对高污染企业大额征税,限制补贴范围三大措施。例如,法案通过设立

① John Larsen, et al., "A Turning Point for US Climate Progress: Assessing the Climate and Clean Energy Provisions in the Inflation Reduction Act", Rhodium Group, August 12, 2022, https://rhg.com/research/climate-clean-energy-inflation-reduction-act/.

② Silvio Marcacci, "The Inflation Reduction Act Is The Most Important Climate Action in U.S. History", *Forbes*, August 2, 2022, https://www.forbes.com/sites/energyinnovation/2022/08/02/the-inflation-reduction-act-is-the-most-important-climate-action-in-us-history/?sh=1847cd1c434d.

创新清洁能源贷款担保(ICELG)、能源基础设施再投资(EIR)、部落能源贷款担保(TELG)以及先进技术车辆制造(ATVM)直接贷款等项目，促进美国新能源产业的发展。①

三、《通胀削减法》的局限性

诚然，《通胀削减法》成为法律是民主党近几年气候立法的重大胜利，一定程度上实现了其气候目标。但就该法本身而言，它是民主党内部进步派与传统势力为了选举利益而做出的一种妥协，是一部“缩水”法。

其一，虽提出一系列激励措施，但民主党内部达成的现法案只是“重建美好未来”(Build Back Better)法案的“瘦身”版本。规模上，新法案的总支出从1.75万亿美元缩减至7 390亿美元，清洁能源投资支出由5 500亿美元降至3 690亿美元。受此影响，在气候投融资、限制化石燃料、能源征税等关键议题上，法案并未实现最初目标。

其二，内容的“捆绑”嫌疑较大。尽管向美国新能源产业提供税收抵免等激励措施，但其具体条款却另藏“玄机”，即要求拥有补贴资格的企业遵循相关条款要求，采取相应改革措施。例如，2023年2月28日，拜登政府宣布，寻求从400亿美元新联邦补贴中分得一杯羹的车用半导体制造商，应为其员工提供平价的儿童保育服务，限制股票回购，并与政府分享某些超额利润。②

其三，损害国际自由贸易秩序。尽管法案能够促进美国新能源行业的发展，但从全球视角来看，有关清洁能源和应对气候变化的政策有较强外溢性，其税收抵免规则设置了如组装地要求、“友岸外包”等苛刻条件。该法发布后在全球范围形成冲击，世界各国出于自身利益对该法的看法各不相同，但大都持反对态度。例如，欧盟、日韩等国均表示反对，认为该法有损双边公平竞争环境。③

① The U.S. DOE Loan Programs Office, “Inflation Reduction Act of 2022”, https://www.energy.gov/lpo/inflation-reduction-act-2022.

② Jim Tankersley and Ana Swanson, “Funds to Bolster U.S. Chip-Making Come With Catch”, *The New York Times*, February 28, 2023, A1.

③ Gordon H. Hanson and Matthew J. Slaughter, “How Commerce Can Save the Climate: The Case for a Green Free Trade Agreement”, *Foreign Affairs*, Vol.102, No.2, March/April 2023, p.121.

第四节　民主党气候治理的发展前景

气候变化已经成为美国国内政策、特别是总统竞选的重要议题。虽然《通胀削减法》的通过被认为是美国史上解决气候问题的最大进步,然而时至今日,美国依然站在气候问题的十字路口。在政治极化日趋加剧的背景下,民主党气候治理的发展前景不容乐观,其背后是观念、利益、制度与现实的深度交织,并受到政党斗争、派系冲突、联邦弊端等多方面掣肘。

第一,党派气候理念的不同导致气候立法举步维艰。历史上,美国国内对环境保护的支持一直是相对无党派的,全美上下对环境问题有着高度共识。20 世纪 70 年代,美国社会对环境问题的态度空前一致。在这一时期,美国对于环境问题的共识基本上超越了任何党派的斗争和意识形态上的分歧。①然而,情况却在 70 年代末和 80 年代初逐渐发生变化,美国精英阶层对于环境问题的意见开始沿着意识形态的光谱出现分化。此后,共和党保守势力对于环境议题的抵制越来越强烈,并在小布什政府时期达到高潮,标志性事件是美国宣布退出《京都议定书》。2016 年以来,随着共和党内"保守新自由主义"的崛起,两党分歧进一步扩大。②以 2016 年国会气候投票为例,参众两院的共和党议员支持气候立法的投票占比仅为 14%和 5%,同期民主党议员的投票占比则高达 96%和 94%,两党气候理念分歧巨大。③2022 年中期选举后,共和党重掌众议院,意味着未来两年内,气候方面几乎,甚至完全没有可能出现新的重大立法。同时,共和党将更加严格审查拜登政府的支出,根据《通胀削减法》设立并隶属于美国环境保护署的"绿色银行"温室气体减排基金(Greenhouse Gas Reduction Fund)等新项目都将面临被调查的风险。对于民主党的资金导向计划,共和党试图把资金从高碳产业向低碳产业的转移描绘成一个左派文化议题,即所谓"觉醒资本主义"

① Frederick H. Buttel and William L. Flinn, "The Structure of Support for the Environmental Movement, 1968—1970", *Rural Sociology*, Vol.39, No.1, 1974, pp.56—69.

② 刘慧:《保守新自由主义对美国气候政策的影响》,《福建师范大学学报》(哲学社会科学版)2022 年第 2 期,第 47 页。

③ Marianne Lavelle, "Partisan Divide in Congress Wider Than Ever on Environmental Issues, Group Says", *Inside Climate News*, February 23, 2017, https://insideclimatenews.org/news/23022017/congress-environmental-climate-change-league-conservation-voters/.

(woke capitalism),①并指责美国证券交易监督委员会(SEC)和联邦能源监管委员会(FERC)等机构屈服于左翼力量。可见,在党争持续加剧下,民主党的气候立法工作将困难重重。

第二,选民政治观点极化加速气候问题的“部落化”。在美国,选民的极化主要表现为自身“政党选择”(party sorting)的基本完成,即多数普通选民已经展现出越来越清晰和一致的意识形态偏好,其政党认同也更加明显和强烈。②结果是,两党选民在政治价值和重大问题上的交集越来越小,其意识形态和政策立场变得更加对立。由此及彼,美国选民在气候问题上开始沿党派路线纷纷“站队”,意识形态分野越加固化。在此背景下,美国气候问题“部落化”趋向开始由“自上而下”转为“自下而上”的疾速演进。相关数据显示,2001 年美国选民在气候问题上的分歧缺口已达 27%,并呈持续扩大之势。到 2020 年,这一缺口上升至 46%,气候变化成为美国国内分歧最大议题之一。③值得注意的是,民主党内部的激进化对气候问题“部落化”起了不可忽视的推动作用。20 世纪 90 年代初,民主党党内只有 25% 的激进自由派,但 2018 年后该派的比例已上升至 51%,建制派(传统自由派)则锐减三分之一,占比跌至 34%。④激进自由派数量的上升,推动了民主党的整体左转。激进自由化的选民在气候议题上更加偏好左翼路线,参与气候政治的积极性也相对更高,因而对气候问题的党派化有着重大推动作用。有研究表明,如今气候问题已经成为撕裂美国社会的重要议题之一,分歧之大仅次于社会保障议题。⑤由此推断,在选民观点如此极化的背景下,民主党推动气候治理的难度恐被无限放大。

① Tan Copsey, “US climate action may slow after mixed midterm results”, *China Dialogue*, December 6, 2022, https://chinadialogue.net/en/climate/us-climate-action-may-slow-after-mixed-midterm-results/.

② 节大磊:《美国的政治极化与美国民主》,《美国研究》2016 年第 2 期,第 64 页。

③ Carroll Doherty, Jocelyn Kiley, and Nida Asheer, *As Economic Concerns Recede, Environmental Protection Rises on the Public's Policy Agenda*, Pew Research Center, February 13, 2020, https://www.pewresearch.org/politics/2020/02/13/as-economic-concerns-recede-environmental-protection-rises-on-the-publics-policy-agenda/.

④ William A. Galston, “The Liberal Faction of the Democratic Party is Growing, New Polling Shows”, January 11, 2019, https://www.brookings.edu/blog/fixgov/2019/01/11/the-liberal-faction-of-thedemocratic-party-is-growing-new-polling-shows/.

⑤ Aaron M. McCright, “Political polarization on support for government spending on environmental protection in the USA, 1974—2012”, *Social Science Research*, Vol.48, 2014, pp.251—260.

第三,制度固有弊端导致气候治理参差不齐。美国联邦体制下,联邦与各州分属两个层面,这导致在气候治理上联邦和州分属两个系统。一方面,在联邦层面,由于党争的加剧,联邦政府在气候问题上往往缺乏坚强领导。但在次国家行为体层面,由于联邦特性,美国各州及地方政府具有一定的自治权,可以在气候治理中采取相应的独立行动。相关研究揭示,当前在美国州一级存在所谓"反党派回应"(counter-partisan response)的现象,即当一个政党控制联邦政府时,反对党可能会大胆地在州一级采取行动。①因此,相对于联邦层面,民主党在州层面的气候作为可能相对较大。而且,由民主党人担任州长并掌控参众两院的州数量在近些年呈上升趋势,为其更多州一级的气候行动开辟了可能性。例如,2019 年 7 月,纽约州州长安德鲁·科莫(Andrew M. Cuomo)签署《气候领导与社区保护法》(Climate Leadership and Community Protection Act),要求在 2050 年前将温室气体排放量削减 85%,且公用事业公司在 2030 年前实现 70%的可再生能源占比。②该法与亚历山德里亚·奥卡西奥-科尔特斯(Alexandria Ocasio-Cortez)等民主党国会议员在全国范围推广的"绿色新政"相一致。另一方面,在被共和党三重控制的"红州"以及两党共治州,气候治理进程却陷入停滞,甚至倒退。例如,2015 年,以西弗吉尼亚州为首的 20 多个州向华盛顿巡回上诉法院起诉美国环境保护署(EPA),认为环保署无权限制各州的温室气体排放。2022 年 6 月 30 日,美国联邦最高法院就该案作出裁决,明确环保署无权在州层面限制温室气体排放量,也不得要求发电厂放弃化石燃料转用可再生能源。③这一裁决结果不仅极大削弱了美国联邦政府推动气候进程的能力,也是对美国乃至全球应对气候变化的一记重击,其影响不仅远超气候政策本身,甚至对美联邦机构整体的监管权也形成冲击。④

① Nicholas S. Miras and Stella M. Rouse, "Partisan Misalignment and the Counter-Partisan Response: How National Politics Conditions Majority-Party Policy Making in the American States", *British Journal of Political Science*, Vol.52, No.2, 2022, pp.573—592.

② Jesse McKinley and Brad Plumer, "Big Climate Plan Sets Up New York As Global Leader", *The New York Times*, June 19, 2019, A1.

③ Maxine Joselow, "Supreme Court's EPA ruling upends Biden's environmental agenda", *The Washington Post*, June 30, 2022, https://www.washingtonpost.com/climate-environment/2022/06/30/epa-supreme-court-west-virginia/.

④ Alice C. Hill, "What Does the Supreme Court's Decision in West Virginia v. EPA Mean for U.S. Action on Climate?", Council on Foreign Relations, July 19, 2022, https://www.cfr.org/blog/what-does-supreme-courts-decision-west-virginia-v-epa-mean-us-action-climate.

第四，利益集团因素阻碍气候治理的有效推进。美国联邦制在气候和能源政策方面赋予各州巨大的权力，在联邦政府不作为的情况下，各州的权力会得到进一步扩大。①这为企业及其游说者创造了影响气候政策的新机会。与“各州权力的增加促使其制定更高的环境标准(race to the top)”的预期相反，环境的政治经济学往往会产生一种“逐底竞争”(race to the bottom)，即有些州和地方在气候治理上不进反退。一旦各州和地方开始依赖化石燃料公司的就业机会和税收收入，它们往往会对这些公司做出让步。②事实证明，美国最依赖化石燃料工业的州，环境政策也是最薄弱的，如怀俄明、阿拉巴马、北卡罗来纳等州。③此外，由于联邦政府弱化反垄断法的规制范围和执法力度，埃克森美孚(Exxon Mobil)、科赫工业(Koch Industries)等大型化石燃料公司发展迅速。为了抵制气候立法，这些公司又在游说、政治捐款和媒体宣传方面投入大量资金。例如，查尔斯·科赫(Charles Koch)和戴维·科赫(David Koch)兄弟花费重金用于广泛的媒体宣传活动，以诋毁有关环境污染的科学研究，使公众对气候变化的科学性产生怀疑。④在2020年美国大选中，科赫兄弟的超级政治行动委员会“美国繁荣行动”，公开捐款多达4 770万美元，超过同期最大20个环保组织的捐款总和。⑤质言之，美国气候治理难获进展，原因不仅在于政治极化的加剧，还在于利益集团因素的交杂。如果说政治因素是“表”，那么利益集团则是美国气候治理难问题的“里”。

第五，媒体和民意影响气候应对的议程设置。媒体报道是气候科学和政策信息的有力渠道。但媒体对气候变化的报道在很大程度上受到精英立

---

① Roger Karapin, “Federalism as a Double-Edged Sword: The Slow Energy Transition in the United States”, *Journal of Environment & Development*, Vol.29, No.1, 2020, pp.26—50.

② Jeffrey J. Cook, “Who's regulating who? Analyzing fracking policy in Colorado, Wyoming, and Louisiana”, *Environmental Practice*, Vol.16, No.2, June 2014, pp.102—112.

③ Mary Graham, “Environmental Protection & the States: ‘Race to the Bottom’ or ‘Race to the Bottom Line’?”, December 1, 1998, https://www.brookings.edu/articles/environmental-protection-the-states-race-to-the-bottom-or-race-to-the-bottom-line/.

④ Jeffrey Pierre, “How decades of disinformation about fossil fuels halted U.S. climate policy”, *NPR*, October 27, 2021, https://www.npr.org/2021/10/27/1047583610/once-again-the-u-s-has-failed-to-take-sweeping-climate-action-heres-why.

⑤ Open Secrets, “Americans for Prosperity Action Outside Spending”, https://www.opensecrets.org/outside-spending/detail?cycle=2020&cmte=C00687103.

场的驱动,并对公众态度产生影响。①媒体报道的方式和内容会影响国家层面的议程设置。因此,当报道将气候科学呈现为不确定的,或未能吸纳不同子群体的观点时,气候变化就可能脱离公共和政府议程。②另一方面,与媒体报道不同,民意作为气候行动的“催化剂”或“抑制剂”,主要通过对立法议程和更广泛公共话语的影响来左右气候治理进程。③尽管气候变化在美国已经成为广泛共识,但公众的态度却高度极化。当前,美国公众的气候态度主要体现在四个方面。其一,公众的理解和意识(public understanding and awareness)。耶鲁大学2020年的一项调查显示,只有略微多数(55%)的公众相信“大多数科学家认为全球变暖正在发生”。其二,气候变化的存在(the existence of climate change)。虽然绝大多数公众(72%)认为气候变化正在发生,但只有稍多数人(57%)表示气候变化是人为造成的。其三,问题紧迫性(issue salience)。与其他国家的民众相比,美国公众历来将气候变化视为政府的低优先事项。其四,公共政策(public policy)。公众对具体气候政策的态度不一,对可再生能源投资和广泛气候政策的支持往往很高,但对更复杂的政策则支持较低。④显然,尽管气候变化的共识业已形成,但其民意支持却不尽如人意。高度极化的气候民意,必然对民主党未来气候治理产生不利影响。

第六,内部派系斗争撕裂民主党气候治理的聚合能力。事实上,相对于共和党而言,民主党内的派系斗争更为显著。近年来,在经济全球化等因素的驱动下,民主党在族裔和阶层意义上的结构变化加深了其内部不同派别在政治立场与政策议程上的分歧。表面来看,民主党的气候派系主要分为左翼进步派和传统自由派。一方面,传统自由派在气候问题上依然抱持相对温和的立场,反对在气候应对上采取激进行为,主张通过传统手段予以解

① Jason T. Carmichael and Robert J. Brulle, “Elite cues, media coverage, and public concern: an integrated path analysis of public opinion on climate change, 2001—2013”, *Environmental Politics*, Vol.26, No.2, 2017, pp.232—252.

② Maxwell T. Boykoff and S. Ravi Rajan, “Signals and noise. Mass-media coverage of climate change in the USA and the UK”, *EMBO reports*, Vol. 8, No. 3, March 2007, pp.207—211.

③ Rebecca Bromley-Trujillo and Andrew Karch, “Salience, Scientific Uncertainty, and the Agenda-Setting Power of Science”, *Policy Studies Journal*, November 2019, pp.1—21.

④ Joshua A. Basseches, et al., “Climate policy conflict in the U.S. states: a critical review and way forward”, *Climatic Change*, Vol.170, No.32, February 2022, pp.5—6.

决。另一方面，在持有进步主义立场乃至社会民主主义倾向的桑德斯崛起的背景下，进步派加速激进化，并在民主党内部逐渐形成了强调所谓“绿色新政”等激进进步主义理念的新派别即“正义民主党”（Justice Democrats）。[①]两派围绕气候目标路线龃龉不断，撕裂了民主党气候治理的聚合能力。在自由派看来，进步派的气候治理过于不切实际，无异于“画大饼”。而对激进进步分子来说，自由派的气候政策缺乏宏观设计，保守倾向明显。可以说，在民主党内部是存在着不同气候派别的，而且彼此之间分歧严重。这意味着，民主党想要通过平衡与聚合不同派系而构建一个团结的气候联盟难度着实不小。

本章小结

历史上，美国的气候治理一直是相对无党派的。但随着国内政治环境的演变，气候问题上升为一种“楔子议题”，民主、共和两党围绕这一问题不断展开博弈。对民主党而言，气候问题的重要性不仅体现在其意识形态标尺的作用，还是巩固自我基本盘的重要筹码。因此，通过实施提升行政干预和气候合作层级、改变应对思路以及加强气候与其他议题联动性等治理路径，民主党致力于实现气候治理的预期化，即试图将应对气候变化与创造就业岗位、促进经济转型、建设基础设施等国内要务结合，着力打造、升级美国的全球领导力。

《通胀削减法》的生效是民主党在气候治理领域的新突破，产生了较为深远的影响。但从该法的出台过程及主要内容来看，它是民主党左翼长期执政主张的缩影，映射出美国社会经济的转型变化。展望未来，民主党气候治理将面临一系列挑战，受到观念、利益、制度以及现实等深层次因素的影响，发展前景不容乐观。本质上，美国的气候治理不仅涉及政治经济问题，更多的是理念的博弈，其在历史发展大势下终将缓缓前行。只是对美国而言，若要根本解决气候问题，已到非“痛下决心不可”的境地。

① 刁大明：《2020年大选与美国民主党的转型》，《国际论坛》2020年第6期，第101、117页。

结　语

面对气候变化这一全球性危机，中美两国在对抗全球变暖问题上，具有巨大的责任和义务。特朗普政府对气候变化的否定和消极应对，不仅削弱了美国在全球气候治理中的地位，而且对中美气候合作领导结构造成极具破坏性的影响。随着拜登政府上台执政，美国在国际层面业已重返《巴黎协定》，在国内出台包含诸多气候议题的《通胀削减法》，应对气候变化再度成为美国联邦政府的优先事项和重点议程。此外，拜登政府颁布的《关于应对国内外气候危机的行政命令》、美国与中国达成的《中美应对气候危机联合声明》和《中美关于在21世纪20年代强化气候行动的格拉斯哥联合宣言》，以及美国在领导人气候峰会上的表态均表明，美国已将应对气候变化界定为中美合作的重要领域。

一、拜登政府的能源气候目标

拜登奉行"内政即外交、外交即内政"的执政理念，将抗击气候变化列为其施政的第一要务，制定一系列政策、实施一系列举措、采取一系列气候行动，其应对气候变化的目标主要包括以下三点。

第一，重新加入《巴黎协定》，在国内创造有利于地方政府采取气候行动的条件。拜登政府颁布《关于应对国内外气候危机的行政命令》，从美国外交政策和国家安全、国内政策措施两个方面部署美国应对气候变化的行动，并明确了将对开发零排放车辆、清洁能源发展等领域加强投资与补贴，这为更好地实现《巴黎协定》目标创造了有利的国内条件。

第二，专注于清洁能源、清洁交通等引领全球竞争的关键领域，以促进美国经济的增长。拜登政府的核心认知是气候问题与经济问题不可分割。

在国内,拜登的绿色新政着眼于重塑美国的经济发展模式,通过调整工业基础设施布局,推动清洁能源、清洁交通这些关键能源的开发利用,以此来推动美国经济的快速增长以及创造大量就业机会。

第三,重新塑造美国负责任大国形象,为美国在全球治理中发挥重要作用奠定基础。2021 年 4 月,美国总统气候问题特使约翰·克里访问上海,中美达成的联合声明指出,双方将为更好地实现《巴黎协定》的目标做出共同努力。随即在白宫举办的领导人气候峰会上,拜登发布全新的国家自主贡献承诺,宣布到 2030 年将美国的二氧化碳排放量在 2005 年的基础上减少 50%至 52%,这一目标比 10 年前奥巴马总统提出的目标更为激进,也展现了美国要积极进行温室气体减排的决心,以此推进其他国家积极采取碳减排行动。美国想借此重返全球气候治理的领导者地位,进而掌控治理的新目标、规则及话语权等,使其符合美国的利益需求。

二、中美能源气候合作的主要领域

从中美达成的系列联合声明以及共同参加联合国气候峰会上的发言可以发现,中美两国的气候合作有可能围绕以下几个方面展开:

第一,中美两国都将强化各自行动,以推进《巴黎协定》目标的实现。双方将继续讨论在 2020 年代减少碳排放的具体行动,旨在符合《巴黎协定》所规定的温度升幅限制在可及范围之内,即将全球平均气温上升控制在低于 2 ℃之内,并努力限制在 1.5 ℃之内。

第二,中美两国同意向发展中国家进行融资,以帮助其向低碳能源的过渡和转换。中美双方将采取适当行动,尽可能扩大国际投融资,支持发展中国家从高碳化石能源向绿色、低碳和可再生能源转型。

第三,中美两国将在促进能源结构转型升级方面开展合作。美国经济面临着产业结构、恢复清洁能源领域的全球合作、基础设施投资、市场需求、通胀等因素的制约和挑战。而中国政府在 2020 年所提出的碳达峰和碳中和目标也依赖于国内的能源转型以及绿色经济的发展。因此,气候合作有望助力中美实现各自目标,成为双方合作共赢的一个突破口。

三、中美能源气候竞合新态势

为实现“绿色新政”和清洁能源革命，拜登政府积极设立能源转型和应对气候变化目标。在国内层面，推出以《通胀削减法》为代表的系列支出应对政策，宣布2050年实现碳中和；外交上，借重返《巴黎协定》之机，积极推动全球气候外交，重构跨大西洋气候政治议程，促进能源转型议题向“高政治”领域转变。在当前大国竞争的背景下，美国将其谋求全球气候与能源治理领导力的努力融入对中国的所谓“竞赢”(outcompete)战略，其两面下注策略既为两国双边合作提供了某种契机，也在一定程度上加剧了双方能源气候竞争。

一方面，拜登政府积极寻求与中方围绕能源转型和应对气候危机展开合作，共同推进在全球层面对发展中国家向绿色、低碳和可再生能源转型投资。2023年11月，中美两国发表《关于加强合作应对气候危机的阳光之乡声明》，重启双边能源政策和战略对话，启动技术工作组合作，开展政策对话、技术解决方案交流和能力建设。2024年5月8日至9日，中美两国新任气候特使刘振民与约翰·波德斯塔(John Podesta)主持中美“21世纪20年代强化气候行动工作组”会议，双方就开展技术和政策交流、推进能源转型和碳减排能力建设合作等议题进行深入讨论。

另一方面，拜登政府加大在能源领域对中国的竞争力度，在新能源产品、关键原料以及价值观等议题上对中国“多边规锁”。首先，为迎合国内政治需求，2024年5月14日，拜登政府以所谓“产能过剩”为由，宣布对中国输美产品加征新关税，重点聚焦于电动汽车、锂电池、太阳能面板、关键矿产等新能源产品。其次，拜登政府借“去风险”之名，将能源问题纳入大国竞争轨道，要求减少在新能源产品生产和消费过程中对来自中国的“关键矿产依赖”，并组建“关键矿产俱乐部”，加强盟友之间的关键矿产合作以及在关键矿产产地国家和地区强化资源开发和产业链布局。此外，俄乌冲突发生后，国际能源格局形势告急。美国一边加大对俄罗斯的能源制裁，一边对中国与俄罗斯正常的能源贸易往来横加指责。

四、中国的应对之策

拜登将脱碳视为其经济计划的引擎,中美双方将在可再生能源、电动汽车领域面临着不可避免的竞争性合作。为有效应对这一趋势,中国应在合作机制、合作方式、合作领域三方面力争引领中美能源气候合作。

第一,深化中美气候合作机制。面对中美气候竞争合作的态势,中国一方面可以推动中美地方合作机制的建立,进而加强两国的气候外交。中美双方已经表达将要建立气候联合工作小组的意愿,中国可以建议重启并扩大中美气候智慧/低碳城市峰会——该峰会是两国地方政府合作的典范,通过地方之间的合作来推动两国政府建立重要的气候合作协议。另一方面,中国可以利用多边框架推动元首外交。中国可以在G20机制、《联合国生物多样性公约》、《联合国气候变化框架公约》缔约方大会等多边框架下与美国展开合作。两国元首曾在应对气候方面展开了富有成效的合作,共同推动了《巴黎协定》的达成。因此,中国可以利用多边框架下的合作来推进中美两国元首外交,达成新的气候协议,以促进中美双边关系的改善和发展。

第二,促进中美气候合作方式多样化。在拜登政府积极应对气候变化的态势下,一方面,在国际层面,中国可以利用多边框架与美国建立气候合作,以明确新的气候治理目标。另一方面,在地方层面,中国可以加大与美国地方政府的气候合作,以此带动两国政府的气候合作。在脱碳目标下,地方气候行动至关重要。拜登政府为地方政府提供了必要的技术指导、财政和外交支持,这势必促进美国州与地方政府的气候行动。因此,中国可以在地方层面扩大与美国地方政府的气候合作。例如,通过共同加入跨国城市网络,与美国地方政府建立气候合作关系;或者通过州省会议、姐妹城市等方式,直接与美国地方政府进行气候合作。

第三,拓宽中美气候合作领域。双方可以在低碳技术、气候适应性、碳排放交易市场以及碳中和等新领域展开合作,以此突破竞争意识的限制。中美已经在清洁能源领域展现了竞争的趋势,双方在清洁能源领域均处于领导地位,将会在开发清洁能源市场方面展开激烈的竞争。为突破这个瓶颈,中国可以主动倡议开发新的合作领域,考虑逐步有序开放清洁能源市场,为建立新的中美合作共识、推动中美关系转圜回稳良性发展创造必要条件。

参 考 文 献

一、专著、研究报告

[美]爱德华·勒克:《美国政治与国际组织》,裘因、邹用九译,北京:新华出版社2001年版。

陈新华:《能源改变命运——中国应对挑战之路》,北京:新华出版社2008年版。

国家发展和改革委员会或国务院新闻办公室:《中国应对气候变化的政策与行动》,2007—2022年系列政策文件。

李昕蕾:《清洁能源外交:全球态势与中国路径》,北京:中国社会科学出版社2019年版。

[美]罗伯特·基欧汉:《霸权之后——世界政治经济中的合作与纷争》,苏长和等译,上海:上海世纪出版集团2001年版。

气候变化国家评估报告编写委员会:《气候变化国家评估报告》,北京:科学出版社,2007年、2011年、2015年、2022年系列报告。

[俄]斯·日兹宁:《国际能源政治与外交》,强小云等译,上海:华东师范大学出版社2005年版。

唐方方主编:《气候变化与碳交易》,北京:北京大学出版社2012年版。

王伟光、郑国光主编:《气候变化绿皮书:应对气候变化报告(2011)——德班的困境与中国的战略选择》,北京:社会科学文献出版社2011年版。

吴磊:《能源安全与中美关系:竞争·冲突·合作》,北京:中国社会科学出版社2009年版。

杨洁勉主编:《世界气候外交和中国的应对》,北京:时事出版社2009年版。

查道炯:《中国石油安全的国际政治经济学分析》,北京:当代世界出版社 2005 年版。

张海滨:《气候变化与中国国家安全》,北京:时事出版社 2010 年版。

张建新:《能源与当代国际关系》,上海:上海人民出版社 2014 年版。

张利军:《中美关于应对气候变化的协商与合作》,北京:世界知识出版社 2008 年版。

周云亨:《多维视野下的中国清洁能源革命》,杭州:浙江大学出版社 2020 年版。

朱锋、[美]罗伯特·罗斯主编:《中国崛起:理论与政策的视角》,上海:上海人民出版社 2008 年版。

庄贵阳等:《全球环境与气候治理》,杭州:浙江人民出版社 2009 年版。

Anthony Giddens, *The Politics of Climate Change*, Cambridge, U.K.: Polity Press, 2009.

Asia Society Center on U.S.-China Relations and Pew Center on Global Climate Change, *A Roadmap for U.S.-China Cooperation on Energy and Climate Change*, January 2009.

Benjamin Leffel, *Subnational Diplomacy*, *Climate Governance & Californian Global Leadership*, USC Center on Public Diplomacy, March 2018.

David Held, Marika Theros and Angus Fane-Hervey, eds., *The Governance of Climate Change*: *Science*, *Economics*, *Politics and Ethics*, Polity Books, 2011.

Farhana Yamin and Joanna Depledge, *The International Climate Change Regime*: *A Guide to Rules*, *Institutions and Procedures*, Cambridge, U.K.; New York: Cambridge University Press, 2004.

Guri Bang, Arild Underdal and Steinar Andresen, eds., *The Domestic Politics of Global Climate Change*: *Key Actors in International Climate Cooperation*, UK and USA: Edward Elgar Publishing, 2015.

Hans J. Michelmann and Panayotis Soldatos, eds., *Federalism and International Relations*: *The Role of Subnational Units*, New York: Oxford University Press, 1990.

Harriet Bulkeley and Michele M. Betsill, *Cities and Climate Change*: *Urban sustainability and global environmental governance*, London: Routledge, 2003.

Henrik Selin and Stacy D. Van Deveer, *Changing Climates In North American Politics: Institutions, Policymaking and Multilevel Governance*, Cambridge: The MIT Press, 2009.

Ian Bache and Matthew Flinders, *Multi-level Governance: Essential Readings*, Cheltenham, UK: Edward Elgar Publishing, 2015.

Jill Duggan, *The Role of Sub-state and Non-state Actors in International Climate Processes: Subnational Governments*, Background Paper, Chatham House, January 2019.

Jolene Lin, *Governing Climate Change: Global Cities and Transnational Lawmaking*, New York: Cambridge University Press, 2018.

Joseph E. Aldy and Robert N. Stavins, eds., *Post-Kyoto International Climate Policy: Implementing Architectures for Agreement*, Research from the Harvard Project on International Climate Agreements, Cambridge University Press, 2010.

Kelly S. Gallagher, *The Globalization of Clean Energy Technology: Lessons from China*, Cambridge, MA: The MIT Press, 2014.

Kenneth Lieberthal and David Sandalow, *Overcoming Obstacles to U.S.-China Cooperation on Climate Change*, Washington D.C.: Brookings Institution, January 2009.

Kurt M. Campbell, ed., *Climatic Cataclysm: The Foreign Policy and National Security Implications of Climate Change*, Washington D. C.: Brookings, 2008.

Martin S. Indyk, Kenneth G. Lieberthal, and Michael E. O'Hanlon, *Bending History: Barack Obama's Foreign Policy*, Washington, D.C.: The Brookings Institution Press, 2012.

Mary Kaldor, Terry Lynn Karl and Yahia Said, eds., *Oil Wars*, London: Pluto Press, 2007.

Mathew Hoffmann, *Climate Governance at the Crossroads: Experimenting with a Global Response after Kyoto*, Oxford: Oxford University Press, 2011.

Michael B. McElroy, Chris P. Nielsen, and Peter Lydon, eds., *Ener-*

gizing China：*Reconciling Environmental Protection with Energy Demands of a Growing Economy*，Cambridge，MA：Harvard University Press，1998.

Roger Karapin，*Political Opportunities for Climate Policy*，New York：Cambridge University Press，2016.

Sebastian Oberthur and Olav Schram Stokke，*Managing Institutional Complexity*：*Regime Interplay and Global Environmental Change*，MIT Press，2011.

Taedong Lee，*Global Cities and Climate Change*：*The Translocal Relations of Environmental Governance*，New York，NY：Routledge，2015.

The United States Senate Committee on Foreign Relations，*Challenges and Opportunities for U.S.-China Cooperation on Climate Change*，Washington D.C.：U.S. Government Printing Office，June 2009.

The Whitehouse，*The President's Climate Action Plan*，Washington，D.C.：Executive Office of the President，June 2013.

Yu Hongyuan，*Global Warming and China's Environmental Diplomacy*，New York：Nova Science Publishers，2008.

Zhang Zhongxiang，*The Economics of Energy Policy in China*：*Implications for Global Climate Change*，Cheltenham，U.K.；Northampton，M.A.，U.S.：Edward Elgar Publishing，1998.

二、论　文

薄燕：《中美在全球气候变化治理中的合作与分歧》，《上海交通大学学报（哲学社会科学版）》2016 年第 1 期。

崔绍忠：《论二十国集团作为气候外交平台的优势与挑战》，《创新》2011 年第 6 期。

房广顺、唐彦林：《奥巴马政府的二十国集团战略评析》，《美国研究》2011 年第 2 期。

冯帅：《特朗普时期美国气候政策转变与中美气候外交出路》，《东北亚论坛》2018 年第 5 期。

甘钧先、毛艳:《美国加州的气候治理:过程、挑战与启示》,《上海交通大学学报(哲学社会科学版)》2010年第3期。

高翔、牛晨:《美国气候变化立法进展及启示》,《美国研究》2010年第3期。

高祖贵:《中美在"西线"的战略关系分析》,《现代国际关系》2004年第12期。

管清友、何帆:《中国的能源安全与国际能源合作》,《世界经济与政治》2007年第11期。

康晓:《多元共生:中美气候合作的全球治理观创新》,《世界经济与政治》2016年第7期。

李海东:《从边缘到中心:美国气候变化政策的演变》,《美国研究》2009年第2期。

李慧明:《全球气候治理的"行动转向"与中国的战略选择》,《国际观察》2020年第3期。

李昕蕾:《美国非国家行为体参与全球气候治理的多维影响力分析》,《太平洋学报》2019年第6期。

李昕蕾:《中美清洁能源竞合新态势与中国应对》,《国际展望》2021年第5期。

刘慧:《保守新自由主义对美国气候政策的影响》,《福建师范大学学报》2022年第2期。

刘慧:《"隐性"发展型网络国家视角下的美国气候政策》,《美国研究》2018年第2期。

门洪华:《国际机制与中国的战略选择》,《中国社会科学》2001年第2期。

潘亚玲:《美国气候外交中的地方参与》,《美国研究》2015年第5期。

王浩:《特朗普政府对华战略调整的双重逻辑及其互动》,《世界经济与政治》2018年第3期。

王联合:《美国次国家行为体参与全球气候治理:多层级治理视角的分析》,《国际政治研究》2021年第4期。

王联合:《中美应对气候变化合作:共识、影响与问题》,《国际问题研究》2015年第1期。

肖兰兰:《拜登气候新政初探》,《现代国际关系》2021年第5期。

杨强:《美国气候政治中的权力分立与制衡——以奥巴马政府“清洁电力计划”为例》,《国际论坛》2016 年第 2 期。

于宏源:《城市在全球气候治理中的作用》,《国际观察》2017 年第 1 期。

于宏源:《多利益攸关方参与全球气候治理:进程、动因与路径选择》,《太平洋学报》2021 年第 2 期。

张莉:《美国气候变化政策演变特征和奥巴马政府气候变化政策走向》,《国际展望》2011 年第 1 期。

赵宏图:《国际能源组织与多边能源外交》,《国际石油经济》2008 年第 10 期。

赵行姝:《透视中美在气候变化问题上的合作》,《现代国际关系》2016 年第 8 期。

朱杰进:《G20 汉堡峰会:分歧、化解路径及启示》,《当代世界》2017 年第 8 期。

庄贵阳、周伟铎:《非国家行为体参与和全球气候治理体系转型——城市与城市网络的角色》,《外交评论》2016 年第 3 期。

A. M. Jaffe and S. W. Lewis, “Beijing's Oil Diplomacy”, *Survival*, Spring 2002.

Antonie Halff, “Africa on My Mind: The Panda Menace”, *The National Interest*, July/August 2007.

Barack Obama, “Renewing American Leadership”, *Foreign Affairs*, Vol.86, No.4, July/August 2007.

Barry G. Rabe, “Beyond Kyoto: Climate Change Policy in Multilevel Governance Systems”, *Governance*, Vol.20, No.3, 2007.

Céline-Agathe, “Climate Change Policy in the Trump Era”, *Think Tank Analysis*, July 2017.

Daniel A. Mazmanian, John Jurewitz, and Hal Nelson, “California's Climate Change Policy: The Case of a Subnational State Actor Tackling a Global Challenge”, *The Journal of Environment & Development*, Vol.17, No.4, 2008.

Daniel A. Mazmanian, John L. Jurewitz, and Hal T. Nelson, “State Leadership in U.S. Climate Change and Energy Policy: The California Experience”, *The Journal of Environment & Development*, Vol.29, No.1,

2020.

David Hults and Craig Segall, "Tackling Global Problems from the Ground Up: California's Leadership on Climate Change", *Natural Resources & Environment*, Vol.34, 2019.

Earl H. Fry, "The Role of U.S. State Governments in International Relations, 1980—2015", *International Negotiation*, Vol.22, 2017.

Elizabeth C. Economy, "The Great Leap Backward?", *Foreign Affairs*, September/October 2007.

Eugene Gholz and Daryl G. Press, "Energy Alarmism: The Myths That Make Americans Worry about Oil", *Policy Analysis*, No.589, 2007.

Eva Gustavsson, Ingemar Elander, and Mats Lundmark, "Multilevel governance, networking cities, and the geography of climate-change mitigation: two Swedish examples", *Environment and Planning C: Government and Policy*, Vol.27, 2009.

Frank Verrastro and Sarah Ladislaw, "Providing Energy Security in an Interdependent World", *The Washington Quarterly*, Autumn 2007.

Gregory T. Chin and Hugo Dobson, "China's Presidency of the G20 Hangzhou: On Global Leadership and Strategy", *Global Summitry*, Vol.1, No.2, Winter 2015.

Guri Bang, Camilla Bretteville Froyn, Jon Hovi, and Fredric C. Menz, "The United States and international climate cooperation: International 'pull' versus domestic 'push'", *Energy Policy*, Vol.35, 2007.

Harry Harding, "China: Think Again", *Foreign Policy*, March/April 2007.

Ian Bremmer, "The Dragon Awakes", *The National Interest*, Summer 2005.

J. McGee & R. Taplin, "The Asia-Pacific partnership on clean development and climate: A complement or competitor to the Kyoto Protocol?", *Global Change, Peace & Security*, Vol.18, No.3, 2006.

Johannes Urpelainen & Thijs Van de Graaf, "United States non-cooperation and the Pars agreement", *Climate Policy*, Vol.18, No.7, 2018.

Josef Braml, "Can the United States Shed Its Oil Addiction?", *The*

Washington Quarterly, Autumn 2007.

Joseph R. Biden, Jr., "Why America Must Lead Again: Rescuing U.S. Foreign Policy After Trump", *Foreign Affairs*, Vol.36, No.4, March/April 2020.

Kristine Kern, "Cities as Leaders in EU Multilevel Climate Governance: Embedded Upscaling of Local Experiments in Europe", *Environmental Politics*, Vol.28, 2019.

Lisbet Hooghe and Gary Marks, "Unraveling the Central State, But How? Types of Multi-level Governance", *American Political Science Review*, Vol.97, No.2, 2003.

Louise W. Bedsworth and Ellen Hanak, "Climate policy at the local level: Insights from California," *Global Environmental Change*, Vol.23, 2013.

Michele M. Betsill and Harriet Bulkeley, "Cities and the Multilevel Governance of Global Climate Change", *Global Governance*, Vol. 12, No.2, April-June 2006.

Michele M. Betsill, "Trump's Paris withdrawal and the reconfiguration of global climate change governance", *Chinese Journal of Population Resources and Environment*, Vol.15, No.3, 2017.

Paul G. Harris, "Beyond Bush: Environment politics and prospects for US climate policy", *Energy Policy*, Vol.27, 2009.

Robert O. Keohane and Joseph S. Nye, "Transgovernmental Relations and International Organizations", *World Politics*, Vol.27, No.1, October 1974.

Robert O. Keohane, "The International Energy Agency: State Influence and Transgovernmental Politics", *International Organization*, Vol.32, No.4, Autumn 1978.

Ronald D. Brunner & Roberta Klein, "Harvesting experience: A reappraisal of the U.S. Climate Change Action Plan", *Policy Sciences*, 1999.

Shunji Cui, "China-U.S. Climate Cooperation: Creating a New Model of Major-Country Relations?", *Asian Perspective*, Vol.42, 2018.

Taedong Lee and Chris Koski, "Multilevel governance andurban climate change mitigation", *Environment and Planning C: Government and Policy*, Vol.33, No.6, 2015.

Thomas D. Eatmon, "Paradiplomacy and Climate Change: American States as Actors in Global Climate Governance", *Natural Resources Policy Research*, Vol.1, No.2, 2009.

三、网 络 资 源

中华人民共和国中央人民政府,http://www.gov.cn/
中华人民共和国外交部,https://www.fmprc.gov.cn/
中华人民共和国国家发展和改革委员会,https://www.ndrc.gov.cn/
中华人民共和国生态环境部,https://www.mee.gov.cn/
中华人民共和国科学技术部,https://www.most.gov.cn/
人民网,www.people.com.cn/
新华网,http://www.news.cn/
中国网,http://www.china.com.cn/
中国新闻网,https://www.chinanews.com.cn/
参考消息网,http://www.cankaoxiaoxi.com/
美国白宫,https://www.whitehouse.gov/
美国国务院,https://www.state.gov/
美国能源部,https://www.energy.gov/
美国交通部,https://www.transportation.gov/
美国商务部,https://www.commerce.gov/
美国环境保护署,https://www.epa.gov/
美国加利福尼亚州政府,https://www.ca.gov/
联合国,https://www.un.org/
《联合国气候变化框架公约》,https://unfccc.int/
联合国政府间气候变化专门委员会,https://www.ipcc.ch/
C40 城市气候领导联盟,https://www.c40.org/
国际能源署,http://www.iea.org/
二十国集团,https://www.g20.org/

布鲁金斯学会，https://www.brookings.edu/

亚洲协会，https://asiasociety.org/

战略与国际研究中心，https://www.csis.org/

卡内基国际和平基金会，https://carnegieendowment.org/

对外关系委员会，https://www.cfr.org/

新美国安全中心，https://www.cnas.org/

传统基金会，https://www.heritage.org/

美国进步中心，https://www.americanprogress.org/

《纽约时报》，https://www.nytimes.com/

《华盛顿邮报》，https://www.washingtonpost.com/

《华尔街日报》，https://www.wsj.com/

《洛杉矶时报》，https://www.nytimes.com/

《金融时报》，https://www.ft.com/

后　　记

本书是笔者主持的上海市浦江人才计划项目“新时期中美气候博弈与互动研究”(15PJC083)和上海市哲学社会科学规划中青班专项课题“中美关系中的气候变化问题研究”(2010FGJ006)的终期研究成果。

在相互依赖日益加深的全球化时代,中美关系的内涵得以前所未有地丰富和拓展,能源和气候治理等全球性问题成为中美双边互动的一项重要议题。本书既是笔者前期对此种中美互动新态势进行观察和思考的可视成果,也代表着笔者对传统中美关系研究议程的一次转向。这一过程伴随着长期的教学和科研实践,笔者指导的诸多研究生遂以各种不同的方式参与其中,并对本书的研究做出了相应的贡献。在此一并致谢。

感谢上海外国语大学国际关系与公共事务学院“战略与国际关系研究丛书”出版项目、上海市浦江人才计划项目和上海市哲学社会科学规划办公室的经费支持和学术襄助。特别感谢上海人民出版社责编史桢菁女士的真知灼见,她精辟入里、细致入微的专业精神和职业素养使本书的顺利出版成为可能。

王联合

于上海外国语大学虹口校区

2024 年 6 月 18 日

图书在版编目(CIP)数据

中美能源气候竞合研究:经验与启示/王联合著
.—上海:上海人民出版社,2024
(战略与国际关系研究丛书)
ISBN 978-7-208-18939-3

Ⅰ.①中… Ⅱ.①王… Ⅲ.①气候变化-关系-能源经济-研究-中国、美国 Ⅳ.①F426.2②F471.262
③P467

中国国家版本馆 CIP 数据核字(2024)第 110653 号

责任编辑 史桢菁
封面设计 杨钟玮

战略与国际关系研究丛书
中美能源气候竞合研究:经验与启示
王联合 著

出　　版	上海人民出版社 (201101 上海市闵行区号景路 159 弄 C 座)
发　　行	上海人民出版社发行中心
印　　刷	上海新华印刷有限公司
开　　本	635×965 1/16
印　　张	12
插　　页	4
字　　数	202,000
版　　次	2024 年 6 月第 1 版
印　　次	2024 年 6 月第 1 次印刷

ISBN 978-7-208-18939-3/D·4329
定　　价 62.00 元

战略与国际关系研究丛书

中美能源气候竞合研究:经验与启示	王联合　著
全球卫生治理中的中等国家:加拿大	徐文姣　著
国际政治中的中等国家:加拿大	钱　皓　著
加拿大外交理论与实践	[加]约翰·J. 柯顿　著 陈金英、汤蓓、徐文姣　译 钱　皓　校订
安全化与国际合作形式选择:以美国的艾滋病问题援助为例	汤　蓓　著
危机管理中的国家安全战略	孙德刚　著
武力威胁与对外政策	钱春泰　著
霸权阴影下的对外战略	韦宗友　著